当代美德伦理学译丛　李义天　主编

美德之前
当代美德伦理学评论

Before Virtue

【美】乔纳森·J.桑福德　著
赵永刚　译　李义天　校

中央编译出版社
Central Compilation & Translation Press

图书在版编目 (CIP) 数据

美德之前：当代美德伦理学评论/（美）乔纳森·
J. 桑福德著；赵永刚译 . — 北京：中央编译出版社，
2024.8
（当代美德伦理学译丛/李义天主编）
书名原文：Before Virtue: Assessing
Contemporary Virtue Ethics
ISBN 978-7-5117-4589-7

Ⅰ. ①美… Ⅱ. ①乔… ②赵… Ⅲ. ①伦理学—研究
Ⅳ. ① B82

中国国家版本馆 CIP 数据核字 (2024) 第 092267 号

著作权合同登记号：图字 01-2023-3300 号

美德之前：当代美德伦理学评论

责任编辑	李媛媛
责任印制	李　颖
出版发行	中央编译出版社
地　　址	北京市海淀区北四环西路 69 号（100080）
电　　话	（010）55627391（总编室）　（010）55627310（编辑室）
	（010）55627320（发行部）　（010）55627377（新技术部）
经　　销	全国新华书店
印　　刷	佳兴达印刷（天津）有限公司
开　　本	710 毫米 × 1000 毫米 1/16
字　　数	234 千字
印　　张	18.25
版　　次	2024 年 8 月第 1 版
印　　次	2024 年 8 月第 1 次印刷
定　　价	96.00 元

新浪微博：@中央编译出版社　　　微　信：中央编译出版社（ID：cctphome）
淘宝店铺：中央编译出版社直销店（http://shop108367160.taobao.com）（010）55627331

本社常年法律顾问：北京市吴栾赵阎律师事务所律师　闫军　梁勤
凡有印装质量问题，本社负责调换，电话：（010）55626985

译丛总序

李义天

2012年，我在中央编译出版社出版了自己的第一部美德伦理学研究著作，《美德伦理学与道德多样性》。在师友们的鼓励和肯定下，该书先后获得中国伦理学会学术成果奖和胡绳青年学术奖。当时，我在"后记"中写到，由于学识和能力有限，因此，我只能通过一个具体的切入口来展示美德伦理学的某些重要特征，而若要承担一项诸如"美德伦理学研究"的课题，或写出一部名为《美德伦理学导论》的作品，"至少要在美德伦理学领域摸爬滚打十年以上才有可能"。

如今，十年光阴匆匆而过，我依然没有勇气展开这项宏大研究，依然不敢轻易动笔撰写这样的著作。因为，在这十年间，我越是更多地接触美德伦理学的文献，越是更深入地了解美德伦理学的历史，越是更逼近地观察美德伦理学的形态，越是更频繁地与当代美德伦理学者交谈，我便越是对美德伦理学的复杂内涵感到困惑，越是对美德伦理学的庞大格局感到震撼。我愈加相信，在着手开展关于美德伦理学知识体系的总体论述之前（哪怕它仅仅以"导论"的形式出现），我们可能首先需要对美德伦理学的思想史进程加以梳理，特别是，对当代美德伦理学的内涵外延、主要阶段、基本观点予以如实描述。

这种基础性的清理工作之所以仍然非常必要，大概有两方面原因。第一，美德伦理学尤其是当代美德伦理学的发展状况，其实要比人们通常以为的复杂得多，棘手得多。比如，很多人认为麦金太尔及其《追寻美德》堪称当代美德伦理学的代表人物和著作，可是，麦金太尔本人却拒绝承认自己是一个"美德伦理学家"；又比如，很多人觉得威廉姆斯对现代道德哲学的批判以及对古典伦理思想的召唤意味着他隶属于美德伦理学阵营，可是，该阵营内部的学者却更愿意把他看作一位值得尊重的启发者或同盟军；还比如，很多人因为看到纳斯鲍姆在古希腊悲剧和希腊化文本中挖掘出不少有关人格与美德的议题，便认为她开拓出一条新的美德伦理学路径，却没有注意到她甚至连"美德伦理学"这个概念都觉得多余和不必要。概言之，我们迄今为止围绕美德伦理学及其代表人物所形成的一些固有印象，也许流于简单和肤浅，亟待反思和重构。

第二，美德伦理学尤其是当代美德伦理学的理论内容，其实要比人们通常以为的深厚得多，丰满得多。比如，面对当代美德伦理学半个多世纪以来的研究成果同伦理学史上各种美德理论之间的明显差别，我们可能不得不认真对待美德伦理学的历史性，不得不区分"历史形态的美德伦理学"与"理想形态的美德伦理学"，或者，区分"作为思想运动的美德伦理学"与"作为思想样式的美德伦理学"；又比如，面对现代哲学针对美德伦理学的知识合法性的质疑与挑战，我们可能不得不重新思考美德伦理学的普遍性，不得不在美德伦理学的经典文本内部论证其必然要素，而不能简单地通过"伦理学是大致为真"这样的说法来轻易加以回避；还比如，面对美德伦理学的复兴给世界范围内的伦理知识乃至伦理文明带来的冲击，我们可能不得不认真对待美德伦理学的全球性，不得不在中国、印度、拉美等文明类型中，在佛教、基督教、伊斯兰教等宗教类型中探寻不同的美德伦理学形态。概言之，我们迄今为止有关美德伦理学的基本特质所提出的一些命题，也许仅仅是对西方思想主流的概括，因而亟待拓宽和展开。

为了做好这方面的工作，从更加全面和开阔的视野出发，更加广泛而深入地了解美德伦理学尤其是当代美德伦理学的重要文献，乃是十分必要的。换言之，我们如今对美德伦理学的接触和阅读，不能仅仅停留于那几本尽管耳熟能详但却相对久远的重要作品，还应该追踪当前的最新前沿，关注新世纪以来的多元发展。而这种追踪和关注，首先要求我们抱以开放的平常心，搁置内在的执念与成见，既不必纠结于"儒家伦理学是不是美德伦理学"这样的问题，也不要执着于"是用康德伦理学来统合美德伦理学，还是用美德伦理学来排斥康德伦理学"这样的困惑。我相信，若能充分涉猎并了解当代美德伦理学的新文献，那么，许多类似的问题都能找到比现在的宗派之见更好的解决办法，而我们在此基础上进行的理论建构也能收获比现在的局部知解更好的解释方案。尊重事实，了解事实，反思事实，这又何尝不是学者的美德呢？

基于上述考虑，我们从当代美德伦理学的诸多文献中，选择了若干具有代表性的作品。其中，既包括总体性、概览性、导引性的重要文本（如，*The Routledge Companion to Virtue Ethics*），也包含已被列入当代美德伦理学必读书单的重要著述（如，*Virtues and Vices, Virtue Ethics: A Pluralistic View* 以及 *A Theory of Virtue*），还包括借助哲学史资源对当代美德伦理学的核心概念或重要问题进行补充与拓展的专业论著（如，*Practical Intelligence and the Virtues, Suffering and Virtue*），亦包括当代学者对美德伦理学内在局限的反思和修缮（如，*Before Virtue, Rethinking Virtue Ethics*）。当然，限于版权和译丛篇幅等原因，还有很多有价值的作品未被纳入这次出版计划。对此，我们希望今后能有机会弥补这方面的缺憾。但是，我们更希望，本译丛能够跟汉语学界已经译介的美德伦理学作品一起，共同提升中国伦理学人对于相关议题的理解，共同推进当代中国伦理学知识体系在全球视野下的更新与完善。

  是为序。

2023 年 10 月

献给我的母亲
鲁思·玛丽·(迪普伊)桑福德
谢谢您

目 录

序 ··· 001
导论 ··· 001

第1章 | 道德哲学与当代美德伦理学 ························· 020
　　当代道德哲学：竞争与不可调和 ······················· 021
　　道德哲学的基本问题 ································· 028
　　道德哲学与形而上学 ································· 033
　　美德伦理学与道德哲学 ······························· 040

第2章 | 当代美德伦理学的起源 ···························· 045
　　安斯康姆的《现代道德哲学》 ························· 052
　　责任的含义 ··· 055
　　中止道德哲学 ······································· 058
　　当代美德伦理学与后果主义 ··························· 062

第 3 章	都是安斯康姆的孩子？当代美德伦理学的多样性 …………… 073
	识别当代美德伦理学家 ……………………………………… 077
	当代美德伦理学的分类 ……………………………………… 080
	一些盘点 ……………………………………………………… 101

第 4 章	当代美德伦理学及其抱负 …………………………………… 104
	当代美德伦理学的承诺 ……………………………………… 111
	主流的美德伦理学是一种全面的道德理论吗？ …………… 121
	主流的美德伦理学提供了一种融贯的美德理论吗？ ……… 127

第 5 章	亚里士多德伦理学与当代美德伦理学 ……………………… 131
	谁的美德伦理学？何种亚里士多德主义？ ………………… 135
	当代美德伦理学与亚里士多德 ……………………………… 138
	亚里士多德伦理学不是美德伦理学 ………………………… 167
	前行之路 ……………………………………………………… 169

第 6 章	亚里士多德主义伦理学的人类学 …………………………… 170
	美德是人的完善 ……………………………………………… 173
	关于人的基本观点 …………………………………………… 176
	依赖性的理性动物 …………………………………………… 184

第 7 章 | 亚里士多德主义伦理学的目的论 …… 191
　　思考生活的目的 …… 192
　　对人而言的好生活 …… 196
　　作为目的的美德，作为手段的美德 …… 201
　　幸福 …… 207

第 8 章 | 亚里士多德主义伦理学的自然法 …… 212
　　为何自然法理论家和当代美德伦理学家未能携手 …… 213
　　什么是自然法理论？ …… 215
　　自然法：正义与共同善 …… 219
　　亚里士多德主义传统的自然法推理 …… 219
　　现代契约论传统的自然法推理 …… 224
　　两种正义：亚里士多德—托马斯主义与契约论的
　　自然法推理 …… 231
　　自然法：美德、德行与理由 …… 235

第 9 章 | 美德伦理学，之后与之前 …… 237

参考文献 …… 240
索引 …… 264
译后记 …… 276

序

在本科生的伦理学课程中,当代道德哲学通常被认为包括三个主要阵营:义务论、功利主义和美德伦理学。假如您习惯了这种标准说法,或是认为每个阵营都非常独特且易于辨识,又或是认为亚里士多德或阿奎那的道德哲学属于美德伦理学,那么,本书将起到一种纠正作用。如果您已经察觉到,美德伦理学运动比它通常呈现的更为复杂,或许您正设法对不同的美德伦理方法进行分类或探寻它们之间的一致性,或者您对美德伦理学史感兴趣,那么,本书将为您的研究提供学术和论辨资源。我们对某些问题进行回答,其目的是为了给道德哲学提供基础,如果您对这类问题感兴趣,或者,对亚里士多德主义伦理学之于当代道德哲学的意义感兴趣,或者,您希望更好地理解美德在道德哲学以及我们实际生活中的作用,那么,本书将引发一些在我看来关于这些问题的有益进展。如果您对上述问题都不感兴趣,那么,您就把这本书放回书架上去吧。

著书立说通常是一项孤独的工作,需要大量时间,还有其他条件。在某些情况下,独处、时间以及其他条件会比在其他情况下更难获得,而我自己的情况已经教会我要对自己得到的所有这些支持帮助深表谢意。方济会大学(Franciscan University)的理事准予我在2009年秋季休假,让我从教学任务中解放出来，为本书的撰写提供了一个很好的开端。2010 年夏季，我被授予埃尔哈特基金会（Earhart Foundation）研究员的职位，让本书的初稿得以完成。没有这两次帮助，我不大可能完成本书。

埃米莉·赫尔林（Emily Hering）、凯文·科瓦斯尼克（Kevin Kwasnik）、萨曼莎·伯特兰（Samantha Bertrand）这几位研究生助理帮我收集了本书所使用的部分二手文献，并对部分章节的初稿提出了有益的批评。2007 年、2010 年和 2012 年，我讲授了美德理论和美德伦理学基础的研究生课程，感谢研讨班的同学们，帮助我不断完善书稿，特别感谢布赖恩·唐纳修（Brian Donahue），他非常认真地审读了本书的早期草稿，提出了很多批评，这对后来几稿的修改极为重要。本书某些章节的部分内容，源自我在由美国马利坦学会（the American Maritain Association）、圣母大学伦理与文化中心（the Center for Ethics and Culture at the University of Notre Dame）、美国天主教哲学学会（the American Catholic Philosophical Association）等机构举办的学术会议的发言，以及我在自己所在学院举行的讨论会上的发言。非常感谢出席这些会议的每个人，尤其是那些提出批评的人。

我近期得到了美国天主教大学出版社的策划编辑詹姆斯·克鲁吉尔（James Kruggel）的鼓励和支持，这对我至关重要，在此表示感谢。我还要感谢出版社的总编特里萨·沃克（Theresa B. Walker）、社长特拉沃·利普斯康姆（Trevor Lipscombe）、编委会，感谢卡罗尔·肯尼迪（Carol A. Kennedy），她做了繁重的文字编辑工作，感谢爱丽丝·拉莫斯（Alice Ramos）及三位匿名审稿人。

我还要给我的妻子丽贝卡呈上一份特别的谢忱。

导论

> 那么，我们是否从小就养成这样或那样的习惯，就并非无关紧要，而是非常重要，或者更确切地说，是最重要的。
>
> ——亚里士多德:《尼各马可伦理学》第2卷第1节，1130b24-26①

有充分证据表明，围绕"当代美德伦理学"（Contemporary Virtue Ethics）这一主题进行的一系列探究，是过去50多年来道德哲学领域最令人振奋的工作。这在美德伦理学的发展初期并不明显，而且，过去的情况实际上是，当代美德伦理学的支持者抱怨他们没有得到应有的尊重。但是，这一情况已发生变化。现在的道德哲学手册里全都包含了与美德伦理学相关的重要条目，论述美德伦理的文章和著作也不断涌现，一些招聘公告中还出现了聘用美德伦理学家的职位。在我们最新一代的有抱负的哲学家中，美德伦理学的领军人物拥有很高的声望，比如伊丽莎白·安斯康姆（Elizabeth Anscombe）（这一运动的开创者）、菲利帕·富特（Philippa Foot）、阿拉斯代尔·麦金太尔（Alasdair MacIntyre）、玛莎·纳斯鲍姆（Martha Nussbaum）以及许多其他经常出现在大学教学大纲中的人物。根据那些对

---

① 引自 Aristotle, *Nicomachean Ethics* (以下简写为 *NE*), trans. W. D. Ross, in *The Complete Works of Aristotle*, vol. 2, ed. Jonathan Barnes (Princeton, N.J.: Princeton University Press, 1984), 根据《牛津古典文献》收录的拜沃特（Bywater）希腊文版本，稍有修改。

各种伦理理论进行分类的伦理学家的解释，美德伦理学是一种由共同的目标和方法统一起来的、聚合的且蓬勃发展的运动。

最明显的证据也许是剑桥大学出版社最近出版的指南丛书，在这套丛书中，当代美德伦理学运动受到的对待表明，它已经被人们认可为一支参与道德哲学核心问题论辨且具有一致性的重要力量。[①]《剑桥美德伦理学指南》(The Cambridge Companion to Virtue Ethics)的篇章编排和内容的多样化凸显了美德伦理学富有吸引力的特征：它关注"人应当如何生活"这个根本的苏格拉底问题，它吸取古人和现代人的智慧，理论上很丰富，并对应用伦理学重大问题的讨论也有重要贡献。[②]《剑桥美德伦理学指南》还揭示了，过去50年关于美德伦理学的争论是如何形塑这一运动并使其与整个道德哲学领域的论辩发生广泛关联的。诚然，美德伦理学尚未获得普遍认可，但它被许多人认为是一种合理的道德哲学方法，甚至与义务论、后果主义这两种当代道德哲学的主要方法平起平坐。简而言之，该运动已经发展成为处理当代道德论争前沿问题的一种流行的方法，不容小觑。

此外，针对《剑桥美德伦理学指南》若干章节的评论，揭示出理解当代美德伦理学并评估其价值的某些挑战。这些章节描述了亚里士多德[③]、柏

[①] Daniel C. Russell, The Cambridge Companion to Virtue Ethics (Cambridge: Cambridge University Press, 2013), 以下简写为 CCVE。

[②] 关于美德伦理学处理应用伦理问题的几种不同方式，参见 Liezl van Zyl, "Virtue Ethics and Right Action," CCVE, 172–196. 概述中有些章节还讨论了生命伦理问题 (Justin Oakley, "Virtue Ethics and Bioethics," 197–220)、环境伦理学 (Matt Zwolinski and David Schmidtz, "Environmental Virtue Ethics: What It Is and What It Needs to Be," 221–239), 以及，商业伦理学 (Edwin Hartman, "The Virtue Approach to Business Ethics," 240–264).

[③] Daniel C. Russell, "Virtue Ethics, Happiness, and the Good Life," CCVE, 7–28.

拉图与斯多亚学派①、孔子②、中世纪哲学家③、休谟④和当代哲学家的美德伦理学。古典、中世纪、现代和当代的各种方法之间当然存在显著差异。当代美德伦理学如何能够借鉴这些方法而又能保持统一性和独特性呢？这个问题是美德伦理学支持者的关注重点，该卷的编者和其他几位作者对这个问题的处理贯穿于全书。但人们发现，在回答这个问题的各种尝试中，还存在着其他的困难。该书编者丹尼尔·拉塞尔（Daniel C. Russell）在《实践理智与美德》(*Practical Intelligence and the Virtues*)一书中就实践智慧相对于各种美德的核心作用进行了极为精彩的辩护，并且，由此形成了他的"严格的美德伦理学"（Hard Virtue Ethics）这一相当狭窄的定义⑤；他在《剑桥美德伦理学指南》的序言中指出，为美德伦理学提供一个简洁、明确且具有包容性的定义乃是不可能的。⑥尽管如此，他仍然主张，所有的美德伦理学进路都关注人的品格和整体的生活方式。《剑桥美德伦理学指南》最后一章的作者，克里斯蒂娜·斯沃顿（Christine Swanton），明确反对拉塞尔的这种过于狭窄的严格的美德伦理学定义，而是支持通过美德

---

① Rachana Kamtekar, "Ancient Virtue Ethics: An Overview with an Emphasis on Practical Wisdom," *CCVE*, 29–48.

② Philip J. Ivanhoe, "Virtue Ethics and the Chinese Confucian Tradition," *CCVE*, 49–69.

③ Jean Porter, "Virtue Ethics in the Medieval Period," *CCVE*, 70–91.

④ Paul Russell, "Hume's Anatomy of Virtue," *CCVE*, 92–115.

⑤ Daniel C. Russell, *Practical Intelligence and the Virtues* (Oxford: Oxford University Press, 2009), 以下简写为 PIV。拉塞尔说："我的观点截然不同于最近那种品格美德日渐远离实践智慧概念的趋势。一些美德理论家认为，实践智慧对某些美德很重要，但并非对所有美德都重要 (Swanton, 2003)；……因此，我区分了两种基本的美德伦理学：一种是把实践智慧视为所有美德的一部分，我称之为'严格的美德伦理学'；另一种则没有把实践智慧视为所有美德的一部分，我称之为'温和的美德伦理学'。"(*PIV*, xi) 接着，他主张，只有"严格的美德伦理学"才是真正的美德伦理学。(*PIV*, 71).

⑥ 他认为，我们能够达成的最佳定义要同时满足"简洁""明确"和"包容性"这三个标准中的两个。(*CCVE*, 3) 他的首选策略是，提供一个简洁而明确的定义。拉塞尔的美德伦理学立场所具有的排他性，招致了克里斯蒂娜·斯沃顿等人的反对。

概念将所有的美德伦理学进路都统一起来。① 定义美德伦理学的概念方法虽然具有包容性的优点，但是，同其他的概念解决方案一样，它容易被认为缺乏实质内容。对于这个问题以及在该书和别的文本中得到讨论的其他问题，我们将在后面相关章节中加以处理。目前，我们需要注意的是，即便美德伦理学被明确地视为一种融贯而全面的道德哲学方法，它也并不是没有内部冲突的。美德伦理学内部存在众多分支，这可能显示了这一运动的活力，但也可能意味着它存在严重的问题。我们将会发现，当代美德伦理学运动是一个复杂的混合体，既充满活力，至少从某些视角来看又在衰退；而鉴于大多数哲学运动的本质，这大概不足为奇。您面前这本书的任务之一就是整理这个混合体，借鉴近期美德伦理学研究的优点，摈弃其缺点，并融合古典道德哲学，尤其是亚里士多德主义道德哲学的特点，以期发展出一种"以美德为焦点的"（virtue-focused）道德哲学方法。我不太确定是否要将我所青睐的这种方法描述为美德伦理学，在后文，我会阐明理由。

按照程序，在正式开始之前，我们先对术语作出说明。美德伦理学的许多支持者乃至这一方法的许多反对者都主张，美德伦理学和柏拉图一样古老，至少和亚里士多德一样古老。毋庸置疑，美德理论具有古典哲学的源头。但是，正如茱莉亚·德雷弗（Julia Driver）指出的，一种美德理论并不必然蕴含一种美德伦理学。② 我稍后会在书中提出一个观点，即我们在亚里士多德那里所发现的并不是人们通常认为的当代美德伦理学。因此，"当代美德伦理学"一词通常是指由安斯康姆在20世纪下半叶发起的

---

① Christine Swanton, "The Definition of Virtue Ethics," *CCVE*, 332–333.
② 茱莉亚·德雷弗在其文章《美德与人性》的第一条注释中谈到这一点。参见 Julia Driver , "The Virtues and Human Nature," in *How Should One Live*? ed. Roger Crisp (Oxford: Clarendon Press, 1996), 111–129.

那场运动，尤其是当我们有必要指出亚里士多德伦理学与当代道德理论化进程中的美德伦理学之间存在不连续性时。随着推进针对这一运动的分析和评价，我们将进一步讨论当代美德伦理学的各种策略之间的差别。

当代美德伦理学的复杂性

思考美德伦理学，似乎就跟奥古斯丁描述的思考时间所面临的挑战是一样的：我们似乎知道它是什么，但一直不去描述它，直到我们受到了挑战。在被引导阅读美德伦理学的文本之前，作为对它感兴趣的外行的学生，甚至是专业的哲学家，人们通常都认为描述美德伦理学是很容易的。然而，对这一运动的常见描述往往过于笼统——比如，美德伦理学与人的整体生活方式有关，或者，美德伦理学与"是什么"（being）而不是"做什么"（doing）有关——无法将它同其他运动区分开。相较于这个运动本身，人们通常对其中的一些关键人物，如亚里士多德或麦金太尔要更熟悉。确实，如果拉塞尔是对的，即这场运动不可能拥有一个简洁、明确而统一的定义，那么，对这个运动的上述司空见惯的描述为何往往无法概括它，就很好解释了。

至少，我自己最初关于美德伦理学的思考经历，就属于对这一运动的某种常见描述。为了改进对当代美德伦理学的基本描述，尤其是，对那些对于这一运动感兴趣但没有受到当代美德伦理学支持者指导的读者而言，这些经历也许可以提供一个有启发的切入点。我的学位论文在很大程度上关注的是亚里士多德伦理学的基础，当我在2001年完成学位论文的时候，我发现，我的研究与当代美德伦理学家的努力方向是一致的。很自然，我深入研究过亚里士多德的伦理学和政治学文本，以及关于这些著作的当代和古典时期的评论。我还研读了阿拉斯代尔·麦金太尔的作品，由于麦金太尔的美德论述是亚里士多德主义的,于是我认为他是一位美德伦理学家。我还阅读过许多其他美德伦理学家的文本,他们也从亚里士多德那里获取灵感,因此,我得出结论:当代美德伦理学是亚里士多德主义伦理学的复兴,而且这种复兴是我们所需要的。

对这一运动的更彻底的回顾,揭示出一种比我预料的更复杂、在某些方面也更精致的道德哲学方法。通过对这个运动的文献作更深入的考查,人们发现,它并没有一套共同的原则或策略来充当美德的基础,有的只是各种各样互竞的美德理论,如幸福主义的、"以行动者为基础的"(agent-basing)和"以行动者为中心的"(agent-centered)。这种考查还显示,该运动在方向或方法上其实并不总是亚里士多德主义的,因为,不同的美德伦理学家有时会寻求互竞的哲学体系作为理论基础,甚至,那些自称亚里士多德主义(或通常新亚里士多德主义)的作品也与亚里士多德的方法相去甚远,有时甚或不承认那些出发点。① 最起码,主流的当代美德伦理学在许多方面都并未表现出与安斯康姆所刻画的那种"现代道德哲学"做出了彻底的决裂,而考虑到这一当代运动的起源,这真是莫大的反讽。此外,近期的美德研究文献通常使用的是"美德理论"(theories of the virtues),它们与美德的古典创始者所给出的美德解释几乎没有相似之处。如我所言,这些发现对我来说是令人惊讶的。基于我同其他对美德理论感兴趣的哲学家的交流以及我对他们的研究,我的直觉是,这也会让他们感到惊讶。既然对美德理论感兴趣的许多读者倾向于认为,当代美德伦理学是亚

---

① 丹尼尔·拉塞尔的《实践智慧与美德》和茱莉亚·安娜斯(Julia Annas)的《理智美德》(*Intelligent Virtue*)这两部作品是显著的例外。拉塞尔和安娜斯都是古典哲学家,他们支持更多吸收亚里士多德伦理思想的美德伦理学,而不是那些吸收主流当代美德伦理学特征的美德伦理学。在其著作中,拉塞尔多次提到他与当代主流美德伦理学之间的差别,而且,正如我们已经看到的,克里斯蒂娜·斯沃顿在拉塞尔主编的《剑桥美德伦理学指南》中也把他视为一个局外人。

里士多德主义伦理学在现代语境中的复现,安斯康姆、富特、麦金太尔或纳斯鲍姆是其主要代表人物,并且假定其学说和哲学方向的总体一致性,那么,对他们来说,搞清楚这些假定为什么经不起仔细推敲,就是有益的。而有些读者对这些问题已有所了解,那么,本书则通过分析和批评,推进围绕美德伦理学展开的各种论辩立场,从而使他们也有所收获。对于所有读者来说,本书的批判性和建设性维度都提供了一个视角,帮助他们理解美德在道德哲学中的作用;虽然本书确实得益于过去和现在的许多哲学家的洞见,但它为理解美德在道德理论建构中的作用提供了一个新的视角。

初步的区分

当代美德伦理学是一场复杂的运动,因此,要想成功地分析它,就必须确定这一整体中是否蕴含某些重要的分支。与论点、理论和学说不同,运动通常不会产生具有明确边界(hard boundaries)的区分。在任何运动中,作者们的历史条件和环境条件都各不相同,他们对其他思想家的作品的反应程度以及他们对运动的核心特征的独特表述也存在差异。因此,我们所能期待的只能是具有模糊边界(soft boundaries)的区分,或者我们可以称之为"趋势",它们构成了美德伦理学运动中较为宽泛的类型划分。

大卫·所罗门(David Solomon)就描述了这样一组趋势。一些美德伦理学家从事的是他所说的"惯常的"(routine)美德伦理学——这是一种在当前道德哲学研究的典型框架内,特别是在分析传统中,强调美德重要性的方法。[①] 然而,无论过去还是现在,并非所有被视为美德伦理学家的

---

① David Solomon, "Virtue Ethics: Radical or Routine?" in *Intellectual Virtue: Perspectives from Ethics and Epistemology*, ed. Michael DePaul and Linda Zagzebski (Oxford: Clarendon Press, 2003): 57–80. 遗憾的是,这一章虽然见解深刻,却没有得到更多关注。一个值得注意的例外是克里斯蒂

人都采用当前主流道德理论中的典型策略和关注点。比如,许多早期的美德伦理学文献其实是争论性的,它们把密尔和康德抨击为那种错误地以规则为基础的(rule-based)伦理学家。而被所罗门称作"激进的"(radical)美德伦理学家的那些学者,则提出了各种备选方案来替代以规则为基础的方法。① 所罗门似乎描述了一个真正的分支,本书稍后将更明确地指出其中原因。虽然许多激进的美德伦理学家的解决方案几乎没有共同之处,但是,它们在不同程度上都表现出对现代主流道德哲学的厌恶。另一方面,更新近的美德伦理学著作则试图表明,包括休谟在内的现代顶梁柱对品格的发展都有真切的关注,这意味着,他们是某种关于美德的伦理学(an ethics of virtue)的贡献者。② 在最近一些美德伦理学文献中,美德伦理学早期文献针对现代哲学重要人物的怀疑不仅变得缓和,而且在有的文献中甚至转为钦佩。与现代道德哲学典型的更狭窄的关注范围和方法论达成和解的这一过程,被塔尔博特·布鲁尔(Talbot Brewer)称为"美德伦理学的标准化"(normalization of virtue ethics)③。

所罗门、布鲁尔以及其他一些美德伦理学运动的观察者④ 所提出的这

娜·斯沃顿,她在《美德伦理学的定义》("The Definition of Virtue Ethics",*CCVE*, p.318)中提到了该文,尽管并未涉及其中的主要论点。

① 蒂莫西·查普尔(Timothy Chappell)在《20世纪的美德伦理学》("Virtue Ethics in the Twentieth Century",*CCVE*, 149–171)一文中强调了安斯康姆以及富特早期论著的颠覆性特征。他认为,随后的所有美德伦理学文献,包括麦金太尔、伯纳德·威廉姆斯(Bernard Williams)以及查尔斯·泰勒(Charles Taylor),都是在试图为安斯康姆和富特的研究计划充实细节。

② 关于该策略的几个突出例子,参见迈克尔·斯洛特(Michael Slote)在《源自动机的道德》(*Morals from Motives, Oxford*: Oxford University Press, 2001)一书中努力构建一种休谟主义美德伦理学,奎迈·安东尼·阿皮亚(Kwame Anthony Appiah)在《伦理学实验》(*Experiments in Ethics*, Cambridge, Mass.: Harvard University Press, 2008)中宣称密尔是伟大的美德伦理学家,以及,克里斯蒂娜·斯沃顿在《美德伦理学:多元主义的观点》(*Virtue Ethics: A Pluralistic View*, Oxford: Oxford University Press, 2003)中论证说,所有主要的道德理论都贡献了美德伦理学的要素。

③ Talbot Brewer, *The Retrieval of Ethics* (Oxford: Oxford University Press, 2009), 7.

④ 对"激进的美德伦理学"和"常规的美德伦理学"进行区分,关于这个问题,特别值得注意的一篇文献是 Christopher Miles Coope, "Modern Virtue Ethics," in *Values and Virtues: Aristotelianism in*

些语汇，在描述上述趋势时存在某些缺陷。形容词"惯常的"带有贬义，而"标准化的"（normalized）则可以根据具体的标准而有多种解释。所以，在指称这一趋势时，我将使用"常规的"（conventional）或"主流的"（mainstream）这样的语词。"常规的"一词的好处在于，它指出了当代美德伦理学的这一趋势在方法上采用的是当前道德理论建构的许多惯例，而"主流的"一词的作用则在于，它指出了这种方法是如何在近期的美德伦理学文献中占据主导地位的。如果仅仅考虑那些处于主流美德伦理学边缘的思想家的多样性，那么，"激进的"一词作为标签就有点不够清楚。被所罗门视为激进的美德伦理学家的几位重要人物，根本就不把自己描述为美德伦理学家。这些人包括我在"导论"的第一段提到的那些通常与这场运动相关的哲学家。安斯康姆从未声称自己是美德伦理学家，而且，从她主张彻底背离现代道德哲学的倡议来看，如果她还健在，如果她目睹自己被主流的美德伦理学家认定为这场运动的开端，她是绝对不会自称为美德伦理学家的。麦金太尔也从未料想，他的方案被视为对当代美德伦理学的某种贡献，而且，他明确表示无论如何都不希望被视为该运动的支持者。①

在这一运动的发展中，富特似乎做了大量工作，发表了一系列文章，这些文章后来收录于《美德与恶德》（*Virtues and Vices*）一书中，但她后来改变了研究方向，在《自然的善》（*Natural Goodness*）中为一般的伦理

Contemporary Ethics, ed. Timothy Chappell (Oxford: Clarendon Press, 2006), 20–52.

① 麦金太尔在自己的著作中对此说得非常清楚。这便是为什么在《追寻美德》（*After Virtue*）之后，他的几乎所有作品都遭到美德伦理学家忽视的原因。《依赖性的理性动物》[*Dependent Rational Animals*] 是个偶然的例外)《谁之正义？何种合理性？》（*Whose Justice? Which Rationality?*），在许多方面，只是对亚里士多德—托马斯主义的（Aristotelian-Thomist）伦理学方法的辩护。此外，麦金太尔还通过电子邮件大方地回答了我提出的一些问题，内容关于他如何看待他与美德伦理学运动之间的关系，而在我们的交流中，他非常明确地表示，他与这场运动没有丝毫一致。

学重建基础，而不是仅仅致力于为现代道德哲学提供第三种进路。① 纳斯鲍姆一直反对分类，她在 1999 年发表的一篇论文中认为，"美德伦理学"是一个误导性的范畴，应该被完全抛弃。② 出于这些原因，相对于主流的美德伦理学，我把这些以及其他具有类似情况的思想家，通常称为"非常规的"（unconventional）或"边缘的"（marginal）美德伦理学家。

在美德伦理学中，我们发现了一场具有多幅面孔的当代道德哲学运动，它的某些部分——通常在最新文本中呈现出来的部分——让自己适应道德哲学研究的现状；而其他部分——通常产生于这场当代运动的第一代和第二代学者的那些部分——则从根本上背离了道德哲学研究的现状。在美德伦理学中，我们还发现，这是一场对其反叛性的源头并不总是很敏感的运动，所以，在这场运动的许多当前的支持者眼里被看作是奠基人的那些思想家——最著名的当数安斯康姆和麦金太尔——根本不会或不愿把自己的作品视为这场当代运动所做出的贡献。相反，正如我将在第二章论证的，我们有充分的理由认为，常规的美德伦理学的发展有两个起点：一是，它在一定程度上抛弃了安斯康姆给出的具有影响力和颠覆性的观察——现代道德哲学的整体方案出现了偏差；二是，它在一定程度上抛弃了安斯康姆的建议——在找到一种亚里士多德式的哲学心理学的类似物之前，我们应当停止道德哲学研究。从这种历史视角来看，主流的美德伦理学是一种在建制上取得成功的（institutionally successful）美德伦理学，它是在颠覆了最初的动力方向之后才取得现在的地位。

如果那些赞美安斯康姆为这场运动提供了灵感的人承认他们当前与她

---

① Philippa Foot, *Natural Goodness* (Oxford: Oxford University Press, 2001). 而且，迈克尔·斯洛特在发表于《心灵》杂志（*Mind* 112 (2003): 130–39）的一篇关于富特著作的书评中指出，在一次私下沟通中，富特明确表示，她并不把自己视为美德伦理学家。

② Martha Nussbaum, "Virtue Ethics: A Misleading Category?" *Journal of Ethics* 3 (1999): 163–201.

存在的分歧，那么，当代主流的美德伦理学通向成功的发展路径可能就会不同。回顾过去，我们不能说，另一种发展路径是否也会取得当代美德伦理学作为当代道德探究的主要贡献者所享有的成功。我们可以看到，目前关于美德伦理学的百科全书、文集、教科书以及手册词条都在讲述有关这场运动的充满活力的故事，正是这样的故事，成为了具有决定性的叙事，教导后来的道德哲学家要将美德伦理学视为解决当代道德哲学问题的另一种选择。尽管安斯康姆在这些条目中被公认为该运动的创始人，可是，她的学说精髓常常被未加评论便被抛弃。如果安斯康姆的分析和建议的精髓是合理的（这一点我将在第二章予以论证），那么，它们被置之不理的事实就在充分地暗示：这场运动可能存在某些问题，否则，它呈现出来的就应当是一种健康而丰富的伦理学运动。这并不是说，如今缺乏针对当代美德伦理学的批评。在批评文献中，我们可以看到一系列针对美德伦理学方法的标准批评。最常见的批评是，美德伦理学不能为行动提供充分的指导。第二种最常见的批评是，个体对自身美德发展的关注是以自我为中心，从而使得个体无法恰当地准备帮助那些需要帮助的人。最近，情境主义者对稳定的品格特质这一概念也提出了挑战，这通常被称为"情境主义挑战"。其他一些虽不常见但很重要的批评意见包括：文化相对性的指控，确定美德根据（当美德在认识论上已经被认为是基本的，一种品格特征堪称美德的根据是什么）的循环问题，以及，所谓的冲突问题（两个或更多的美德要求采取不同的行动方案来解决道德难题）。针对当代美德伦理学的标准批评包括了其中一种或多种批评意见。①

---

① 罗莎琳德·赫斯特豪斯（Rosalind Hursthouse）在斯坦福百科全书的"美德伦理学"条目中（"Virtue Ethics," Stanford Encyclopedia of Philosophy, ed. Edward N. Zalta, Fall 2007 ed., http://plato.Stanford.edu/archives/fall2007/entries/ethics-virtue/.）讨论了这些标准批评，但排列顺序不同。

这些批评意见以及主流的美德伦理学对它们的回应都理所当然地认为，道德哲学的任务有一系列共同的假设：第一，道德哲学应当具有行动指导功能；第二，人应当是利他的；第三，我们的行为不仅仅是我们所处情境的产物；第四，存在普遍的伦理原则；第五，可以通过某种方法推导出首要的道德原则，凭借它建立对美德的解释；第六，存在一些无法解决的道德困境。当标准的美德伦理学试图回应这些批评时，正是美德伦理学的反对者和支持者之间的一套共同的假设使双方聚集在一起，实际上，在许多方面，也无法将他们区别开来。

本书并不完全符合关于美德伦理学的标准批评及其假设所代表的理论模型，之所以如此，原因有二：第一，不同于针对当代美德伦理学的标准批评和辩护，我的批判性评价乃是关注一个基本难题，即什么是当代美德伦理学，从而充分地描述批评对象，或者更确切地说，所有对象。第二，我发现，被美德伦理学的大多数批评者和捍卫者所认同的那些有关道德哲学之基本任务的标准假设存在重大缺陷。并不是只有我指出这些缺陷。被所罗门称为美德伦理学的激进支持者的思想家，早已对其中某些缺陷进行了极精妙的描述。在下面的章节中，用于批评美德伦理学运动特征的论据主要来自这样一些思想家，他们是否可被认为是美德伦理学运动的支持者，这取决于我们采取何种美德伦理学观。第一项任务的复杂性涉及说清楚什么是美德伦理学，它必然为第二个任务，即批判性地评价这场运动，带来复杂性。如果我们要更加透彻地理解这场重要的运动，那么，不去处理这些复杂问题，显然不符合真正的哲学目标。我们希望对这场运动的批判性评价能够带来一些有价值的结论，它们不仅与美德伦理学有关，而且与道德哲学研究本身的基本任务有关。

内容概要

本书既包括批评性的论述，也包括建设性的论述。就已有的批评立场而言，我试图论证，当代美德伦理学虽然被认为是一场统一的伦理学运动，但它并没有表现为一个在总体上充满希望的选项，不能替代安斯康姆所刻画的那种现代道德哲学的特有策略和旨趣，反而，至少在许多方面，它是对它们的拓展。需要强调的是，这个论点有一项重要的限定条件：把当代美德伦理学作为一个整体来考虑。这场运动的各个部分之间，特别是主流美德伦理学之外的那些以美德为焦点的思想家之间，存在很大差异。无论是主流的还是较边缘的美德伦理学家，也都为推进建设性的论点——对于一种充分的道德理论来说，以美德为焦点的方法乃是必要的——做出了贡献。

因此，我们不应该把这个批判性的论点理解为，当代美德伦理学运动是一条毫无价值的哲学死胡同；因为，尽管我认为某些美德伦理学未能发展成为现代道德哲学的真正替代方案，但是，当代美德伦理学成功地重新引入了一些在古典和中世纪的伦理学方法中长期存在的重要问题，这些问题具有广阔的视野，把人的整体生活方式作为关注焦点。此外，如果作为整体的当代美德伦理学之所以未能成功地全面替代其他流行的哲学伦理学方法的原因之一在于它未能恰当地恢复道德探究中的亚里士多德传统，那么，我们就仍有理由认为，尚有某种形式的亚里士多德主义伦理学方法是可行的，而且，通过对当代美德伦理学方案中一些更加重大的失败进行讨论，我们可以从消极和积极两个方面推进建设亚里士多德主义的方案。从消极方面来看，可以指出应该避免什么。从积极方面来看，可以指出哲学伦理学需要转换的前进方向，对此我将予以论证。因此，除了指明方向之外，本书还将试图指出，哲学伦理学的新方向是以古典思想为依据的。

　　本书既包括对美德伦理学运动的描述，也包括对道德哲学的亚里士多德主义策略的辩护。第 1 章将初步阐述这种亚里士多德主义策略，其中，我将考察现代道德哲学与当代美德伦理学运动的互竞主张。然后，我将考察当代美德伦理学运动的起源（第 2 章）；考虑它的诸多类型（第 3 章）；审视其核心主张，尤其是主流美德伦理学的承诺——为其他居于主导地位的现代道德理论提供一个充足的替代选项——以及它何以未能兑现这些承诺（第 4 章）；在第 5 章，我将转而着重考察，各种亚里士多德主义的当代美德伦理学如何过于激进地采用了亚里士多德的方案，从而进一步主张亚里士多德的方法不应被称作美德伦理学。然后，在第 6—8 章，我将论证，不仅义务论、后果主义、契约论，而且包括常规的美德伦理学及其诸多非传统的支持者在内，都没能像更彻底的亚里士多德的方法那样，提供成功的策略来回答道德哲学的根本问题——对这些问题的回答尽管五花八门，但总要有所回答。在第 9 章，我将从上述探究中得出最终结论。

　　我主张，亚里士多德主义的道德哲学方法，无论是以规则为基础，还是以美德为基础，都能提供一个替代现代道德哲学的更有希望的方案。由于诸多原因，与指出美德伦理学的分类困境以及这场运动的缺点相比，这种主张更具争议性。如果我提供的只是关于如下情形的一组观察事实，即当代美德伦理学同其他的现代道德哲学一样，在研究视野及其方法论上都不是亚里士多德主义的，并且，如果我无论如何还是要使用亚里士多德主义来充当判断其他道德哲学是否充分的规范标准，那么，人们就可以对这部作品进行恰当的批评，认为它只是一种持续的但却未经反思的依凭权威的论证——甚至是一种循环论证的错误尝试。然而，并非如此，我希望在当前概述以及后文的进一步论证中对此加以阐明。

虽然近年发展起来的美德伦理学的所有支持者并非都认同亚里士多德的方案，但可以肯定的是，其中的大部分人都以这样或那样的方式使用了亚里士多德的方案。比如富特、纳斯鲍姆、加布里埃尔·泰勒（Gabrielle Taylor）、赫斯特豪斯等人更愿意将她们采纳亚里士多德方法的做法称作"选择性的"，从而把她们的方法命名为"新亚里士多德主义"。这种选择性的做法通常被描述为，祛除糟粕——比如，亚里士多德关于妇女和奴隶的观点——而取其剩余。这些依据亚里士多德思想而进行哲学思考的卓越主张意味着与亚里士多德的方案之间存在本质的差异，因此，就我对主流美德伦理学的批评而言，重要的在于指出，她们的"新亚里士多德主义"比"亚里士多德主义"包含更多的"新"。① 不过，更重要的是，这种批评揭示并且论证了如下立场：美德伦理学家通常忽略了亚里士多德方案的许多方面，然而，这些方面绝不是无关紧要的，反而是其核心。②

我的观点是，在当代美德伦理学的诸多新亚里士多德主义版本中，休谟、密尔和康德比亚里士多德起到了更多的作用，在关键分歧上，这些主流的美德伦理学家自己表现出来的是现代道德哲学的方案，而不是亚里士多德的追随者。我的进一步主张是，在界定"何为美德伦理学"的问题上，亚里士多德的方案不适用于任何占据主导地位的竞争者。③ 此外，亚里士多德的方案是非还原论的，而大多数当代美德伦理学的方案则是还原

---

① 此处借用了彼特·辛普森（Peter Simpson）的说法，参见 Peter Simpson , "Contemporary Virtue Ethics and Aristotle," *Review of Metaphysics* 45 (1992): 503–524.
② 本书第五章将讨论亚里士多德伦理学和当代主流美德伦理学在哪些领域存在根本的断裂，其中特别关注道德动机、后果主义推理的作用、沉思智慧的重要性、美德和幸福之间的逻辑关系、实践智慧的重要性、美德的统一性、利他与仁慈的假定意义、友爱的重要性、正义的重要性，以及人的政治本性。
③ 丹尼尔·拉塞尔和茱莉亚·安娜斯的近期著作，一般是我这里所说的更强意义的亚里士多德主义作品。正如他们在各自的著作《实践智慧与美德》和《理智美德》中指出的那样，他们的幸福主义方法以及对明智（phronesis）和美德的统一性的处理使得他们与主流的当代美德伦理学存在较大分歧。

论的，这是因为，现代道德哲学的主要关切在于对正确行为的主张进行辩护，而亚里士多德并没有为了回答这一主要关切而把伦理学溯源至那种被普遍接受的有关美德或幸福的直觉。相反，亚里士多德假定了许多现代道德哲学家试图证明的东西：某些行为或品格特征的善。正是亚里士多德伦理方案对其自身丰富传统的开放性使得这一起点成为可能，而不是这种对其丰富文化传统的开放性使得亚里士多德的方案成为一种文化相对主义。亚里士多德的伦理方案包含着多重原则，并且，它所回答的一系列问题也不同于大多数当代美德伦理学家所努力回答的问题。诚然，在亚里士多德的伦理学中，美德扮演着核心角色，但它并没有扮演一种派生出所有其他原则的核心原则的角色。这其实不仅是亚里士多德主义方案的优点之一，而且是它不应该被定义为美德伦理学的原因之一。

我认为，亚里士多德主义的道德哲学方法之所以优越，主要是因为，与美德伦理学或其他的竞争者相比，它能够更好地回答我所认为的道德哲学的基本背景问题（the fundamental background questions）。这些问题是：人是什么？人类生活的目的是什么？人们用什么标准来衡量迈向人类生活目的的成功进展？我在第 1 章中指出，这些问题显然是哲学人类学、自然哲学和自然神学的主题，而这些学科也必然是一种更加充分的道德哲学的基础。只有在一种其基础原则属于非还原论的道德哲学中，才有可能将其他学科汇聚于伦理学。不执着于要从"纯粹的"道德哲学出发，而是吸纳交叉学科成果的开放性，① 这正是亚里士多德伦理方案的诸多优点之一。

我的观点是，亚里士多德的伦理方案优于其他伦理方案，因为它能够比其他的伦理方法更恰当地处理这些问题。我认为，边缘的美德伦理学已经充分表明，现代道德哲学的主要方法不能恰当地回答这些问题。而我在

---

① 对比一下，迈克尔·斯洛特在《源自动机的道德》中构建纯粹伦理学的努力，以及奎迈·安东尼·阿皮亚在《伦理学实验》中对道德哲学与社会科学（尤其是心理学）之间交叉互动的赞美。

以下各章中特别关注的，就是要论证，主流的美德伦理学也未能做到这一点。该论证分为几个阶段。首先，我认为，实际上存在某些问题，要对这些问题做出回答，必定是任何道德哲学都假定或赞成的。那些试图忽视这些问题的伦理学方案只能是冒险，因为，忽视这些问题，注定会在道德探究的某些关键节点提出未经审查的回答。

其次，我认为，亚里士多德主义的方案至少可以避免这种错误，即故意忽视必须回答的问题，而只有回答这些问题才能推进一个经过充分严格审查的伦理方案。事实上，这些问题不仅成为亚里士多德主义方案的探究主题，而且，亚里士多德本人在评价其整体方案时，其评价标准就在于它是否成功地澄清了这些基本关切。正是因为这些问题处于包括美德伦理学在内的全部伦理学说的核心位置，所以，我才将本书命名为《美德之前》。

再次，亚里士多德对这些问题的明确回答，使得他的道德探究具有优越性；不仅如此，我还进一步认为，至少就亚里士多德回答的总体结构及其允许后世的亚里士多德主义者（在这方面最显著的是阿奎那）做进一步澄清的开放性而言，亚里士多德的回答是正确的。要论证"亚里士多德的回答是正确"，这被证明是我自己研究中最具挑战性的方面，正是在论证这些观点的过程中，我特别受益于麦金太尔的著作。

为了澄清亚里士多德伦理探究的总体特征，我认为，如果不对"人为了什么"的问题加以说明，就不可能充分回答"人是什么"的问题，这一立场是合乎亚里士多德所揭示的形式因与目的因之间的关系的。我赞同麦金太尔的观点，即关于"人类生活的目的是什么"这个问题，如果我们没有提供某种亚里士多德主义的回答，那么我们就只能选择尼采主义的回答：生命就是权力意志；进一步说，在道德哲学的这个核心问题上，就成熟的和互竞的道德哲学而言，我们其实只能在尼采和亚里士多德之间进行选择。麦金太尔在《追寻美德》中所提供的社会目的论解释是有价值的，但它还不够深入。首先，麦金太尔过于仓促地放弃了他所说的亚里士多德的"形而上学的生物学"，这是不对的。尽管我确实通常认为它的基本原则不无价值，而且，我也提出过一些充分阐述亚里士多德主义因果性的理由以理解人类生活和行为，但是，在本书中，即便我可以，我也不是要大张旗鼓地捍卫亚里士多德生物学的这些（细节上有所不同，但人们都知道其中许多都是错误的）原则。此外，在《依赖性的理性动物》（*Dependent Rational Animals*）一书中，麦金太尔通过对常常被忽视但十分重要的"承认依赖性"的美德（virtues of acknowledged dependency）的核心作用进行解释，纠正了自己对亚里士多德"形而上学的生物学"的放弃行为。这些论点还有助于表明，作为社会性动物，我们只有在与他人的关系中才能繁荣，而承认这一点的伦理方法是优越的。

最后，我认为，亚里士多德本人对上述第三个基本问题的回答是最薄弱的，这个问题涉及评估一个人朝向其目的发展的标准。从亚里士多德的最令人敬重的继承人之一阿奎那那里，我们找到了更恰当的方法来处理这个问题。阿奎那的亚里士多德主义方案使我们能够充实亚里士多德在解释实践智慧时所具有的特征，而这些特征在亚里士多德的著作中还不够明晰。只有通过广泛地构思亚里士多德关于正确的理性运作的说明，也就是他对自然法的说明，我们才能找到足够清晰的标准，对一个人朝着生活目标的发展进行充分的评估。

这些就是我为自己研究的亚里士多德主义基础进行辩护的主要方面。事实上，正是从这一基础出发，我对当代美德伦理运动的得失加以评价。并不是所有评价都要明确地建立在我认为亚里士多德的伦理方案具有优越性的主张之上。比如，没必要总是诉诸亚里士多德，指出当代美德伦理学没有履行其核心承诺。按照我对这些核心承诺的理解，它们将提供一种全面的伦理方法，不仅与当今流行的其他道德哲学相抗衡，而且能够解决应用伦理学问题；它们将对"什么是美德"提供统一的解释；它们能够阐明并被用作一个在某种程度上得到普遍接受的检验标准，设定出一份哪些品格特征是美德、哪些是恶德的列表。然而，我需要诉诸亚里士多德主义的方法来详细地表明，为什么美德伦理学并未呈现为一种全面的伦理学方法，而且，正是因为美德伦理学不能很好地处理伦理学的基本问题，所以它无法兑现上面提到的后两个承诺；我还将表明，亚里士多德主义的方法可以兑现这些承诺。

因此，本书论证的核心主张是：美德伦理学源于对现代道德方案的批判；主流的美德伦理学同样具有现代道德哲学中的那些由非常规的美德伦理学所指出的缺陷；主流的美德伦理学，即使按它们自身的标准来评价，也没能实现其承诺；而非常规的美德伦理学则未能提供建设性的路径，以解决它一直以来所描述的现代道德方案的问题；尽管有人不同意，但主流的美德伦理学家迄今并未充分借助亚里士多德的伦理学方法；亚里士多德的伦理方法实际上更优越，因为，相较于包括美德伦理学以及其他方法在内的所有竞争对手而言，它更加成功地处理了伦理学的基本问题；我们应该诉诸亚里士多德主义的伦理学方法。

第1章
道德哲学与当代美德伦理学

> 后果主义是一种肤浅的哲学,这是它的必然特征。
>
> ——G.E.M. 安斯康姆:《现代道德哲学》①

在对任何哲学体系进行批判性的评价之前,我们都需要先理解这个体系。这个过程所涉及的比较常见的工作,是一系列旨在详细考察该体系内部的主要特征的探究。而不那么常见但同样重要的工作则是理解这个体系的情境特征,它们关系考察该体系试图回答的问题以及该体系相对于竞争性解释具有何种地位的历史。美德伦理学领域的研究者没有把美德伦理学当作一个体系,因为各种美德伦理学的方法之间的联系过于松散,不足以被贴上这个标签。然而,运动类似于体系,批判性地评价一场哲学运动与理解一个哲学体系需要同样的工作。

在转而考察当代美德伦理学的主要特征之前,先考虑一下它在道德哲学中某些方面的处境乃是有益的。本章试图在当代道德哲学的大背景下来理解当代美德伦理学。本章的另一个任务是确定道德哲学的基本问题,并

---

① G. E. M. Anscombe, "Modern Moral Philosophy", 首次发表于 *Philosophy* 33 (1958): 1–19; 我在这里所引用的页码出自收录该文的如下文集: *Virtue Ethics*, ed. Roger Crisp and Michael Slote (Oxford: Oxford University Press, 1997), 26–44.

论证它们的优先性及其对于判断不同道德哲学方法何者更佳的重要意义。这两项任务都要求我们反思当代道德哲学的状况，反思道德理论化同形而上学之间的关系，就此而言，它们是相互关联的。

当代道德哲学：竞争与不可调和

究竟什么是当代美德伦理学？该运动的支持者和批评者都有兴趣为这个问题提供一个相对直接的回答：支持者想要阐明其努力推进的是什么；而批评者则是想要树立其瞄准的靶子。然而，如果我们试图从一个纯粹观察者的角度来看待这场运动，比如，就像一个敏锐的研究生一样，因为想知道当代美德伦理学的支持者和批评者的动机是什么而对它感兴趣，那么，在阅读了那些通常被认为是其主要支持者的文献之后，她会说些什么呢？我认为，萨拉·康利（Sarah Conly）准确地描述了一种可能的反应："人们针对美德评论文献所形成的第一印象是，与哲学的大多数领域相比，这里更加纷繁复杂。"① 康利大概是在1988年提出这一主张，而在接下来的20年里产生的美德伦理学方法，在数量和种类上都迅速增加。一方面，自20世纪80年代末以来，这场运动中的主流群体通过发展出一套批评应对策略而变得更加统一；另一方面，互竞的美德伦理学方法之间的分歧也越来越大。从这两个方面来看，美德伦理学方法的多样性及其分化，在总体上反映了当代道德哲学的多样性和分化。

就道德哲学的基本问题而言，分歧是惊人的。关于这一点有很多证据：人们只要翻开任何一本道德哲学文集或手册，通读其目录即可。情感主义和义务论相对立，二者又与功利主义相对立，而这三者又和神命论相

---

① Sarah Conly, "Flourishing and the Failure of the Ethics of Virtue," *Midwest Studies in Philosophy* 13 (1988), 83.

对立，神命论与契约论相对立，它们又和美德伦理学相对立，诸如此类，不胜枚举。再加上古代和中世纪哲学家的理论追求同当今哲学家的理论追求之间的鲜明对比，伦理学样态的图景就更复杂了。没有任何问题可以得到一劳永逸的解决，在当代道德哲学中，情况同样如此。

更加令人不安的是，一个从事伦理学研究的哲学家应该做什么，对此，人们甚至缺乏基本的共识。有些人认为，道德哲学家的任务是阐明人们的生活所依凭的原则。有些人则主张，伦理学的任务是澄清人类生活的主要目的以及我们实现这些目的的手段。有些人则试图挖掘那些控制人类行为的确定和具体规则的基础。另一些人，多了一份重大的道德责任感，试图发现那些理应控制人类行为的确定和具体原则的基础。教科书的编写者似乎往往把比较和对比不同的伦理理论当作道德哲学的基本任务，然后，要么论述其中一个方法相对于其他方法的优越性，要么允许读者或学生选择自己偏爱的方法。假如一个学生已经接受了沿着这些思路而展开的教导，对道德理论产生了某种消费者的心态，那是可以谅解的，这就像一个购物者面对着满满一货架的香水，基于各种主要原则——比如它的气味（快乐主义），它对异性的影响（后果主义），它带来更完美的自然芳香的能力（幸福主义），或者它的流行性（契约主义）——而做出选择一样。

从学科划分的惯常标准来看，道德哲学作为一门学科的地位似乎岌岌可危。设想一下，那些否认原子存在的物理学家，或者那些认为地球是太阳系中心的天文学家，或者那些继续推进燃素说的化学家，全都被认为是其学科中受人敬仰的成员，决不会受指责，而且还会获得巨额资助以继续研究和教学。这些研究者与他们熟悉的同行——亚原子物理学家、后哥白尼时代的天文学家和后波义耳时代的化学家——之间的分歧，不亚于各种对立的伦理理论的支持者之间的分歧。当然，明显的区别是，在其他学科中，当提出的理论被证明是错误时，该学科中的有声望的成员也会予以承认，然而，根本没有任何实验或论证足以证明伦理学中也有类似的进步。事实上，从某些方面看，道德哲学在其历史过程中是在退化而不是进步。①

迄今为止，道德哲学仍未清理出它的基本原理，与这一普遍失败相伴随的是，该学科又贴近我们所有人的生活。"伦理学"至少有两种主要含义：它通常被用作"哲学伦理学"或"道德哲学"的代名词；但在学术界之外，"伦理学"指的是人们试图用来指导其生活的习俗和原则。我们没有哲学伦理学仍然可以将就，但没有伦理却不行。就像早上起来要穿衣服一样，人类的行为通常都有理由，无论这些理由多么"日用而不知"；事实上，早上穿衣以及其他任何我们可能考虑的平凡事件，比如，是否刷牙、刷多久、用什么刷，都蕴含着某种程度的选择，我认为，伦理事件也是如此。确定道德哲学学科如何与我们的日常生活相关，必然充满了道德思考，虽然这仍是道德哲学家争论的问题，但不可否认的事实是，道德哲学似乎是最容易进入的哲学领域，至少从引导学生进入哲学家所提出的问题和回答这些问题的策略的角度来看是如此。

正因为在伦理学中理论与实践非常接近，我们才特别关注与道德哲学相关的问题，并且通常饱含热情。道德哲学家得出的结论可以而且经常对我们在日常生活中所做出的各种决定产生极大影响，而这些决定的风险往往非常高：我应该堕胎吗（尤其是当我不这样做将危及我的正规教育时）？我应该对我的老板撒谎以谋求晋升吗（尤其是当他还是一个苛刻的老板时）？我应该把衰老的母亲送进养老院吗（尤其是当她跟我住一起会导致我的婚姻关系紧张时）？正如我们在下一章将会看到安斯康姆论证的

---

① 人们可以从列奥·斯特劳斯（Leo Strauss）的《自然权利与历史》(*Natural Right and History*, Chicago: University of Chicago Press, 1953)，以及麦金太尔的《追寻美德》(*After Virtue*, Notre Dame, Ind.: University of Notre Dame Press, 1984) 中读出这种结论，尽管他们得出该结论的方式相当不同。

那样，我们这个时代的一个标志就是，许多如今最流行的道德理论既可以被用来对这些问题给出肯定的回答，又可以被用来给出否定的回答，而且不少道德哲学家还愿意把这种情况当作好事。除了上述零乱而棘手的问题外，还有一个从整体和个人层面来考量的道德哲学问题，它至少在古典道德哲学中是根本问题，即"我应该如何生活？"对这个问题的回答，揭示出道德思考最广阔、最相关的维度：这是一个涉及我们整体生活方式的探究领域。

因此，道德哲学似乎存在两种看似不兼容的特征：一方面，它是一门混乱的学科，其基本原理、目标和研究方法仍有很大争议；另一方面，它是一门至关重要的学科，学界内外都非常关心它的结论，即使很多人似乎并不特别关心得出这些结论所采用的哲学策略。在人们可以期待最优秀的心智能够发挥良好作用的所有研究领域中，道德哲学似乎应当拥有卓越的地位。然而，从它作为一门统一学科的地位来看，似乎没有哪个研究领域要比道德哲学更糟糕。

并不是每个道德哲学家都认为道德哲学的现状存在问题，我们理应找到解决方案，而不仅仅是讲些陈词滥调的无用哲学家的笑话。有些人认为，充满冲突是学科健康的标志之一，它表现出该学科众多研究者对其主题的热情程度。另一些人则站在冷静的怀疑论者的立场上，认为我们没有能力获得关于重要事项的知识，而道德哲学乃是最显著的例证。而且，与哲学的其他领域相比，伦理学领域更加鼓励学生发展所谓的他们自己的"私人哲学"，伦理学的多样性不过是表现了写作和思考哲学伦理学的人的多样性。

针对这些理由，我们可以设想有一位年轻的、认真的、有抱负的哲学家，她深切关注伦理问题。她认为，学习哲学伦理学可以帮助自己思考对她而言重要的问题。现在想象一下，当她审视了道德哲学领域，发现它实际上是一堆杂乱无章的理论、方法、问题和假设后,她会感到惊慌。她不再确定,这部哲学戏剧中的不同角色是在谈论同样的事情。她想知道的是,所有这些观点是否具有共同的原则甚至共同的目标,是否拥有合理的方式来加以说明,是否在这一领域可以取得真正的进步。她可能体验到极大的困扰,而只有当她分析了伦理学的大体框架,领会了其中的混乱,她才能更充分地理解并采取苏格拉底的策略,迫切地寻求比惯常的回答更深沉的答案。

那些道德哲学专业的学生避免了过早专门化的诱惑,广泛研究各种伦理方法,有希望对古今之间的差异保有敏感性,但也许最让他们感到沮丧的是,似乎没有一根贯穿于道德哲学史迷宫的金线。究其原因,道德哲学并不只是由一个困惑构成,而是由许多困惑构成的,其中每个都有自身的特点和激发性问题。更好的向导是尼采,而非罗尔斯,因为前者认识到在道德哲学史上起作用的是不同的道德。虽然安斯康姆、麦金太尔以及其他几个经常被归于早期美德伦理学阵营的哲学家不是传统意义上的尼采主义者,但他们在针对现代性的独特批评中扩展了尼采的洞见。① 不仅存在不同的道德,而且还存在着对立的道德——对立的价值尺度、对立的实践理性描述、对立的关于正义等基本美德的描述。一些道德哲学家,包括一些美德伦理学家,试图淡化这些对立。他们的策略通常是用自己偏好的色彩来描绘对方。比如,我们可以想一想,罗尔斯何以可能把他的《正义论》在一些重要方面呈现为是对亚里士多德方案的延展,因为他觉得亚里士多德赞同一种实践理性概念,将它等同于开明的自利,将正义等同于公平。②

---

① "《善恶的彼岸》(1886)本质上是对现代性的批判,它涉及现代科学、现代艺术甚至现代政治,并指向了一种相反的、最不现代的类型——一种高尚的、'肯定式的'类型"。参见 Friedrich Nietzsche, *Ecce Homo in Basic Writings of Nietzsche*, trans. Walter Kaufmann (New York: Modern Library, 1968), 766.
② John Rawls, *A Theory of Justice*, rev. ed. (Cambridge, Mass.: Harvard University Press, 1971, 1999), 10, 22, 372–380.

我会在第八章证明，仔细研读亚里士多德文本的读者会在罗尔斯的描述中看不到真正的亚里士多德。

尽管伯纳德·威廉姆斯的反思非常精妙，但是，在关注不同道德之间的基本对立时，我们的反应不应当是犬儒式的。虽然在道德哲学中存在基本的冲突，而且并没多少道德哲学能教会我们如何生活得好（因为这是父母的事情），但学习道德哲学仍然会有很多收获。然而，只有当我们注意到不同理论之间的相互误解，以及产生这种对立的深层原因时，我们才能认识到这一点。我认为，不同道德理论之间冲突的最重要原因不在道德理论本身。首先是文化、历史、政治和宗教的预设构成了一个人或一个民族的伦理观念，然后才有独特的伦理理论的形成。虽然仍有许多人坚持悬置道德理论化的预设，然而，麦金太尔、里斯特、亚当斯、阿皮亚等人的论著都表明，道德哲学必须依靠附加的理论和非理论的资源来维持其自身的生命力，尽管他们在其他方面的看法各不相同。注重道德理论差异性的背景根源，并不会妨碍人们判断哪些道德理论比其他理论更正确，或是妨碍他们判断道德难题有更好和更坏的解决方案。然而，它确实排除了从中立的角度做出此类判断的尝试，因为，任何想要成为哲学争议裁决者的人总是受到了一系列独特的历史、文化、政治和宗教预设的影响。

如果我们采取传统的方法来进行学科区分，并试图在各式各样的道德理论中寻找共同的主题、目标和方法，那将是徒劳的。摩尔和黑尔从事的研究就跟柏拉图和亚里士多德的不同，因为，前者试图解释道德表达的意义，而后者则试图描述如何最好地组织一个人作为整体的生活。同样，罗尔斯和辛格提出了不同于奥古斯丁和阿奎那的方案，因为，前者试图阐明成功使用工具理性的程序，但不诉诸任何超越自然主义观点的原则，而后者则坚持认为，如果缺乏永恒理性的滋养，那么，人类的理性就不可能完备。这八位思想家虽然都被认为是道德哲学家，但是，除了对自愿行动的考虑之外，几乎没有什么其他方面能把他们的努力统一于某一项探究。

道德哲学的探究方法需要我们仔细阅读、对历史背景保持敏感、转换关键术语的意义，以及协调道德哲学由之生发出来的最基本的问题，这样才能走出解决基本问题的不同方法之间的明显的死胡同。虽然亚里士多德对不同道德传统的冲突或许不如我们那么敏感，但我们不能像某些人那样错误地认为，亚里士多德对道德传统之间的真正冲突缺乏历史感。我们正是从亚里士多德那里认识到，"受到良好教育的人的标志是，只在主题的本性所容许的范围内来寻求每种事物中的精确性：只要求一个数学家进行大概的推理与要求一位修辞学家进行严格的证明，显然是同样愚蠢的"①。道德哲学不能用评判其他学科的标准来评判，所以，我们对它的研究需要一种根据其主题形成的而不是从其他领域引入的解释学。然而，我试图强调的是，至少初看起来，并非所有的道德哲学家都持有相同主题。他们也不采用相同的研究方法。他们追求和企望的目标也不尽相同。问题再一次出现了，有什么可以证明他们是同一个学科的成员？

道德哲学中的基本问题激发了所有的道德探究传统，无论这些传统之间怎样对立，这些基本问题是有共性的，正是它们的共性证明了可以合理地将这些不同的探究归于一类。在道德探究的某些传统中，这些问题很明显，而在另一些传统中，它们隐而不显，但却同样具有激发作用。虽然这些问题把不同的道德理论统一起来，但是，对这些问题的不同回答以及这些回答引发的后续问题，则解释了不同的道德探究传统之间的多样性和冲突。所以，例如，尽管探究道德形而上学的基础截然不同于探究我们作为特定生物的真实繁荣的意义，然而，在诸如康德、柏拉图和亚里士多德的探究背后却存在一系列共同的问题，这使得我们可以去比较他们的各自进

---

① Aristotle, *NE* I. 3, 1094b 24–27.

路。这些问题又是什么呢？

道德哲学的基本问题

这些基本问题并不总是以相同的方式表达，所以最好是从问题的类型来思考它们，我认为，这些问题可分为三类。某一道德传统的支持者并不都会承认，他们对这些问题的回答与其他道德传统的支持者所提供的回答是完全冲突的；这些支持者甚至并不都会承认，他们的方法只是对这些问题的特定回答。尽管如此，关于这些问题的答案总是蕴含于每一种道德探究之中，即使它们只是默而不宣。

第一类问题与道德哲学家对人的看法有关。人是什么？关于这类问题，总是存在一个特殊的维度和一个普遍的维度——"我是什么？"与"作为一个人是什么？"是两个虽然不同但却相关联的问题。在当代讨论中，这类问题通常采取这样的形式："相对于纯粹生物学的人，一个社会的人是什么？"那些关于人性的理论，无论从根本上认为它是好的还是坏的，是有所指的还是开放的，无论我们是可以从中找到赖以生活的规范基础还是不能，无论它是进化发展的产物还是一种特殊的创造物抑或两者的某种结合，无论是真的存在人性还是我们在误导性地用人性来描述那些只有在行动之后才能被定义的存在物，等等，都要设法解决这一类问题。不仅道德哲学家操心这些问题，许多从事心灵哲学、人格同一性、民族学以及其他分支研究的哲学家也对这些问题颇感兴趣；但是，操心这些问题或至少就这些问题采取某些立场，却是一个人从事道德哲学的必要条件。这是为什么呢？

无论我们是把伦理学的根本任务视为解释我们应当如何行动（一个以决策为中心的道德哲学方法），还是视为解释我们应当如何生活（一个通常等同于美德伦理学的全面的道德哲学方法），都不可能不采用"我们是什么"的概念。虽然不去设定一个关于人是什么的理论可以消除这种理论的逻辑优先性，从而避免争议，但是，道德探究讨论的是人的行为和生活。

第二类问题涉及道德哲学家认为人的生活是什么样的。我的人生目的是什么？人类生活的目的一般是什么？人的生活存在某种至高无上的目的吗？这些可以被视为广义的目的论问题。针对这些问题，古代和中世纪的回答通常表明，有美德的活动，就其等同于过一种繁荣或幸福的生活而言，在某种方式上为该问题提供了解决方案。许多当代美德伦理学家也是如此。正如一些非常规的美德伦理学家强调的那样，现代性转向的标志之一就在于抛弃了关于目的论问题的古典回答。有些现代道德哲学家为了否认生活的最高目的，想方设法不对"生活的真谛是什么"这个问题作出详尽的回答。还有些现代道德哲学家则转换了"目的论"一词的含义，从而构建了一个与古代强调作为自身目的的活动相对的、以行为后果为重点的框架，事实上，在当代的分析道德哲学圈中，"目的论"通常被当作"后果主义"的同义词。

我们可以暂时搁置关于这类问题的古今之争，因为这里只需指出，否认特殊的个体生活或者一般的人类生活有最高目的，其实也是针对此类问题的一种回答。生活也是如此，比如，生活就是追求快乐，或减轻他人的痛苦，或拥有丰富的阅历，或是获得善良意志，或是实现权力意志，或是享受审美体验，或是尊重他人的观点，或是我们在被要求概括人类生活目的时可以说出的其他的老生常谈。当普通人常常以诙谐的方式描述哲学家的活动时，① 他们脑海中浮现的就是哲学家对于这类问题的思考——比如，

---

① 这里我所说的"普通人"，其含义同麦金太尔在文章中所说的含义一样，参见 MacIntyre, "Plain Persons and Moral Philosophy: Rules, Virtues, and Goods," *American Catholic Philosophical Quarterly* 66 (1992): 3–19.

"哲学？就是教授们谈论生活的意义"。这里的"教授"通常会浮现出这样的形象：留着胡子的男人、手杖、烟斗和满嘴的专业术语。因此，讽刺的是，我们发现，当代哲学家几乎不会广泛参与此类问题的讨论；也许他们也觉得这种活动有些可笑。①但是，是否有比目的论问题更加紧要的呢（如果我们关心自己如何行动和生活，这些问题就是紧要的）？

无论是否被置于哲学审视的聚光灯下，我们对此类问题的回答，无论是经过谨慎发展的抑或仅仅是预先设定的，都为道德哲学的探究活动所必需。如果不思考目的，我们就无法思考我们要做什么。无论我们如何谨慎地将目标限定在一个特定的决策理论框架内，行动都必须有目标。适用于具体行动的东西也适用于组织我们的生活；一个人需要一个组织原则，而组织原则显然是有目的的。无论我们打算多么小心翼翼地抹去我们对生活目的的具体看法，只要不考虑生活的首要目的，那么，我们就不会思考如何生活。

第三类问题涉及道德哲学家所说的伦理学语境中的规范性的来源。为什么我应当这样而不是那样生活？为什么我应当获得这种美德，而不是那种恶德？我们以这样而不是那样的方式来行动的理由是什么？我应该根据什么规则来决定在这样或那样情境中的行动？规范性的来源是上帝吗？还是自然？还是进化决定论？是我们想要胜过所有其他人的那种意志？是我们的理性？还是社会？恰恰是在这类问题上，现代道德哲学家几乎心无旁骛。②在现代道德哲学家这里，我们可以发现他们所预设的关于人类和人

---

① 托尔伯特·布鲁尔指出，对于违背良好品味的哲学家来说，所谓生活总体目的的问题已经成为一件令人尴尬的事情。参见 The Retrieval of Ethics, 6–7。
② 20世纪英美分析哲学和元伦理学主要关注的就是这类问题。这类关注的发展历史表明，许多学者的关注点非常狭隘，其中争论喋喋不休。参见 Stephen Darwall, Alan Gibbard and Peter Railton, "Toward Fin de siècle Ethics: Some Trends," *Philosophical Review* 101 (1992): 115–189。另可参见约翰·里斯特（John Rist）在《真实的伦理学》(*Real Ethics*, 140–144) 一书中对该文的评论。

类生活的问题的答案，但是，每个现代道德哲学家都会特别关注规范性问题。古代和中世纪的哲学家确实处理过这些规范性问题，但方式各异。例如，亚里士多德和阿奎那更关注的问题不是"我如何知道何种行动是正确的？"，而是"为什么我知道这个行为是正确的？"关于我们道德生活的事实，关于什么是善的或正确的、什么是高尚的或卑鄙的，对前现代的道德哲学家来说，并不像对我们来说那样富有争议。①

这种差异正是为什么如此多现代和当代道德哲学都聚焦于道德困境的一个重要原因。在此过程中，伦理学家首先描述一个道德困境，诉诸我们的直觉来回答这个困境，然后探究需要运用何种原则来解决该困境。我们难以判断吉姆是否应该射杀印第安人，或我们是否应该拉动有轨电车的操纵杆，或我们是否应该把一个胖子推到铁轨上，这些生动的思想实验在当前的文献中占据显著的位置，但它们在古典文本中却是找不到的。这不是说古典哲学回避了应用伦理的问题，因为我们确实发现，亚里士多德尤其是阿奎那虽然处理应用伦理的问题，但他们这样做只是为了展示如何应用其道德原则，而不是为了发现这些原则是什么。

现代道德哲学家关于人类生活和行为的基本事实的不断争论，使得当代观察者认为道德哲学是混乱的。通常，从道德哲学的状态和文化的状态之间的关系也可以做出推断，其原则是，道德哲学与文化的走向一致。然而，今天的情况与道德哲学的幼年时期有什么不同，并不十分确定。苏格拉底在面对智者时也曾面临类似的挑战，这些好事者企图颠覆每个有教养的雅典人所认为的正确东西。对与哲学仅仅是高级文明的产物的错误看法，我们需要注意的是，古代哲学是在雅典文化的低谷期发展起来的，

---

① 造成这种差异的原因很多，而理解安斯康姆和麦金太尔，以及查尔斯·泰勒（Charles Taylor）、伯纳德·威廉姆斯、菲利普·里夫（Philip Rieff）、列奥·斯特劳斯、埃里克·沃格林（Eric Voegelin）等人的一种途径就是，对这些原因的探索，是他们极力反现代性的一项核心特征。

当时的古希腊在伯罗奔尼撒战争及其余波中四分五裂。一个很好的例子是，我们已经抵达了一个类似的文化低点，在这种情况下，我们很自然会问：谁是我们的苏格拉底，谁又是我们的智者？如果我们要遵循柏拉图的策略，我们只能将规范性立场同关于人性及其内在目的的事实联系起来考量，从而辨别规范性立场的真实性。

无论一个道德哲学家是否明确回答了上述三类问题，搞清楚他或她如何回答这些问题，对于理解其道德理论来说都至关重要。这种澄清道德理论的方式为我们带来了可以用于评价各种道德理论之优缺点的原则。如果不诉诸标准，评价就无法进行，而这些标准正是建立在人们对道德哲学基本问题的正确回答的基础上。因此，评判道德理论的评价工作不能从某种中立的观点来进行，而必须从我们比较明确地将之认同为我们自己的道德探究传统的立场来进行。

对那些按照我所推荐的方式来处理道德哲学的人来说，这种情况使我们面临一个重大挑战：我们是否有理由从我们自己的——通过使用"我们的"一词，我不认为你的是我的——道德探究传统的立场出发，并将其作为评判他者的标准来使用？如果如今有这么多相互冲突的道德探究传统可供选择，那么，我们何以会大体认同其中的某一个呢？这仅仅是生活中的偶然或道德运气吗？① 你在这个国家的成长，上这些学校，遇见这些老师，等等，这些只是偶然吗？整个人类生活确实充斥偶然性，但如果认为我们只是这些偶然性的产物，那就不对了。任何哲学方法的核心任务之一，都是揭示那些塑造了我们观点的信念，并确定我们是否应该坚守它们。首先教我们这样做的是柏拉图，他让我们整理自己的错误和正确的信念，力图

---

① 纳斯鲍姆在《善的脆弱性：古希腊悲剧与哲学中的运气与伦理学》(*The Fragility of Goodness: Luck and Ethics in Greek Tragedy and Philosophy*, Cambridge: Cambridge University Press, 1986) 一书中对这个概念展开了探究，而我是在纳斯鲍姆的意义上使用这个词的。

对我们的正确信念"给出为什么的理由说明"并把它们固定下来,使它们不会像代达罗斯(Daedalus)的雕像一样游走不定。① 柏拉图式的这种努力大致说来是形而上学的,也就是说,在某种程度上是基础性的,它超越了通常被当作是元伦理学的努力。

道德哲学与形而上学

为了理解最后这句话中的"形而上学"一词的含义,让我们来考虑一下实践判断的若干特征,乃是有帮助的。做人就是要面对困难而又实际的决定,这些决定将会改变人生。在此情况下,我们应用实践推理的原则,即便有时候这些原则没有得到充分的把握和辩护。当环境迫使我们运用这样的原则时,它们通常不过是未经检验的关于应当如何行动的信念。有时,它们以劝诫式的惯用语出现:"永远善良""己所欲,施于人""做正确的事""不得欺骗""不得谋杀",等等。更多时候,如许多美德伦理学家指出的,它们是前题式的(prepropositional)和效仿式的(emulative);我们渴望成为勇敢的人、公正的人或实践明智的人,这种愿望激励着我们,也就是说,激励我们的东西主要是我们渴望模仿自己钦佩的人。这些原则对我们来说是可用的,它们有时表现为前题式的信念,有时表现为命题式的信念,这些信念与世界有关,也与我们这样的存在物该如何回应世界有关。

这并不是说,我们要把这些原则当作行为决策工具箱里的工具一样随身携带。毋宁说,它们是具体化的信念,就像是从我们的本性出发所体验到的东西,因为,每项原则都有利于我们的第二本性,即我们的道德品质。这些具体信念本身仍然依赖于关于世界如何运作的其他背景假设:谁

---

① 参见柏拉图在《美诺篇》(*Meno*, 96d–98b)中的讨论。

值得我们更多关心，谁值得我们较少关心，为什么要运用金规则（Golden Rule），诚实与真实和存在之间的关联是什么，我们钦佩的人必须具备怎样的正义，等等。我在此视作形而上学的正是这些更为根本的预设，它们构成了实践慎思的前提。对于道德哲学家和普通人来说，他们持有的形而上学原则非常不同，它们界定了那些用于规定道德行为的基本原则的形式和适用范围。

应该明确指出，这里所说的"形而上学"并没有什么太严格或精确的意图。一个学科的形而上学是什么，它是否是一个合法的哲学学科，如果是的，那么我们该如何开展研究，而且，我们不需要通过回答其他相关问题来论证，上文所说的这种形而上学对于道德哲学来说是至关重要的。[①]然而，素朴的和日常意义的形而上学同时也是惊人地大胆甚至无畏，它展现出事物与世界之间的某种关系。宇宙是有序的还是无序的？它是被创造出来的，还是自在的？存在物是有目的的，还是仅仅是大量动力因？上帝存在吗，还是不存在？善、真、美是存在物的属性，还是我们自身评价能力的产物？普通人也许不会这样来问这些问题，但他们确实对这些问题感到疑惑，并持有自己的观点。

事实上，我想更进一步地主张，人必定会对这些问题及其相关问题持有一些模糊的信念。正如艾蒂安·吉尔森（Etienne Gilson）经常指出的，我们是形而上学的动物。对大多数人来说，这些问题上的立场在很大程度上源于传承，也就是说，它们是我们被动接受的，是我们呼吸的文化

[①] 我确实认为这些形而上学问题很重要，并且，我在其他地方也进行了讨论，参见"An Aristotelian Critique of Gracia's View of Metaphysics," in *Revisiting Metaphysics: Essays on Jorge J. E. Gracia's Metaphysics and Its Task*, ed. Robert Delfino (Amsterdam, Netherlands: Rudopi, 2006); and "Categories and Metaphysics: Aristotle's Science of Being," in *Categories: Historical and Systematic Essays*, ed. Michael Gorman and Jonathan J. Sanford (Washington, D.C.: The Catholic University of America Press, 2004).

空气中被吸入的。对于那些致力于过一种反思生活的人来说，他们要努力为这些形而上学的问题建立起一套深思熟虑的回答，在此过程中，那些传承而来的立场将被仔细审查。无论如何，在形而上学的问题上持有某种立场，这为回答与人类学、目的论和规范性有关的问题提供了背景，而后者恰恰是道德探究活动中最基本的问题。诚然，我们可以争论道德命题的意义、道德要求的地位以及某些道德窘境的困难而似乎不必诉诸终极立场，但是，如果道德哲学家假装认为他们的形而上学对其道德哲学来说并不重要，那么，他们就会损人害己。道德哲学关注反思性的行为，关注我们与世界及其构成者之间的相互作用，行为发生于世界之中，如果我们不了解事物存在于世界的方式，那便不能设想如何思考不同的行为过程。

因此，这里所说的形而上学是指人们关于第一原因和原则的立场，即使有人认为这种第一原因和原则可以从专门的关于世界的自然科学研究中获得。一旦有了这种意义的形而上学观念，我们便可发现，对于今天更多的道德哲学家来说，"自然主义"（naturalism）乃是用于概括其基本的形而上学承诺的首选术语。① 自然主义有许多形式，但在最近的使用中，其核心信念是，没有任何解释可以超出那些可观察的现象范围。因此，自然主义将亚里士多德的第二哲学，即自然哲学意义上的物理学，视为第一哲学。虽然它常常被得意地称赞为一种反形而上学的立场，但是，它其实仍然蕴含着一种关于事物与世界之间关系的观点，这便是形而上学立场在此处的意义。观念论、实在论、怀疑论、有神论、物理主义以及其他包含着关于第一存在（first things）的观点的学说，都是如此。

这种形而上学的使用方式虽然广泛，但它并没有把人们对第一存在的

---

① 对自然主义流行程度的评估，可参考 2009 年哲学论文数据库（Philpapers）针对哲学家的哲学信念的调查，参见 http://philpapers.org/surveys/。无神论、自然主义和物理主义在哲学家中间都十分盛行。

看法与宗教承诺混为一谈。形而上学是关于终极原因和原则的判断，至少在理论上，它可以通过理性的考察而得到辩护。而一个人的宗教原则是在信仰中被接受的，尽管它也可以接受哲学的审视并可能得到理性的辩护，但终归是有关一个人亏欠上帝什么的信仰问题。我认为，保持形而上学和宗教之间的区别很重要，部分原因在于，在我看来，形而上学命名的是一种合法的哲学学科，而宗教，严格地说，命名的是一种美德，即对上帝的正义。形而上学与神学也不同，至少与神圣的神学不同，尽管形而上学与神学的关系要比它与宗教的关系更加紧密。

然而，神学学说确实包含一系列关于第一存在的立场，比如，上帝存在，世界是被上帝创造的，我们的生活目的是同上帝结合。在神学中，形而上学的探究对象也会得到讨论，因而，形而上学和神学必定由于共同关注了终极原因和原则而常常被混淆。但是，神学学说又超出了形而上学的范围，它特别重视理解恩典、罪责和救赎之间的关系。此外，神学是从启示的文本而不是从对现实本质的理性探究中获得其原则。① 神学对救赎的特殊关注及其独特的方法论表明，它是与形而上学截然不同的探究模式和学科。尽管如此，一个人的宗教观或者说与其宗教有关的信仰，在更一般的意义上，也就是在这里使用的形而上学的意义上，确实对他的形而上学有着深刻的影响。同样地，在那些自认为是非宗教徒的人中，人们也可以发现那些体现了他们的非宗教特征的信念同其形而上学之间的联系。

因此，假定人们的宗教或非宗教观念与其道德哲学无关，这是错误的。包括文化人类学家勒内·吉拉德（René Girard）②、社会学家菲利普·里

---

① Aquina, *Summa theologiae* I, q.1,a.1, resp.
② 参见 René Girard, *Violence and the Sacred*, trans. Patrick Gregory (Baltimore, Md.: Johns Hopkins University Press, 1977); *The Scapegoat*, trans. Yvonne Freccero (Baltimore, Md.: Johns Hopkins University Press, 1986); 我参考的是 *Satan Fall Like Lightning*, trans. James G. Williams (Maryknoll, N.Y.: Orbis Books, 2001).

夫（Philip Rieff）①、哲学家罗伯特·梅里休·亚当斯（Robert Merrihew Adams）和麦金太尔②在内的各类思想家都清楚揭示出宗教与道德理论化之间的历史及其持续发展的联系。无需很强的洞察力就能发现，无论是信奉世俗的还是宗教的生活方式，我们对于上述三个基本问题的立场都会存在巨大差异。③

当哲学不仅被看作一项专业活动，而且被看作一种生活方式时，这种联系就更容易被发现。④包罗万象的哲学观念不仅盛行于古希腊哲学，也盛行于希腊化时期的哲学。甚至在早期基督教教会中，基督教的生活方式通常也被称为哲学，或如圣犹斯丁（St. Justin Martyr）所说，真正的哲学。⑤不管人们如何看待犹斯丁的主张，他大胆的诚实令人钦佩。他是一位哲学家，这意味着他致力于某种追求智慧的、包含着最高标准的道德行为的生活方式，就如同他之前的苏格拉底、柏拉图和亚里士多德那样。在他决心过哲学的生活后，他遇到了基督教。但是，他从来没有认为皈依基督教就是放弃了他的哲学生活，反而恰恰是他的哲学生活的实现。

就这点而言，我们当代的哲学家往往比圣犹斯丁更狭隘。哲学通常被视为我们的工作，而不是一种包罗万象的生活方式。学院派们面临着保住其终身教职的压力，这无疑在一定程度上会使他们努力让自己看起来在和学界同仁做着同样的事情：研究精细的问题，收集数据，与其他专家合

---

① 参见里夫影响深远的著作 *Triumph of the Therapeutic*（New York: Harper & Row, 1966）及其遗著 *Sacred Order/Social Order: My Life among the Deathworks*（Charlottesville: University of Virginia Press, 2006）。

② 参见 Robert Merrihew Adams, "Saints," *Journal of Philosophy* 81 (1984): 392–401 及其《无限永恒之善》(*Finite and Eternal Goods*)；还有，麦金太尔的《追寻美德》。

③ 为什么哲学家经常表现得事实似乎并非如此，这是个值得分析的问题，其中一些原因在刚才提到的著述中有所探讨。

④ 参见 Pierre Hadot, *Philosophy as a Way of Life: Spiritual Exercises from Socrates to Foucault*, trans. Michael Chase (Malden, Mass.: Blackwell Publishing, 1995).

⑤ St. Justin Martyr, *Dialogue with Trypho*, 8, 1.

作，制造更加精准的——外行往往对此不感冒——术语。诚然，其中许多努力是富有成效的，但只有当它们被恰当地看作是对哲学的宏大目标做出了有限的贡献时，情况才是如此。

无论如何，古典及其衍生的哲学方法有其合理性。我们若要尽可能容纳我们生活的不同部分，就不可否认对于一致性和完整生活的要求。抛开反思的整体性对我们并不有利，而如果我们着力关注如何通过我们涉及事物与世界之间关系的观点从而提炼出我们的道德研究所依凭的原则，则会得到更多好处。事实上，对于当今道德哲学所讨论的众多道德困境，似乎没有哪一种解决方案可以不去诉诸形而上学的前提。对此，我们不妨先通过思考道德绝对物问题（the question of moral absolutes）来进行一番相对简单的检讨，然后留待下一章再进行更详细的考察。① 如果一个人认为，没有理由能够正当地放弃道德绝对物，那么，这是因为他持有某种观点，涉及道德绝对物的形而上学地位及其来源。如果有人支持说，可以出于某些微妙的理由而放弃道德绝对物，那么，他就并没有真的承认道德绝对物，而这同样是一种有关道德绝对物的形而上学地位的立场。一个人对道德绝对物的形而上学地位的看法，会深刻地影响到他在应用伦理学方面的结论。

一个人关于道德绝对物的立场揭示出道德哲学与形而上学之间关系的另一个特征，即宗教信仰对于一个人的形而上学的重要性。虽然宗教信仰和承认道德绝对物之间不存在必然的因果关系，但是，信仰宗教的人认同和依赖道德绝对物的比例往往比不信仰的人高得多。尽管在专业的哲学领域，流行的是无神论并倾向于将宗教信仰视为盲目的信仰行为，② 但

---

① 我的意思并不是说，支持某种关于道德绝对物的立场是很容易，而是说，一个人有关道德绝对物的立场能够很容易检验出形而上学与应用伦理之间的关系。
② 关于无神论在职业哲学家中盛行的情况，请参见上文引用的 Philpapers 数据库 2009 年的调查。关于学术界对基督教态度的现状，布莱恩·莱特（Brian Leiter）的博客（leiterreport.typepad.com）提供了一个有用的评估。

是，在道德绝对物问题上的宗教或非宗教差异并不能表明，一个具有严肃宗教信仰的哲学家就不是真正的哲学家，而只有无宗教信仰的哲学家才是真正的哲学家。否则的话，我们将不得不说，严格意义上的世俗哲学家或自然主义哲学家也不是真正的哲学家，他（她）们信奉世俗的或自然主义的世界观，所以必须忠于某些未经证明的原则，因为这些原则必然因其作为第一原则的地位而无法证明。幸好，要强调一个人的终极实在观对其道德哲学探究的重要性，我们其实无需分辨宗教的方法和世俗的方法哪个更合理。

一个严肃的宗教哲学家和一个严肃的世俗道德哲学家之间的区别，并不在于他们所达到的分析敏锐度，① 因为在这点上双方没有优劣之分；最显著的差异其实在于那些表达出他们道德哲学的形而上学原则。人的生命是神圣的吗？人类有一个超越自然世界的归宿吗？上帝是我们道德原则的最终根据吗？在一定条件下，犹太教和基督教哲学家对这些问题回答是肯定的，而在许多条件下，信奉世俗世界观的哲学家的回答是否定的。当然，这两大阵营在有时被称作元伦理学的问题上，或是在考虑美德的形式特征时，或是在针对某个原则的恰当应用时，又可以找到许多共同之处。也许，正是这些共同点以及达成共识的希望，解释了为什么在最近的道德哲学中这些问题受到如此多的关注。然而，在我认为是伦理探究最根本的问题上，即关于人类学、目的论和规范性来源的问题上，人们的最深层承诺却带来了最严重的差异。它们是支撑着某人的伦理学的形而上学预设的问题，假装它们不存在或不重要，这只会让造成当今道德哲学中似乎难以解决的分歧的主要原因得以长久存在。

而支撑本书的形而上学预设，在极大程度上，与亚里士多德主义传统

---

① 所谓"严肃"，是指一种坚定的立场，它使得一个人努力谋求有关第一存在的看法同所有其他原则之间的一致性。

相同，特别是与亚里士多德主义传统中赋予了阿奎那卓越地位的那条线索相同。当然，亚里士多德主义和托马斯主义都有许多不同的版本，因而人们不应认为，坚持这种多面向传统所产生的东西，就必然会被该传统的其他追随者认为是正确的——事实远非如此。一方面，坚持这一传统并不意味着，它对于没有采纳该传统的其他哲学家来说是一个不合适的资源。在上世纪亚里士多德研究的复兴过程中，分析哲学家、不同流派的欧陆哲学家以及其他哲学传统的哲学家都做出了重要的拓展；如此多不同背景的哲学家能以各种方式相互学习，已然表明一个人必须拥抱某一探究传统才能真正从中学习的说法是不对的。另一方面，拥护亚里士多德传统并不意味着，我们能找到现成的答案来回答当代道德哲学家面临的挑战——虽然我们接受了一系列基本的亚里士多德主义原则和方法，但这从来就不足以保证我们可以利用它们来充分处理我们今天面临的挑战。然而，我们从这个传统中获得的不仅仅是模仿的榜样、依赖的原则和研究的工具，还包括处理根本问题的方法，而且，我们有诸多理由对这种方法抱有信心，其中最重要的理由是，亚里士多德主义已经受了时间的考验，我们可以从它出发，应对当前挑战。

美德伦理学与道德哲学

本章关注道德哲学的现状、道德探究的基本问题，以及道德哲学对于道德之外（extra-moral）原则的必要依赖，从而为针对当代美德伦理学的批判性评价奠定基础。人们之所以聚焦当代哲学的一些根深蒂固的问题，正是因为安斯康姆在《现代道德哲学》一文中最早也是最有力地阐述了如下主张，即现代道德哲学出现了严重的错误，而且她还建议我们应该回到亚里士多德的那种哲学伦理学，这为当代美德伦理学运动设定了议程。

针对安斯康姆的主张，我们将在下一章详细讨论，但在此处需要强调的一点是，当代美德伦理学的最初动力以及其他对现代道德哲学同样不抱希望的道德哲学家的兴趣，就在于尽力抛弃那些促成现代道德哲学的主导性的关注点和方法论，他们要么设法恢复某种古典道德哲学方法，要么发展出一套新的方法。总体而言，正是这种革命性的推动力决定了当代美德伦理学运动早期阶段的贡献。而一场革命性的哲学运动，在经历了最初充满活力的时期后又会发生什么？通常会出现以下三种情况之一：要么因为无法维系自身所需要的深度而逐渐消退，要么成功地将自己确立为一种新的范式，要么失去自己的棱角而适应主流的范式。我们已经大致描述了，后两种情况是如何表现"非常规的美德伦理学"和"常规的美德伦理学"之间的差别的。

在这场运动的早期文献中，非常规的美德伦理学与常规的美德伦理学之间并无太大区分。[1] 伊丽莎白·安斯康姆[2]、G·H·冯·赖特[3]、菲利帕·富

---

[1] 詹姆斯·华莱士（James D. Wallace）的《美德与恶德》（*Virtues and Vices*, Ithaca, N.Y.: Cornell University Press, 1978）一书或许是个例外。他在引言中告诉我们，他的意图是遵循安斯康姆的建议，提供一种不依赖规范性结构的美德解释。但他发现自己无法做到这一点，至少在某些美德上无法做到这一点。然而，他所采用的规范性结构是康德主义、休谟主义和罗尔斯主义的。只不过，该书的其他一些特点则属于上述区分中的"非常规"一方，比如，他认为生活在根本上是规范性的——这是一种在现代和当代道德哲学中普遍不受欢迎的目的论观点。

[2] 这方面的文集可以参见 *Ethics, Religion, and Politics*, vol. 3 of *The Collected Papers of G. E. M. Anscombe* (Minneapolis: University of Minnesota Press, 1981); *Human Life, Action, and Ethics*, ed. Mary Geach and Luke Gormally (Charlottesville, Va.: Imprint Academic, 2005); and *Faith in a Hard Ground: Essays on Religion, Philosophy, and Ethics*, ed. Mary Geach and Luke Gormally (Charlottesville, Va.: Imprint Academic, 2008).

[3] G. H. Von Wright, *The Varieties of Goodness* (London: Routledge and Kegan Paul, 1963). 冯·赖特如今不像这个名单上的其他作家那么出名。他在该书第七章讨论了美德问题，但其总体意图在于，通过认识非道德的"善"的优先性而思考一种道德哲学研究的新方法。

特①、彼得·吉奇②、阿拉斯代尔·麦金太尔③、伯纳德·威廉姆斯④等人的伦理著作，因其主张的激进性而受到主流道德哲学的高度质疑。他们的共同之处在于，他们都非常怀疑现代道德哲学的核心观念——以道德正确的方式行事依赖于对特定规则的正确应用。无论这条规则是康德的绝对命令还是密尔的最大幸福原则，现代方案的共同之处都在于坚持认为，有且只有一类特殊的人类行为（即那些以规则为基础的行为）可以被描述为道德的行为。非常规的美德捍卫者则相信，这种做法不恰当地缩小了道德反思的范围，从而阻碍了对于实际上至关重要的道德反思领域的探索。

更加常规的美德伦理学方法，往往具有同现代道德哲学方案所特有的理论关注相类似的狭隘化特征。这些方法的发展是和缓的、折衷的，旨在适应现代道德哲学的主流范式。此外，也有哲学家进行了一些重要的尝试，把这些特点与传统方法的元素相结合，将革命性的要素发展为新的范式，比如，拉塞尔在《实践智慧与美德》中对于严格的美德伦理学的辩护。⑤ 主流的美德伦理学运动集中体现在罗莎琳德·赫斯特豪斯的《美德伦理学》⑥，以及迈克尔·斯洛特的《从道德到美德》⑦和《源自动机的道德》等著作之中。他们的工作使学者们意识到道德哲学中一些虽被忽视但很重要的问题，特别是，他们再次提醒人们以严格的哲学方式来处理人性和人

---

① Philippa Foot, *Virtues and Vices, and Other Essays in Moral Philosophy* (Oxford: Clarendon Press, 1978).
② Peter Geach, *The Virtues* (Cambridge: Cambridge University Press, 1977).
③ 不管怎么讲，麦金太尔是在他的长篇作品《追寻美德》出版之后，才算进入了美德理论领域，因此他是这个领域的相对晚近之人。
④ Bernard Williams, *Ethics and the Limits of Philosophy* (Cambridge, Mass.: Harvard University Press, 1985).
⑤ 在这部作品中，既有非常规的美德伦理学方法的元素，比如，他对美德统一性的强有力的辩护，也有常规的美德伦理方法的元素，比如，强调美德伦理学可以指导行动。
⑥ Rosalind Hursthouse, *On Virtue Ethics* (Oxford: Oxford University Press, 1999).
⑦ Michael Slote, *From Morality to Virtue* (Oxford: Oxford University Press, 1992).

类生活目的问题的重要意义。针对当今流行的其他道德理论，他们给出了一套相当成功且极富论战性的回应。针对义务论和后果主义的许多精彩批评，都是在他们同其他学者的论战中形成的；他们自认为，或至少别人认为，他们是美德伦理学运动的支持者。虽然本书将当代美德伦理学运动作为一个整体进行批判性评价，但是，针对处于边缘的美德伦理学所做的判断，往往不适用于位居主流的美德伦理学，反之亦然。在整个过程中，我都将特别说明，在具体的讨论中，我所整体考虑的是非常规的美德伦理学，还是常规的美德伦理学。

美德伦理学在当代道德哲学中所取得的地位本身就足以值得对其优缺点展开评价。事实上，该运动缺乏后果主义、义务论、情感主义、契约论等其他主流道德理论所明显具有的那种理论聚合性，这使得对它的评价将极具挑战。也许，这正是为何关于这场运动迄今尚未出现其他批评性专著的原因之一。虽然关于美德伦理学的大部分且为数不少的批评都不是从亚里士多德主义传统的内部视角展开，但也有极少数是这样做的，[1] 接下来，我们将会反思彼得·辛普森（Peter Simpson）[2]、玛莎·纳斯鲍姆[3]以及克里斯托弗·迈尔斯·库普（Christopher Miles Coope）[4]在文章中的深刻见解。

当我们试图理解当代美德伦理学运动的具体内在特征时，以下四个问题将对我们有所帮助。第一，究竟什么是当代美德伦理学？我们已经讨论了难以回答该问题的一些原因。美德伦理学家可以分为很多类型，他们从各种各样的资源中发现灵感。在这些不同类型的美德伦理学家之间，美德到底是什么，什么使得美德对人有益，以及人的好生活和美德之间的联系

---

[1] 虽然我认为可以公平地把这三位学者都称为亚里士多德主义者，但他们属于相当不同类型的亚里士多德主义者。
[2] Simpson, "Contemporary Virtue Ethics and Aristotle."
[3] Nussbaum, "Virtue Ethics: A Misleading Category?"
[4] Coope, "Modern Virtue Ethics."

又是什么等等，对这些问题的回答存在很大的分歧。

第二，当代美德伦理学是否为当代道德哲学家所拥护的两种最著名的伦理理论——后果主义和义务论——提供了某个可行的替代方案？我们将会发现，将自身描述为更好的第三条进路，这是美德伦理学文献的一个标志。它们看上去正确的一种共同策略是，主张当代美德伦理学是在以一种远比其他两种方法更合适的方式回答伦理学的核心问题——人应该如何生活。但是，我们真的能在主流的美德伦理学文献中找到合适的资源来回答该问题吗？对此的否定答案引出了第三个问题。

第三，为什么当代美德伦理学不能提供必要的资源来充分回应伦理学的核心问题？当然，就这方面而言，我并不认为后果主义、义务论、情感主义和契约论在理论或规范性上要优于当代美德伦理学。在可供选择的方案中，我们必须承认当代美德伦理学的一席之地。但是，在试图全面重建亚里士多德主义的美德遗产时，当代美德伦理学家在很大程度上没有充分利用亚里士多德本人的美德论解释的根基。而对这一判断予以辩护的标准是，当代美德伦理学在解决本章所述的道德哲学的基础问题方面取得了多大成功。

这便引出了第四个问题：以美德为焦点的（virtue-focused）道德哲学方法可行吗？我认为是可行的，其成功取决于一种把人类学、目的论和规范性基础整合起来的方法，而它可以在广义的亚里士多德主义道德探究传统中被找到。

第2章
当代美德伦理学的起源

> 并不是每一种行为或每一种情感都有中道；因为有些名称就意味着恶，例如，怨恨、无耻、嫉妒，以及行为方面的通奸、偷窃、谋杀；因为所有这些及类似事情，由于其名称而非它们的过度或不及，意味着它们本身就是恶。所以，它们永远不可能是正确的，永远是错误的。在这些事情上，善与恶也不取决于在正确的时间，以正确的方式与正确的女人通奸，而只要是做其中任何一件事就是错的。
>
> ——亚里士多德：《尼各马可伦理学》第 2 卷第 6 节，1107a9-17

我们要更清楚地理解当代美德伦理学是什么，就得更细致地关注它那相当短暂的历史。但是，即使是一场时间不长的运动，也不可能呈现其发展的每个细节，因此，历史的关注必定是选择性的。在接下来的两章，我们要讨论哪些历史选段呢？

茱莉亚·安娜斯（Julia Annas）指出，显然，除了现代道德理论家之外，美德伦理学长期以来一直是伦理学家的默认立场（default position）。[①] 由于现代道德哲学——受休谟、康德和密尔启发的那种伦理学方法——占据主导地位，由于古今伦理学方法在关注点和方法论上存在重大差异，美德伦理学家的切入点一直是论争性的：他们试图指出现代道德方案的失败，从而重新引入古典的默认立场。安娜斯针对默认的伦理立场的观察非常高明地扭转了局面，使得另一个阵营，即现代道德理论家，有责任证明他们所建立的方法何以堪称道德哲学的代表。当代美德伦

---
① Julia Annas, "Virtue Ethics," chapter 18 of *The Oxford Handbook of Ethical Theory*, ed. David Copp (New York: Oxford University Press, 2006), 515.

理学的历史可以追溯至亚里士多德或更早一些的柏拉图那里，在某种程度上，也确实如此。然而，就像安娜斯在《幸福的道德》（The Morality of Happiness）等著作中所做的那样，将当代美德伦理学描述为古典道德哲学的回归，这往往忽略了当代美德伦理学不同于古典道德哲学的那些特征。① 当代美德伦理学不仅仅是复兴古希腊和希腊化时期以美德为中心的（virtue-centered）道德哲学，而且，它还是一场由其试图取代主流道德理论的问题和方法所塑造的运动。即使在最为非常规的版本拒斥主流道德理论化方法的过程中，情况也是如此。因为，事实上，对现代道德哲学的主流关注点和方法论的批判，决定了当代美德伦理文本的形式。

因此，20世纪50年代末的早期美德伦理学运动，在一些重要的方面堪称一种新事物，即对英美道德哲学主流特征的一种英美式回应。该运动充其量只是片面地恢复了古典美德理论的特征，② 它对情绪主义（emotivism）、规定主义、后果主义、契约论和义务论展开批判，进而形成了自己的关注点，这些工作不仅体现在它的论辩模式上，还存在于它试图构建一种积极的道德理论化方法的尝试中。当代美德伦理学试图在争论中

---

① Julia Annas, *The Morality of Happiness* (Oxford: Oxford University Press, 1993). 我并不是说，安娜斯认为所有的现代美德伦理学都成功地复兴了古典伦理学方法。例如，她注意到，一些现代美德伦理学家试图用还原论的方法来研究美德伦理学，而她认为这是错误的："无论如何，古代的美德理论并不追求等级性和完全性。在它们中，行动者的最终目的、幸福和美德等概念可以被称为'首要的'，而不是'基本的'。这些概念是我们的出发点；它们建立了理论的框架，我们也根据它们来介绍和理解其他概念。因此，就理解而言，它们是首要的；它们确立了理论的基本内容，规定了正确的行动等其他伦理概念的位置。然而，它们并不是现代意义上的基本概念：其他概念不是从它们派生出来的，更不能被还原为它们。"（第9页）然而，她觉得古代美德理论与现代的道德关注是一致的，并未认为后者步入了错误轨道。（第120页）
② 就此而论，引言中提到的茱莉亚·德雷弗对"美德伦理学"和"美德理论"的区分是有帮助的，因为，这提供了一种方法，得以把在更广泛的现代道德哲学背景中美德兴趣的复兴同那种将道德哲学奠基于美德的企图区分开来。她认为，"美德伦理学"是"以美德评价为基础的伦理学"。而"美德理论"则关注于提供一种相关于美德的理论。每种美德伦理学都使用美德理论，但不是每种美德理论都与美德伦理学紧密相关（比如德雷弗的美德理论）。

吸引现代道德哲学阵营里那些主要采取分析方法的支持者，纠正他们的道德哲学的基本承诺，说服他们采纳一套新古典主义的承诺，而恰恰是这种用意良好的企图，导致当代美德伦理学呈现出现代道德方案的特征。正是当代美德伦理学家的文本所面向的目标听众，以及后者针对美德伦理学方案所给出的不出意料的驳斥，赋予了美德伦理学的文本以独特形态。

然而，近年来，并不是只有坚持分析传统的哲学家围绕美德展开了重要的论述。一方面，在20世纪和21世纪，哲学史学者针对亚里士多德伦理学的研究出现了爆炸式的发展。[①] 这些哲学史学者提出并试图回答的问题是："亚里士多德所说的X是什么意思？""亚里士多德有一个一致的Y理论吗？"等等；这些问题非常不同于如下问题：亚里士多德的见解是否为当代道德哲学所关注的问题提供了更好的回答。然而，事实上，许多美德伦理学者，确切地说是大多数美德伦理学者，都试图将亚里士多德的伦理学观念应用于当代的道德理论问题。这些努力在多大程度上成功地重释了亚里士多德，我们将在第5章讨论。

另一方面，20世纪和21世纪见证了，越来越多的托马斯主义学者结合哲学史的资源，证明阿奎那的美德解释及其道德哲学的其他元素为竞争者提供了一个更好的选择。这里特别值得一提的是雅克·马里坦（Jacques Maritain）的学生伊夫·西蒙（Yves Simon），还有拉尔夫·麦金纳尼（Ralph McInerny），约翰·芬尼斯（John Finnis）以及麦金太尔；他们都以不同方式对托马斯主义的思想传统有所贡献。[②] 尽管这些思想家和当代美

---

① 更多的参考文献参见 Thornton C. Lockwood, "A Topical Bibliography of Scholarship on Aristotle's *Nicomachean Ethics*: 1880–2004," *Journal of Philosophical Research* 30 (2005): 1–116.

② 麦金纳尼是一个多产的托马斯主义者、麦金太尔也是，新自然法理论家约翰·芬尼斯有许多颇负盛名的著作；但知道伊夫·西蒙的人并不多，他是马利坦的学生，后者曾在圣母大学和芝加哥大学社会思想委员会任教。参见 Yves Simon, *The Definition of Moral Virtue*, ed. Vukan Kuic (New York: Fordham University Press, 1986).

德伦理学家之间存在不同的交汇点，而且一些更值得注意的当代美德伦理学家（如菲莉帕·富特和罗莎琳德·赫斯特豪斯）声称从阿奎那得到了灵感，①但是，托马斯主义者的目标与当代美德伦理学家的抱负却是大相径庭的，而他们各自的历史也是如此。②

我们确实发现，许多亚里士多德主义伦理学研究者和分析的托马斯主义者都认为，他们的工作旨在推进（文本理解方面的）清晰准确，追求分析哲学的特征，提升人们对亚里士多德或阿奎那的理解。③此外，这三种运动在主题和焦点上也有许多交叉。正是由于共同的兴趣——界定美德，制定德目，确立美德在道德理论总体结构中的定位——这三种运动有时被人们视为同一场运动。然而，如果不把当代美德伦理学运动同它的先驱者区分开来，我们就会模糊对这场运动的描述；亚里士多德主义和托马斯主义所受到的启发源于一系列非常不同的关注点，并以不同的标准来评判自己的成功。研究亚里士多德文本的学者虽然都致力于解读文本，但他们的目的却不同。托马斯主义者试图捍卫一种基于自然法的整全伦理，以对抗其批评者。那些支持"非常规的美德伦理学"的当代美德伦理学者试图表明，一种基于美德的方法应该取代占主导地位的现代道德哲学，而那些支持"常规的美德伦理学"的美德伦理学者则认为，美德伦理学应该与其他

---

① 当然，安斯康姆和彼得·吉奇是美德伦理学运动中融合分析哲学、亚里士多德主义和托马斯主义的两位典范，如果他们也属于美德伦理学家的话。但我认为，虽然安斯康姆激发了这场运动，但她并不属于它，吉奇也不属于它。

② 此外，在托马斯主义的道德哲学中，我们没有发现在现代道德哲学那里所出现的默认立场中断——托马斯主义者按照圣托马斯的思想而努力思考，这种立场自阿奎那以来在一定程度上是延续的，只不过在 1879 年教皇利奥十三世出版 Aeterni Patris 之后，它肯定采取了更集中的方式。当然，他们也受到了现代道德哲学变迁的影响，但是，他们的历史与当代美德伦理学家的历史是不同的。

③ 参见 John Haldane, ed., *Mind, Metaphysics, and Value in the Thomistic and Analytic Traditions* (Notre Dame, Ind.: University of Notre Dame Press, 2002).

的主流道德理论共享主舞台。①

在美德伦理学乃至当代道德哲学中,阿奎那及其托马斯主义继承者之所以处于边缘,还存在其他的原因。阿奎那是神学家,而且是天主教的神学家。他详细论证了,由亚里士多德所确立的那些美德活动,只有通过由神圣灌注(而非习惯养成)的信、望和爱等神学美德的运作,才能达到完善。因此,阿奎那的方法并不是改良版的亚里士多德主义伦理学,而是有意以一种完成的而非否定亚里士多德伦理学的方式来寻求超越的伦理学。阿奎那同意亚里士多德的观点:后天习得的美德可以被识别和澄清,每一种美德都是我们本性的完善。但他认为,我们最终的完善是超自然的,只有接受上帝恩典的救赎才能达到。

我们在当代美德伦理学运动的任何主要领域都不可能发现这样的主张。但是,它们在不同版本的当代基督教美德伦理学中却是可以被发现的,它得到了斯坦利·豪尔瓦斯(Stanley Hauerwas)②、吉尔伯特·梅兰德(Gilbert Meilander)③、让·波特(Jean Porter)④等人的支持。然而,这

---

① 关注美德的第三个重要领域已经在日益增长的东方哲学研究中得到了发展。参见 Philip J. Ivanhoe, "Virtue Ethics and the Chinese Confucian Tradition," 49–50. 特别值得注意的是,那些将儒家和亚里士多德的伦理学方法结合在一起的著作;特别值得参考的文献是,May Sim, *Remastering Morals with Aristotle and Confucius* (Cambridge: Cambridge University Press, 2007),以及,Jiyuan Yu, *The Ethics of Confucius and Aristotle: Mirrors of Virtue* (New York: Routledge & K. Paul, 2007)。儒家与亚里士多德传统在发展历程上并无联系,而是后来才被人放在一起比较,这一事实使得亚里士多德—儒家美德伦理学的历史与众不同。

② Stanley Hauerwas, *Character and the Christian Life* (San Antonio, Tex.: Trinity University Press, 1975); Stanley Hauerwas and Charles Pinches, *Christians among the Virtues: Theological Conversations with Ancient and Modern Ethics* (Notre Dame, Ind.: University of Notre Dame Press, 1997).

③ Gilbert Meilander, *Theory and Practice of Virtue* (Notre Dame, Ind.: University of Notre Dame Press, 1984).

④ Jean Porter, *The Recovery of Virtue: The Relevance of Aquinas for Christian Ethics* (Louisville, Ky.: Westminster/ John Knox Press, 1990); *Moral Action and Christian Ethics* (Cambridge: Cambridge University Press, 1999).

些基督教神学家与世俗美德伦理学运动之间的联系大多是单向的——基督教美德伦理学家渴望接触并借鉴当代美德伦理学家的观点,后者则不然。大多数当代美德伦理学家对前者的工作不屑一顾,其他人则指责基督徒侵入了他们所认为的专属的世俗领域。①

我们之所以强调当代美德伦理学与亚里士多德伦理学、阿奎那伦理学之间的这些差异,是因为它们经常被混为一谈。诚然,大多数当代美德伦理学家都认为自己的方法是某种亚里士多德主义,但是,当代美德伦理学家也从其他传统中寻找灵感,比如,斯多亚主义以及最近的休谟主义、康德主义和尼采主义传统。不同的当代美德伦理学家获益于不同的传统,而这些传统尽管在某些核心主张上相互冲突,但他们仍将自己视为当代美德伦理学家,这一事实乃是揭示"什么是当代美德伦理学"的一条重要线索。

安娜斯认为,道德哲学的默认立场一直以来就是某种美德伦理学,尽管此言不虚,然而,当代美德伦理学最好还是被理解为一种新近的道德哲学运动。② 我们将在下一章中看到,它以各种方式发展,并且得到不同支

---

① 安妮特·贝尔(Annette Baier)在《心灵的姿态:心灵与道德论文集》(*Postures of the Mind: Essays on Mind and Morals*, Minneapolis: University of Minnesota Press, 1985)一书中指出,基督教独特的原罪、神法、恩典和超自然的幸福等概念,在根本上,是同正统的美德伦理学相对立的。另可参见 Richard Taylor, *Virtue Ethics: An Introduction* (Amherst, N.Y.: Prometheus Books, 2002)。既然在基督教道德的理论化过程中,古典世界和当代世界的历史具有连续性,那么,呼吁抛弃受基督教影响的道德哲学就是自相矛盾的。

② 尽管《剑桥美德伦理学指南》包含了一些详细描述美德伦理学漫长历史的章节,但是,这段历史编纂的方式却表明了当代运动的新颖性。 多里西·弗雷德(Dorothea Frede)负责撰写的《美德伦理学的衰落史》一章("The Historic Decline of Virtue Ethics", *CCVE*, 124-148)解释了以美德为中心的道德哲学传统的断裂,蒂莫西·查普尔撰写的《20世纪的美德伦理学》一章 *CCVE*, 149-171)则分析了它的复兴。 克里斯蒂娜·斯沃顿在该书最后一章《美德伦理学的定义》(*CCVE*, 315-338)中对断裂和复兴的叙述作了全新的综合,主张对美德进行概念定义(notional definition),该定义旨在统一所有的美德伦理学理论,而不同于这项传统中任何一种单一的方法。

持者的不同描述。与它后来发生的变换相比，它的起源更容易辨别，因为我们可以将它最初的灵感追溯至唯一真正引人瞩目的论文——安斯康姆的《现代道德哲学》。① 然而，即使是在当代美德伦理学的第一代成员中，人们也会发现，菲利帕·富特和彼得·吉奇这两位领军人物之间存在奇怪的分歧，二者都是 20 世纪 70 年代与美德伦理学有关的分析哲学家。②

菲利帕·富特的《美德与恶德，以及其他道德哲学论文》（Virtues and Vices and Other Essays in Moral Philosophy）是一本论文集，除了两篇以外，其他的文章都曾发表过，其中最早一篇发表于 1957 年。③ 正如她在导言中告诉我们的那样，该文集代表了她对两个主题的关注："反对情绪主义和规定主义，以及，一种健全的道德哲学应该从美德和恶德的理论开始。"④ 鲜明的论战特征在其作品中贯穿始终，她自己也谈到（比如，在反思她自己现在如何看待那篇受到他人公正批评的《作为一种假言命令体系的道德》一文时），她的早期思考的形成是为了与康德主义的方案保持距离，因为，她建议用"兴趣"和"欲望"去做康德的"绝对命令"曾做过的工作，以及她现在认为该由"自然化的实践理性"所做的工作。⑤

而彼得·吉奇的《美德》（The Virtues）一书的首要关注点，不是为了证明情绪主义和规定主义是失败的伦理理论，尽管吉奇在这一点上肯定同意富特的观点。他主要关心的是，证明人类需要美德——通过这种"需

---

① 下引该文页码，出自人们最易阅读的论文集《美德伦理学》（Virtue Ethics, ed. Roger Crisp and Michael Slote, Oxford: Oxford University Press, 1997）第 1 章。
② 还必须注意的是，冯·赖特早在 1963 年的著作《善的多样性》（The Varieties of Goodness）中就已经花了一章的篇幅讨论美德。
③ Philippa Foot, Virtues and Vices and Other Essays in Moral Philosophy (Berkeley: University of California Press, 1978).
④ Ibid., xi.
⑤ Ibid., 157–173. 她对这项工作的评论参见《自然的善》（Natural Goodness, 60–61）。该书表现出来的诸多回顾式特征，精彩地展现了随着人生阅历的增加而获得的哲学方面的成熟。

要",他告诉我们,他想到了以亚里士多德所说的"需要"作为繁荣的某种条件。因此,吉奇采用了亚里士多德的目的论概念,并坚持认为它能够得到安全的使用,能够避免亚里士多德的自然理论因其有缺陷的经验证据而不够可靠的失败状况。① 他还提供了一种相当传统的亚里士多德主义和托马斯主义的美德解释,回应了针对这种解释的真实批评和假想批评。因此,吉奇的思想是一种综合了亚里士多德主义、托马斯主义以及正在兴起的美德伦理学运动这三大思潮的各种元素的混合体。

富特的元伦理学及其伦理学思考的形而上学特征是世俗性的,尽管她承认自己的研究灵感来自托马斯·阿奎那的作品。② 她的无神论立场促使她试图提供一种完全自然化的实践理性解释。而吉奇的美德研究也受到阿奎那的启发,拥抱了阿奎那为之做出重要贡献的天主教传统,他的《美德》一书以其坚决的神学承诺而著称。值得注意的是,为许多后来的美德伦理学研究提供范本的,是富特而不是吉奇的研究。不过,他们二者以及许多后来者,都是从安斯康姆(富特的朋友和同事,吉奇的朋友和妻子)那里获得动力而发展出迥然不同的方案的。

安斯康姆的《现代道德哲学》

"人们普遍认为,现在所谓'美德伦理学'的起源,或至少是它的复兴,要归功于伊丽莎白·安斯康姆的文章《现代道德哲学》",克里斯托弗·库普(Christopher Coope)在针对当代美德伦理学变迁的敏锐而尖刻

---

① 很明显,富特在《自然的善》中以一种宏大的方式处理了这一论题。
② 富特评论道:"在考虑美德和恶德时,最好回到亚里士多德和阿奎那……我的意见是,《神学大全》是我们从事道德哲学研究的最佳资源之一,而且,圣托马斯的伦理学著作对无神论者和天主教或其他基督教信徒一样有效"(*Virtues and Vices and Other Essays in Moral Philosophy*, 1–2)。虽然富特的文章从这些评论开始,但她主张"人们可能错误地运用美德",这一观点与亚里士多德和托马斯的主张(美德永远不会被错误地运用)相去甚远。

的反思中这样说到。① 然而，值得注意的是，并非所有关于安斯康姆这篇文章的解释都会得出如此结论：她要为一场美德伦理学运动奠基。比如，茱莉亚·德雷弗在为《斯坦福百科全书》(Stanford Encyclopedia)撰写的词条中就指出，安斯康姆的文章还有另一种可供选择的解释，即否定后件(modus tolens)，而不推崇按照标准的否定前件(modus ponens)的论证方式得出结论说，在缺乏以宗教为基础的伦理学的前提下应当寻求美德伦理学。否定后件式解释的推理过程如下："（1）如果以宗教为基础的伦理学是错误的，那么，美德伦理学就该是道德哲学的发展进路。（2）美德伦理学并非道德哲学的发展进路。（3）因此，以宗教为基础的伦理学并不是错误的。"德雷弗接着表示，"因此，根据另一种解读，我们可以得出结论说，安斯康姆是在证明，唯一合适和真正可行的选择是基于宗教的道德理论，它保留了律法式的框架和相关的'义务'概念"②。德雷弗为否定后件解释提供的依据是，对于我们目前能否找到一种关于人类幸福的无神论解释，安斯康姆是表示质疑的。不过，德雷弗也确实注意到，安斯康姆的女儿，哲学家玛丽·吉奇(Mary Geach)，赞同那种标准的否定前件式解释：

请注意，关于该文的这种解读跟玛丽·吉奇是不一样的，后者在给《泰晤士报·文学副刊》的一封信中，在回应西蒙·布莱克本2005年9月30日发表的针对《人类生活》的评论时指出，她的母亲是要"……提出一种在无神论的文化中进行美德研究的心理学说，以期找到一种清晰的无神论方法，使人们能够发现客观的道德真理"。然而，这个观点似乎无法得到安斯康姆的充分支持，对于发展出一种经得起

---

① Coope, "Modern Virtue Ethics," 21
② Julia Driver, "Gertrude Elizabeth Anscombe," in *The Stanford Encyclopedia of Philosophy*, ed. Edward N. Zalta, winter 2011ed.,http://plato.stanford.edu/archives/winter2011/entries/anscombe.

审视的关于人类幸福的自然主义规范性解释，她明确表示怀疑。①

我对安斯康姆的解读倾向于玛丽·吉奇的解释，但是，针对安斯康姆在这篇具有分水岭意义的文章中持有何种意图的如此解释并不意味着，美德伦理学就是按照安斯康姆所希望的那种方式形成的。也就是说，正如库普解释的那样，安斯康姆从来没有把她所做的工作称为"美德伦理学"。她主要关注的是实践理性，她试图复兴的是一种关于实践智慧的有力说明。而更好的说法是，安斯康姆以及这场运动的其他早期思想者的工作促成了"正确决断的伦理学"（good sense ethics），对于这个称谓，库普认为更恰当。一旦我们把安斯康姆关于现代道德哲学看法的激进本质同美德伦理学努力让美德概念适应现代道德哲学的做法加以对比，那么，当代主流的美德伦理学家将安斯康姆的文章作为他们的灵感，这真是莫大的反讽。库普评论道：

> 起初，早在20世纪50年代末，美德伦理学者更感兴趣的应该是《现代道德哲学》，而不是现代道德哲学。那篇文章如此不协调，人们期望从中有所收获。而当我们转向现代美德伦理学时，就会发现对比是多么地鲜明。后者可以被看作是在"搞调和"。现代美德伦理学已经成为一种抚慰人、启迪人和为人熟知的东西。它一直是在遭到污染的当代期望（假设、预设、混乱、干扰）的环境中成长起来的，也很自然地，它很快就被它们给败坏了。②

要理解库普关于当代美德伦理学的看法，我们首先应该以全新的眼光

---

① Ibid., note 2.
② Coope, "Modern Virtue Ethics," 31.

来打量安斯康姆的那篇卓越的论文。安斯康姆提出了三个论点：第一，我们目前做道德哲学是无益的；至少在我们掌握充分的心理哲学之前，我们应该把它搁置一边，而前者恰恰是我们明显缺乏的。第二，如果在心理上是可能的话，那么，责任、义务——道德责任和道德义务——以及，道德上的正确与错误、道德意义上的"应当"等概念都应该被抛弃，因为它们只是一种不复存在的更早的伦理学概念的残存物或是这些残存物的衍生品，而缺乏这种更早的伦理学概念，它们只会是有害的。她的第三个论点是，从西季威克直至现在，英国那些知名道德哲学家之间的差异其实无关紧要。①

我们立刻就能明白，库普说这篇文章不协调是什么意思了：如果安斯康姆是对的，那么，我们就必须中止当前的道德哲学模式，因为我们缺乏与之相一致的某种人类学支持它；我们如今对"道德"一词的通常使用方式，也存在深刻的错误；那些最重要的当代英美伦理学其实并不重要，因为它们基本上痴迷于后果。安斯康姆希望她的文章成为现代道德哲学的讣告，在这篇讣告中，绝无赞美之词。

责任的含义

在上述三个论点中，第二个论点似乎对后来的文本产生的影响最大，它有助于解释为何那么多美德伦理学的早期文本是从针对义务论的批判开始的。② 然而，人们有时忽略了，安斯康姆并不是要废除所有的"应当"

---

① Anscombe, "Modern Moral Philosophy," 26.
② 有两个这样的例子，参见 Kathleen Wilkes, "The Good Man and the Good forMan in Aristotle's Ethics," in *Essays on Aristotle's Ethics*, ed. Amélie Oksenberg Rorty (Berkeley: University of California Press, 1980), 355; Bernard Williams, "Morality, the Peculiar Institution", in *Ethics and the Limits of Philosophy*, London: Penguin Books, 1985 ,174–196),该章还被收录于 *Virtue Ethics*, ed. Roger Crisp and Michael Slote (Oxford: Oxford University Press, 1997), 45–65。

或"责任"概念。在她所主张的"应该抛弃道德意义上的'应当'"的论点中,她使用了一种非义务论的"应当"概念,这是再清楚不过了。她的意思是,这种特殊意义上的"应当"似乎与当代伦理学的结构交织在一起,它被称为"道德应当",需要被摒弃。只要抽掉这根线,衣服就变形了。

然而,我们仍需要"应该""应当""亟需"以及相关词汇来表示一般意义上的好和坏。例如,想要割草机好(割草快),你就应该把它的刀片磨锋利。安斯康姆指出,这些必要的词汇并没有任何"道德"的内涵。她说,以受到律法约束的内涵方式来使用这些词汇,乃是历史的产物。正是基督教中那些派生于律法书(Torah)的神法概念,使得"应当"及其同义词具有了责任的意味。而要理解律法式的伦理学,恰恰需要去信仰作为律法制定者的上帝,但现代世界不再受到犹太—基督教世界观的主宰。然而,源自我们先前文化的这些术语却仍然完好无损。安斯康姆说:

> 这就好比当法律和法庭被废除和遗忘时,"罪犯"这个概念仍然存在。如果休谟发现了这种情况,他可能得出结论说:"罪犯"这个词表达了一种特殊的情感,它赋予了这个词的意义。因此,休谟发现了这样一种情境,在那里,"责任"概念得以保留,"应当"一词也被赋予奇特的力量,据说这种力量是在"道德的"意义上使用的,但是,在这种情境中,对神法的信仰却早已被抛弃:因为在宗教改革时期,新教徒基本上就放弃了它。如果我是对的,那么,这个情况就很有趣了:一个概念残存于使其能够真正获得理解的思想框架之外。①

---

① Anscombe, "Modern Moral Philosophy," 31. 麦金太尔在《追寻美德》的第 1 章中所阐述的,正是这种"有趣的情况"。(MacIntyre, *After Virtue*, 2nd ed., Notre Dame, Ind.: University of Notre Dame Press, 1984.)

在世界观崩溃的地方，语言存留下来——保持着可理解性的表象但丧失了意义。按照安斯康姆的解读，休谟揭露了康德试图掩盖的东西，即一旦剥离了形而上学基础，我们的责任话语便索然无味了。

安斯康姆认为，正如休谟看到的那样，一个人确实可以接受单纯的事实，但也能发现从"是"到"亏欠"的过渡——你亏欠杂货商一笔商定好的钱，因为他把土豆送到了你家；① 以及从"是"到"需要"的过渡——一台机器的良好运转需要油。② 然而，她断定休谟正确地指出了，如果没有一个神圣的立法者，就不可能从"是"推导出所谓道德意义上的"应当"。③ 她总结了对休谟的自然主义谬误的思考，其过程如下："我应该可以判断，休谟和我们今天的伦理学家通过表明'道德应当'概念没有实质内容而做出了相当重要的贡献，否则，后来的哲学家就不会打算寻找一种替代的（但非常可疑的）内容，并试图保留这一语词的心理力量了。"④ 现代道德哲学试图摆脱休谟的观察所产生的影响，而继续使用一个保留了"催眠力量"却难以理解的概念，给一个实质上赤裸的冒充者穿上衣服，正是这样的企图导致现代道德哲学变得肆无忌惮。

安斯康姆驳斥道，正是在这里，我们应该牢记亚里士多德的教诲——我们可以通过使用"不诚实""不节制"和"不公正"等美德论术语而无需"道德错误"的概念来从事伦理学研究。当代美德伦理学家在不同程度上成功地回避了"道德错误"的概念，他们力图遵循安斯康姆的建议，并利用亚里士多德的美德研究要素。

---

① Anscombe, "Modern Moral Philosophy," 28–29.
② Ibid., 30.
③ Ibid., 33.
④ Ibid.

中止道德哲学

中止当前的道德哲学思考模式，这是安斯康姆的第一个论点，但它没有得到广泛的关注。安斯康姆认为，遵循亚里士多德的方法，使用关于美德和恶德的语言来描述行为，人们需要的远远不止是丰富的美德词汇——它还要求对人的行为进行充分和全面的解释："在当今哲学中，为何一个不公正的人是一个坏人，或者一个不公正的行为是一个坏的行为，是需要解释的；给出这样的解释属于伦理学；但是，在我们具备健全的心理哲学之前，它甚至无法开始。"① 如果我们不能说明美德是怎样的特征，我们就无法解释什么是不公正，以及它是如何与我们从中发现它的行为联系在一起的。安斯康姆认为，这种解释不是一个伦理学问题，而是一个概念分析问题，它必须在推行那种强调美德的伦理学之前进行。在美德之前，我们需要一种哲学人类学。安斯康姆对这一点的坚持，解释了她本人在意向与行动理论等方面的工作动机。②

一些边缘的美德伦理学家，尤其是麦金太尔，显然非常重视安斯康姆的第二个论点。然而，大多数美德伦理学家虽然担负起复兴美德话语的任务，却没有提供她所要求的哲学心理学。在主流的美德伦理学运动中，我们看到的是对美德的迸发式描述，而不是在行为理论上练就的艰苦的概念分析。库普抱怨说，这些描述最终只能"搞协调"。库普声称，我们发现的是在幸福等关键概念上的蒙昧主义，是对经过重塑的但却十分含糊的美德的推崇，而不是通过阐明关键概念以填补安斯康姆所说的那种解释断

---

① Ibid., 30.
② Anscombe, *Intention* (Oxford: Basil Blackwell, 1957; 2nd ed., 1963).

裂。① 库普还说：

> "幸运"或"幸福"这个关键的概念被赋予了道德色彩，赫斯特豪斯写到："美德伦理学中的'幸福'实际上是一个道德化的概念。"（2003：7）很快，人们援引（或创造或强调）了许多好东西……但是，新一代的美德伦理学者都研究慈善（charity）或仁爱（benevolence）……可令人费解的是，慈善却被亚里士多德排除在外……为什么会出现这样奇怪的遗漏呢？亚里士多德（更不用说柏拉图和其他人）怎会没有注意到这种在现今许多人看来是所有美德中最鲜明、最明显的美德呢？自从他的时代以来，我们都学到了什么？我们又是如何学习的？这里似乎发生了巨大的变化——它绝不能被说成是强调重点的不同！关键在于，现在出现了一种"不必担心"的自满情绪。②

库普进一步注意到，尽管安斯康姆的伴侣，彼得·吉奇，在他的美德作品中强调慈善，但对他而言，这个词指的是一个被超自然浇注的神学美德，而不是由赫斯特豪斯和斯洛特等主流的当代美德伦理学引领者所赞美的那种一般的慈善。③ 基于此，以及其他原因，吉奇根本就不符合主流的

---

① "我们可以看到，有一个哲学上的巨大鸿沟，就我们而言，目前是无法填补的，它需要通过对人性、人的行为、美德所是的特征类型，以及最重要的，关于人的'繁荣'的说明来填补。最后一个概念似乎最可疑。因为，正如亚里士多德自己所承认的，我们很难接受说，一个处于痛苦、饥饿、贫穷和没有朋友的人却能繁荣兴旺。" Anscombe, "Modern Moral Philosophy," 44.
② Coope, "Modern Virtue Ethics," 33.
③ 赫斯特豪斯把"慈善"抬高到核心美德的位置，她说："从美德伦理学的角度来看，我们可以说，当我们看到一个受伤的陌生人躺在路边，不'漠然置之'乃是'绝对的要求'，但这一要求源于慈善而非正义"（On Virtue Ethics, 6）；她还主张，每个美德伦理学家都认识到慈善的核心作用："例如，慈善或仁爱就不是一个亚里士多德主义的美德，但现在所有的美德伦理学家都把它列入清单"（Ibid, 8）。但这些主张留下了一些悬而未决的问题，如：何种正义？何种慈善？何种仁爱？在第一段引文中，似乎存在一种康德式的正义概念与一个世俗版本的基督教的慈善概念的竞争关系。斯洛特说："因此，我希望说服你，将道德最终建立在关爱或（普遍的）仁爱甚至爱的动机之上，是很有道理的。"（Morals from Motives, x）

美德伦理学范畴；即便有相同之处，他对于这场运动来说仍然是边缘的。

与互竞的慈善定义息息相关的那些观点具有重要意义。基督教的"慈善"是上帝的恩赐，是我们与上帝和邻人建立友爱的基础，也是统一所有其他美德的组织和激发要素。① 它引导我们爱他人，而这样的爱既有统一的维度，也有慈善的维度；也就是说，它寻求对他人行善，寻求与他人的团结，因为他们被视为一个灵性家庭中的兄弟姐妹，而上帝则是这个灵性家庭的圣父。如同安斯康姆针对"义务"何以可理解的哲学与神学解释所展开的考察一样，"慈善"只有在其神学内核成立的情况下才是可理解的。

当这种神学基础被拒绝，或者至少被认为不相干时，慈善会变成什么呢？世俗的慈善要求我们善待他人，但很少自觉回答"为什么我们要善待他人？"这个重要问题，而且，就算回答也不是特别有启发性。我们不妨考察一下斯洛特对于世俗的慈善或者用他的话说"对他人的普遍关怀"的反思：

> 今天在哲学领域占主导地位的道德哲学，后果主义（功利主义）和康德主义，都已经准备好了回答为什么我们必须至少在某种程度上关心所有其他人。人们很难接受任何像亚里士多德伦理学那样的道德哲学，它没有为对（他）人给予普遍关怀提供辩护。如今，在大多数哲学家看来，这种道德哲学是一种倒退，而且，更具体地说，它似乎也没有给当代（或现代）生活的一个重要的、核心的道德问题提供帮助，即对于远在地球另一端的人们，当我们得知他们的困难或苦难并且能够采取行动予以缓解时，我们又该给予他们多少关心或帮助呢？②

---

① Aquinas, ST II-II, qq. 23–46.
② Slote, *Morals from Motives*, vii–viii.

对斯洛特来说，问题似乎解决了：就像斯洛特在这本书中所写的，慈善、仁爱，或其具体化的那种"温暖的"、以行动者为基础的"关怀"乃是根本的东西。① 斯洛特认为，每个人都知道这一点，如果他们不知道，他们就是退化的。就我们时代的主要任务而言，亚里士多德是退化的、无益的，事实上，所有未将世俗的慈善或仁爱作为核心概念的道德哲学都不可接受。

然而，斯洛特的解释并不能充分说明，为什么我们应当践行慈善。斯洛特告诉我们，之所以"应当"，是因为后果主义和康德主义已经准备好了回答为什么我们"应当"。他还告诉我们，如果不表达出这种对他人的关怀，便是退化。斯洛特似乎在暗示如下主张：慈善很流行，其他道德理论都支持它，因而那些坚持美德伦理学的人也应该这么做。如果我们重视安斯康姆的建议，并因此提供了充分的哲学心理学，那么，斯洛特或其他支持世俗慈善的人似乎就应该为慈善行为的理由和动机提供更加丰富的解释。但在斯洛特看来，似乎根本无需这种理由，对他来说，紧迫的问题并不是我们为什么应该是慈善的。他关心的问题是：我们是否应该关心那些关系疏远的陌生人，我们该如何决定要捐赠多少，又该如何在普遍的仁爱与我们对自己所认识和负有责任的人的特别关心之间保持平衡。在他的这部著作中，斯洛特寻求的不是说明慈善的必要性，而是说明我们如何成为慈善的，他从我们的情感中寻求答案。

休谟，或更准确地说，尼采，又会如何评价斯洛特的努力呢？他们会指出，慈善或仁爱之所以显得如此重要，这跟它们从以前的基督教背景中保留下来的力量有关。如果缺少这个背景，我们就会发现，这个概念虽然保留动机的力量，却没有为这个动机提供辩护的内容。我们再看看库普的

---

① Ibid., 114–137.

评论:"显然,一种合理的美德伦理学要么是吉奇主义的,要么是尼采主义的。在它复兴的早期,它或多或少就是如此。但发生了多么大的倒退啊!尼采会说堕落:这里的意思是,用好好先生代替了正确的决断。"① 赫斯特豪斯和斯洛特所倡导的那种美德伦理学所产生的协调和安慰作用,充分利用了"慈善"概念,而这一概念的持续力量对于赋予其意义的宗教和历史背景来说只不过是偶然的东西。就像安斯康姆所说的那些"如今的伦理学家"一样,他们使用了一种具有高贵的传统并且保留了激发力量、但在动机上却无法得到辩护的概念。安斯康姆和库普,以及,休谟和尼采,如果他们对于关键术语何以能够在赋予其意义的神学背景之外而存在的考查是正确的,那么,试图在这些背景之外使用"义务"和"慈善"这些术语,就是可疑的;道德理论建立在这些关键术语之上,就此而言,它们很容易受到毁灭性的批评。

当代美德伦理学与后果主义

安斯康姆的第三个论点是,许多英美道德哲学之间的差异在今天看来微不足道,这一主张使得安斯康姆在那些希望阐明这些差异的人那里颇不受欢迎。如何辩护这个观点呢?它是否对受安斯康姆文章启发的当代美德伦理学运动产生了影响?要回答这个问题,我们首先要看看她关于现代道德哲学的描述。

在安斯康姆看来,能够把各种主流伦理理论串联起来,使它们可以被合理地称为一个整体的"现代道德哲学"的,乃是它们统一的反绝对主义立场(anti-absolutist stand),该立场服务于那些证明手段之合理性的目的。安斯康姆创造了"后果主义"这个术语来指称这种立场。她注意到,在西

---

① Coope, "Modern Virtue Ethics," 36.

季威克以降的道德哲学中，人们可以合理地推断出，在某些情况下，绝对不公正的行为（比如，明知某人无辜却要惩罚他）可能也是"道德正确的"。对于这些术语试图将《圣经》和希腊人眼中的邪恶予以正当化的做法，安斯康姆是这样反思的：

> 显然，一个好人是一个公正的人；一个公正的人习惯拒绝为了避免某些后果或是为了自己或他人赢取利益而实施或参与任何不公正的行为。也许没人会反对。但有人会说，什么是不公正的，有时是由预期的后果所决定的；确实如此。然而，在有的情况下，并非如此。现在如果有人说："我同意，但这需要很多解释"，那么他是对的，而且目前的情况正是我们无法解释的；我们缺乏哲学的工具。但是，如果有人预先真的认为，使无辜者遭到司法惩戒的行为是否应该完全被排除在考虑之外还有待商榷——那么，我不想与他争论；他展现的是一个堕落的心灵。[①]

安斯康姆绝不是盲目乐观的人。她承认，对后果的考虑在道德思考中应该发挥重要作用。她也欣然承认我们还没有做这项工作，甚至还没有发展出必要的工具来做这项工作，从而解释为什么好人是公正的人。她也没有解释，为什么一个公正的人永远不会做出不公正的行为，或者，为什么任何违反道德绝对物的行为都是不公正的行为。事实上，安斯康姆本人对某些道德原则之不可侵犯性的值得信赖的形而上学基础从来没有加以讨论，更不用说辩护了。但是，就像亚里士多德指出的，只有那些在伦理生活的基本事实方面受到良好教育的人，才能够真正从事哲学伦理学，[②] 而那

---

① Anscombe, "Modern Moral Philosophy," 41-42。
② Aristotle, *NE* I 4, 1095a31–1095b12.

些否认有的行为绝对不能被视为正义/善/正确的人，则是缺乏哲学思考的。

为什么安斯康姆不提供理由来解释，在她眼里，违反道德绝对物就一定是不公正的呢？她当然告诉我们，我们目前缺乏哲学工具，可以解释为什么她关于道德绝对物的立场是正确的。但是，哲学的解释是一回事，所依赖的预设又是另一回事。安斯康姆预设道德绝对物的原因是什么？我们虽然只能推测，但其中某些原因很可能是来自她的信仰。然而，并不是只有信奉犹太—基督教，人们才会认为存在着道德绝对物；柏拉图仍然是这种假设的一个反例。安斯康姆很可能也是对某种宇宙结构的洞见抱以信仰。无论如何，道德绝对物的预设广泛存在于整个道德哲学史，并且在各种政治共同体的法律结构中长期占有稳固的地位。安斯康姆可能只是认为，没有必要为她眼里显而易见的观点展开辩护。

安斯康姆所说的"堕落心灵"，这种主张暗含的一个意思是：在她看来，那些为了获得所谓的好结果而愿意考虑把道德绝对物悬置起来的人，实际上并不是在从事道德哲学。相反，他们是在进行一种诡辩，或许称之为"合理化"更恰当。对那些接受柏拉图关于哲学和诡辩的区分，但又愿意放弃以往被描述为不公正行为的那种绝对禁令的人来说，这样的暗讽当然极具针对性，但安斯康姆并不打算避免这种冒犯。① 对于柏拉图或亚里

---

① 对"堕落的心灵"的指控，表明这个人已经不可能再被说服了。亚里士多德对这样的人的反思如下："如果论辨本身就足以使人们成为好人，那么它们就会像塞奥格尼斯说的，公正地赢得非常丰厚报偿，而且人们应当提供这样的报偿；但事实上，虽然它们似乎有力量鼓舞和激励心胸开阔的青年，使那些生性温和、真正爱高尚的人愿意拥有美德，但它们无法激励多数人追求高尚和善。因为，多数人生来就不在乎羞耻，而只服从恐惧，他们不会避免因为卑鄙而做坏事，除非害怕惩罚；……什么样的论辨能够改造这些人呢？"（*NE* X 9, 1179b 4–16）此处及其他各处的《尼各马可伦理学》引文均出自罗斯（W. D. Ross）的译本（The Complete Works of Aristotle, vol. 2, ed. Jonathan Barnes, Princeton, N.J.: Princeton University Press, 1984）。正是为了这些人，政治机构需要使用武力而不是说服的技艺，后者只适用于少数真正可以被说服的人。对柏拉图或亚里士多德来说，没有什么比那种身为立法者但却缺乏治理国家所需的优秀品质的人更让人担忧的了。

士多德来说，没有什么对手会比他们更加可憎，也没有什么对手会比那些愿意用修辞来掩盖堕落的"智者"更加凶猛。安斯康姆与这两位先贤相呼应，她的文章就是在向她那个时代的诡辩开火。

一个很好的例证是，将现代道德哲学确定为后果主义并揭露其诡辩，这是安斯康姆整篇文章的主要动机。她劝告我们停止当前的道德哲学研究模式，并且通过发展哲学心理学来重建哲学伦理学的基础，这需要被看作是她针对自己已经发现并加以命名的那种危机的回应。而另外两个论点则是她的武器，用来对抗那些被她归入对手阵营的人所采用的诡辩伎俩。

让我们进一步考察，安斯康姆是如何剥去某些对道德哲学而言至关重要的术语的盔甲，以揭示其对手的实质的：

> 现代道德哲学（也就是自西季威克以降所有知名英国伦理学家的道德哲学）的任务是构建体系，根据这些体系，一个说"我们需要什么什么，并且唯有这样才会得到它"的人可能是一个品德高尚的人：也就是说，对无辜者进行司法惩戒的程序，在某些情况下，是否可能不是应当采用的"正确"程序，这还是有待讨论的事；虽然现在的牛津道德哲学家容许人们把不做某事当作自己的原则，但根据他们所教授的哲学，某个人在论证应当如何行动时，却可以"道德地"考虑行动的特定后果；如果这些后果符合他的目的，那么，他的道德教育可能会让他设计一个道德原则，让他"设法"（用诺埃尔-史密斯[Nowell-Smith]的话来说）在这个原则下采取行动；也有可能让他做出的新的"原则决策"，构成其道德思想（借用黑尔[Hare]先生的概念）形成过程中的一次进步：在这样或那样的情况下，应当对无辜者进行司法定罪。这就是我所抱怨的东西。①

---

① Anscombe, "Modern Moral Philosophy," 44.

正是这些段落使我们有理由认为，安斯康姆是绝对主义的拥护者，她反对新近出现的后果主义蛮族。此外，如果忽视了她关于某些道德戒律不可侵犯的立场，那我们就无法理解，她为什么要呼吁恢复亚里士多德伦理学方法中的一些要素。也就是说，她之所以转向亚里士多德，正是因为现代道德哲学已经证明自己不愿意公正地对待道德理论对于道德绝对物的必要依赖。安斯康姆眼中的后果主义者背离了道德哲学的基础，这与他们所享有的声誉明显不配。后果主义者几乎全都供职于哲学系。他们享有良好的声誉，肩负着教育青年社会领袖的重任，而这些接受过他们教育的人又成为了大学、医院、内阁、议会和国家的领导者。如果安斯康姆是正确的，那么，她揭露出来的后果主义状况就远远超出了学术论文的范围。况且，后果主义不仅是安斯康姆时期的现代道德哲学、而且是许多在安斯康姆启发下出现的当代美德伦理学主流运动的一个深刻问题的症候。

怎么可能这样呢？尤其是，当我们发现，包括功利主义在内的基于规则的伦理学方法常常受到许多当代美德伦理学的文本批评时。原因之一在于，除了批评基于规则的伦理学有意愿悬置道德绝对物之外，还有很多方法可以批评这种伦理学。然而，安斯康姆对后果主义的批评重点，不在于后果主义是以规则为基础的，而在于它有意放弃道德绝对物。① 而且，实际上有证据表明，可能存在一种基于美德的道德哲学方法来支持某种版本的后果主义。例如，迈克尔·斯洛特就支持安斯康姆的对手，他说："如果为了避免大规模的人类灾难而必须杀害无辜的人，那么就有可能甚至应当进行杀戮。在这种情况下，我们认为，由于大规模的人道主义关怀的介

---

① "值得注意的是，这些哲学家都没有表明他们意识到存在这样一种他们正在反对的伦理（ethic）：他们都很清楚，像'禁止谋杀'这样的禁令在面临某些后果时是不起作用的。但是，禁令的严肃性当然有其意图，即你不应该因为对后果的恐惧或期望而受到引诱。"（Anscombe, "Modern Moral Philosophy," 35）。

入，于是发生了某种特定的道德转换。"①这种"特定的道德转换"是什么呢？它是一种从考虑关心自身的个体品质转向考虑一个更大的共同体的公共福祉的变化。与马基雅维里的观点相应，斯洛特主张，我们有时需要为了整体的福祉而放弃自己的道德福祉，有意杀害某个不幸地出现在错误的地点和时间的无辜个体甚或群体。

斯洛特接着表示，做出这种感人的"道德转换"乃是那些公共服务者的义不容辞的责任，从而进一步提供了后果主义与主流美德伦理学合谋的证据："因为，当一个人不得不决定是否杀死某个无辜的人，以防止一场巨大的人类灾难时，人们很自然地认为，她已经被迫但非正式地置身于一个公共或政治角色……政治角色应该凌驾于那些深沉和真诚的爱国者的个人或家庭利益之上。"②除了斯洛特的说法，我们不清楚还能如何解读这段话。斯洛特认为，关爱众人让你有责任放弃关心自己的善（甚至是那种维护公正品格的善）以及你对家人和朋友的关爱与关心（比如，不要把它们献给那座后果主义的公共利益祭坛）。这里潜在的预设是，对国家的关心，要求我们牺牲对那些实际上合乎正义的东西的关心。在这段话中，善和正义被放在了对立的两极，但奇怪的是，斯洛特似乎没有注意到这点。斯洛特的言辞让人联想到《国家篇》第二卷中阿德曼图斯在对当时的智慧文学（wisdom literature）的解释，而一个当代的阿德曼图也会有理由认为，斯洛特为政治领袖提供了全权委托书，使他们即便做出令人发指的行为，也能被判定是为了保障共同善而必需的事情。

罗莎琳德·赫斯特豪斯理应被视为当代最重要的美德伦理学家之一，然而，在是否可以悬置道德绝对物的问题上，她比斯洛特更矛盾。赫斯特豪斯在《美德伦理学》一书的"不可解决的悲剧困境"中讨论了绝对主

---

① Slote, *Morals from Motives*, 96.
② Ibid., 98.

义，对于这种讨论所暗含的意义，我们看到库普是这样解释的：

> 罗莎琳德·赫斯特豪斯指出，如果有人觉得这个世界是个他不得不经常——而非偶尔——撒谎或杀人的世界，那这个人就"严重缺乏美德"。(Hursthouse, 1999 : 86) 此外，她还主张，"太过轻易地认为'我只能做这种可怕的事，我别无选择'，乃是邪恶的标志，也是品质有缺陷的标志"。(Ibid, p.87n) 所有这些都暗含着一种后果主义的态度；因为，只要人们经过反复的检查，确定自己并没有"太过轻易地"之后，大概就可以开始干了。我们也不是很经常地撒谎或是杀害无辜的人。①

75 库普的解释是不公正的吗？

美德伦理学者太过轻易地抛弃了道德原则，对于这种说法，赫斯特豪斯非常敏感；她明确指出，美德伦理学被错误地指责为在伦理学中取消绝对主义，至少是太轻易或太快地取消它。② 然而，她自己的解释似乎并没有成功回应她所试图回应的指控。绝对禁止某些行为，至少按照这个术语的通常用法和安斯康姆的看法，其要旨在于它始终具有约束力。而当我们考虑赫斯特豪斯为表明自己支持道德绝对物而提供的一个例子时，却会发现，她显然不够理解道德绝对物的范围一般来说包含什么。这个例子出现在她那长达数页的对话的结尾处，在那里，她对伦理基础的绝对主义立场给予了适度支持："我很愿意冒着风险说，在我们所发现的这个世界中，一

---

① Coope, "Modern Virtue Ethics," 51.
② "前面关于悲剧性困境的讨论……应该用来纠正另一个对美德伦理学的误解：认为美德伦理学不承认有绝对禁令，不承认有某些被绝对禁止的行为。"（Hursthouse, *On Virtue Ethics*, 83）

个真正有美德的人绝对不会为了取乐而对儿童进行性虐待。"① 但这真是一种绝对吗？"为了取乐"这一限定词令人非常不安。很明显，她认为为了取乐而性虐待儿童永远是错误的（或者，至少这不是一个有美德的行动者会做的）。然而，这是否意味着，为了拯救生命或教育或别的什么目的而这样做，在某些情况下，就有可能是一件正确的事情呢？赫斯特豪斯处理困境的标准方式是询问某个具体的选择是否跟有美德的人将会做的事一致，当然，我们很难想象有美德的人会以任何理由赞成虐待儿童。然而，她的这番限定，至少可以说是令人不安的。② 实际上，我在赫斯特豪斯的作品中没有看到关于无条件的绝对物的例证，而对有条件的绝对物表示赞同，这种做法却跟她的其他作品是一以贯之的。这表明，赫斯特豪斯赞同的是某种弱后果主义。③ 我们至少可以推断：赫斯特豪斯对绝对主义的辩护是非典型的，既因为它避免了有神论和义务论的原则，也因为她所倡议的绝对物并非无条件的。④

---

① Ibid., 87.
② 关于道德困境与道德绝对物的最新反思，参见 Hursthouse, "Discussing Dilemmas," *Christian Bioethics* 14 (2008): 141–150. 在我看来，她在这篇文章中的立场同她在《美德伦理学》中的立场是一致的。赫斯特豪斯听过了一场安斯康姆的讲座，她在评论这件事时写道："安斯康姆持有如下两个信念：谎言永远是一种罪；上帝的旨意确保行动者会因自身先前的错误而不得不在被禁止的行为中进行选择。对于这两个信念，我都不认同。"("Discussing Dilemmas," 143) 正如赫斯特豪斯在关于堕胎的那篇重要文章中所指出的，撒谎和谋杀并不总是错的，她在该文中承认，堕胎是谋杀活着的生命，冷酷地堕胎行为存在根本的错误，但也有一些情况可以使堕胎成为正确的行为。("Virtue Theory and Abortion," *Philosophy and Public Affairs* 20 [1991]: 223–246); 关于在哪些情况下堕胎可能合理，参见该文第 236-242 页。
③ 这里是指广义的后果主义，包括各种以自利为基础的道德，它也体现在赫斯特豪斯的结论中："我在本章的结论是，它提供了一个非常陌生的观点，即道德是一种开明的利己主义；这个观点是如此陌生，以至于就目前的情况而言，它很可能是一种具有误导性的危险描述。"(*On Virtue Ethics*, 190). 她指出，对于自利，她的立场同黑尔、高希尔（Gauthier）和辛格的立场类似，但与他们不同的是，她不是从中立的角度捍卫开明的利己主义，而是从她所理解的实践智慧运作这一独特视角来捍卫它。(Ibid., 191).
④ 关于这个论题，《美德伦理学》第 3 章的全部内容都值得仔细阅读，尤其是第 83-87 页。

令人困惑的是，考虑到赫斯特豪斯本人的立场，令人费解的是，她先是援引了安斯康姆的观点——后果主义者表现出"堕落的心灵"，并在注解中似乎对此表示赞成，但紧接着她提出了对儿童性侵害的有条件禁止。赫斯特豪斯强调，堕落是由于事先认为，在某些条件下违反绝对原则可能是正义的，这必定赞同安斯康姆的主张："现代道德哲学家"的标志是认为"在这样那样的情况下，我们要促成对无辜者的司法定罪"，或者杀死有缺陷的孩子，或者说谎，或者性侵儿童。然而，赫斯特豪斯对绝对主义的适度辩护似乎却保留了如下可能性：在某些情况下，一个有美德的人也可能不得不违背绝对原则；而这似乎关系到对这些可能性的预先设想。

当涉及主流美德伦理学的应用伦理问题时，我们还可以在贾斯汀·奥克利（Justin Oakley）的《剑桥美德伦理学指南》中找到关于这种后果主义思维模式的其他证据。① 奥克利的主张是，一方面，美德伦理学阐明了许多生命伦理学问题，另一方面，"它在生命伦理学中的运用反过来可以有助于美德伦理学发展成为一种更普遍的方法"。② 为了捍卫这两点主张，奥克利借助几种重要的美德伦理学方法，考察了若干最为敏感的生死问题。比如，关于安乐死，他推荐的处理方式是富特对于仁慈美德的运用，以表明在什么情况下该美德会要求我们杀死另一个人。③ 他指出："因此，在提醒我们安乐死是为了死者的利益而不仅仅是在死者（有能力或没能力）的要求下带来的死亡时，富特能够说明，仁慈的美德与安乐死行为的道德正当性条件之间的相关性。"④ 当一个人遭受严重的残障和痛苦，按照富特的幸福观，他丧失构成个人幸福生活的基本善时，安乐死在这种情况

---

① *CCVE*, 197–220.
② Ibid., 198.
③ Philippa Foot, "Euthanasia," *Philosophy and Public Affairs* 6 (1977): 85–112.
④ *CCVE*, 200.

下对这个人来说就是一件好事。不同于神学意义上的慈善，这种世俗意义上的慈善并不依赖于"不得谋杀"这种绝对禁令。莉兹·范·齐尔（Liezl van Zyl）进一步阐释了富特的观点①，她拓展性地运用同情、仁慈和尊重等美德，以帮助确定何时终止或显著缩短一个人的生命是合理的。而奥克利本人赞同的观点是，安乐死并不会削弱医疗服务人员"治愈而非伤害"的责任，因为，在某些情况下，终止患者的生命会带来生命的完整或圆满。②

在堕胎问题上，奥克利称赞赫斯特豪斯将关注点从妇女是否有权终止妊娠，或未出生的孩子是否具有不可剥夺的生命权，转向了妇女在具体情境中认为自己的堕胎行为是有美德的还是邪恶的。赫斯特豪斯认为，当堕胎是一种冷酷、自私或懦弱的行为时，它可能是错误的。但有些时候，女性决定堕胎也许表达了深层的谦卑。③赫斯特豪斯的这种以美德为中心的处理堕胎问题的方法，得到了其他美德伦理学者的采用；他们由此处理产前基因检测问题，以及决定对某些尚未出生的孩子（这些孩子被发现有严重的障碍，因而可能无法以健康人的典型方式过上繁荣的生活）实施流产的问题。④

毫无疑问，一种饱含美德的医患关怀进路是非常有价值的，它改善了

---

① Liezl van Zyl, *Death and Compassion: A Virtue-Based Approach to Euthanasia* (Burlington, Vt.: Ashgate Publishers, 2000).
② Justin Oakley and Dean Cocking, *Virtue Ethics and Professional Roles* (Cambridge: Cambridge University Press, 2001); *CCVE*, 200.
③ *CCVE*, 209.
④ 奥克利（CCVE, 211–14）特别关注罗莎琳德·麦克杜格尔（Rosalind McDougall）最近的文章："Acting Parentally: An Argument against Sex Selection," *Journal of Medical Ethics* 31 (2005): 601–605; "Parental Virtue: A New Way of Thinking about the Morality of Reproductive Actions," *Bioethics* 21 (2007): 181–190; "Impairment, Flourishing and the Moral Nature of Parenthood," in *Disability and Disadvantage*, ed. K. Brownless and A. Curenton (Oxford: Oxford University Press, 2009).

医疗行业。① 但是，同样应该没有疑问的是，当面对棘手的生死问题时，主流的美德伦理学方法仍会愿意考虑，在哪些情况下（这些情况固然很少），有美德的行为者不得不违背道德绝对物。正是这样的意愿（即预先去考虑，在何种情况下，结束无辜者的生命或是违背其他的道德绝对物可被视作道德善）显示，介入应用伦理问题的那些主流的美德伦理学方法不仅远离了安斯康姆的建议，而且实际上成为了她所责难的那种后果主义的同伙。

---

① 艾德蒙·D. 佩莱格里诺（Edmund D. Pellegrino）的工作特别有助于推进这种更丰富的医疗实践方法。特别是，参见他与戴维·C. 托马斯玛（David C. Thomasma）合著的《医疗实践的一种哲学基础》（*A Philosophical Basis of Medical Practice*, Oxford: Oxford University Press, 1981）以及《为了患者的善：恢复医疗保健中的慈善》（*For the Patient's Good: The Restoration of Beneficence in Health Care*, Oxford: Oxford UniversityPress, 1988）。与富特、赫斯特豪斯、奥克利和其他主流美德伦理学家不同，佩莱格里诺不愿意改变对杀人的绝对禁令，即使是在棘手的案例中。

第 3 章
都是安斯康姆的孩子？
当代美德伦理学的多样性

> 如果有人声称在解释亚里士多德，并以现代的方式谈论这样或那样的"道德"问题，那么，如果他不经常感到自己像一个下颌不知怎么错了位的人：牙齿没有咬合在一起，那他一定非常缺乏感知力。
>
> ——安斯康姆：《现代道德哲学》，第 27 页

为了更清晰地理解当代美德伦理学，我们考察了美德伦理学运动在当代道德哲学中的地位以及安斯康姆论文的一些特征，这些特征为美德伦理学的发展提供了动力。我们已经谈到这场运动的若干显著特点，但现在需要更透彻地考察这些特点。因此，我们又回到了确认"什么是当代美德伦理学"这一任务，只不过，现在我们明确关注的是这场运动本身的内在特征。

许多美德伦理学文献都试图描述何为美德伦理学。其中有些仅仅是描述性的，至少大部分是这样的，尽管读者可以从中发现支持或贬低这一运动的各种方向的建议。[1] 另一些试图定义该运动的做法则带有批评意图，

---

[1] Alasdair MacIntyre, "The Return to Virtue Ethics," in *The Twenty-Fifth Anniversary of Vatican II: A Look Back and a Look Ahead*, ed. Russell E. Smith (Braintree, Md.:Pope John Center, 1992): 239–249; Alasdair MacIntyre, "Virtue Ethics," in *Encyclopedia of Ethics*, ed. Lawrence C. Becker and Charlotte B. Becker (New York: Garland Publishers, 1992), 1276–1282; Gregory E. Pence, "Recent Work on Virtue," *American Philosophical Quarterly* 21 (1984): 281–298; Daniel Statman, "Introduction to Virtue Ethics," in *Virtue Ethics: A Critical Reader*, ed. Daniel Statman (Washington, D.C.: Georgetown University Press, 1997), 1–41; Karen Stohr, "Contemporary Virtue Ethics," *Philosophy Compass* 1 (2006): 22–27; Gregory Trianosky, "What Is Virtue Ethics All About?" *American Philosophical Quarterly* 27 (1990): 335–344.

在这类文献中可以发现的主要抱怨之一是,我们很难确定美德伦理学到底是什么,因为它有形形色色的拥护者。① 还有一些人描述美德伦理学,是为了鼓吹在他们表达坚持的这场运动中他们所偏爱的某种立场。② 后面的这种描述似乎没有意识到美德伦理学的许多种类,或是对它们不敏感。还有些人的描述更加细致,他们指出了这场运动所面临的根本反对意见,并在对比中为自己的美德伦理学确立了一席之地。③ 在这些二手文献中,关

---

① Conly, "Flourishing and the Failure of the *Ethics* of Virtue"; David Copp and David Sobel, "Morality and Virtue: An Assessment of Some Recent Work in Virtue Ethics," Ethics 114 (2004): 514–554; Julia Driver, "Virtue Theory," in *Contemporary Debates in Moral Theory*, ed. James Dreier (Oxford: Blackwell Publishing, 2006), 113–123; William Frankena, "Prichard and the Ethics of Virtue: Notes on a Footnote," *Monist* 54(1970): 1–17; Robert B. Louden, "On Some Vices of Virtue Ethics," *American Philosophical Quarterly 21* (1984): 227–236; Phillip Montague, "Virtue Ethics: A Qualified Success Story," *American Philosophical Quarterly* 29 (1992): 53–61; Nussbaum, "Virtue Ethics: A Misleading Category?"; Gerasimos X. Santas, "Does Aristotle Have a Virtue Ethics?" *Philosophical Inquiry* 15 (1993): 1–32; Jerome B. Schneewind, "The Misfortunes of Virtue," *Ethics* 101 (1990): 42–63; Simpson, "Contemporary Virtue Ethics and Aristotle".

② Roger Crisp, "Modern Moral Philosophy and the Virtues," in *How Should One Live? Essays in the Virtues*, ed. Roger Crisp (Oxford: Clarendon Press, 1996): 1–18; Stephen M. Gardner, ed., *Virtue Ethics, Old and New* (Ithaca, N.Y.: Cornell University Press, 2005); Rosalind Hursthouse, "Are Virtues the Proper Starting Point for Morality?" in *Contemporary Debates in Moral Theory*, ed. James Dreier (Oxford: Blackwell Publishing, 2006), 99–112; Hursthouse, *On Virtue Ethics*; Hursthouse, "Virtue Ethics"; Christine McKinnon, *Character, Virtue Theories, and the Vices* (Peterborough, Calif.:Broadview Press, 1999); Stan van Hooft, *Understanding Virtue Ethics* (Chesham, U.K.:Acumen Publishing, 2006); Gary Watson, "The Primacy of Character," in *Identity, Character, and Morality: Essays in Moral Psychology*, ed. Owen Flanagan and Amélie O.Rorty (Cambridge, Mass.: MIT Press, 1990), 449–470.

③ Annas, "Virtue Ethics"; Coope, "Modern Virtue Ethics"; Sean McAleer, "An Aristotelian Account of Virtue Ethics: An Essay in Moral Taxonomy," *Pacific Philosophical Quarterly* 88 (2007): 208–225; Amélie O. Rorty, "Virtues and Their Vicissitudes," *Midwest Studies in Philosophy* 13 (1988): 136–148; Michael Slote "Agent-Based Virtue Ethics," *Midwest Studies in Philosophy* 20 (1995): 83–101; Slote, *From Morality to Virtue*; Slote, *Morals from Motives*; David Solomon, "Keeping Virtue in Its Place: A Critique of Subordinating Strategies," in *Recovering Nature: Essays in Natural Philosophy, Ethics, and Metaphysics in Honor of Ralph McInerny*, ed. Thomas Hibbs and John O'Callaghan (Notre Dame, Ind.: University of Notre Dame Press, 1999), 83–104; Solomon, "Virtue Ethics: Radical or Routine?"; Rebecca L. Walker and Philip J. Ivanhoe, "Introduction," in *Working Virtue: Virtue Ethics and Contemporary Moral Problems* (Oxford: Oxford University Press, 2007), 1–40.

于美德伦理学的决定性特征,我们几乎找不到一致意见。鉴于剑桥"指南"系列的编纂宗旨,读者们希望从中找到对这场运动的确定性描述,因而,关于美德伦理学的定义问题甚至延续到《剑桥美德伦理指南》中。①美德伦理学的定义及其互竞方法的多样性程度,还有关于其目标的分歧状况,在哲学运动的历史上似乎是前所未有的。这是否足以让人质疑该运动的整体性?足以让人质疑它要提供的是一种替代其他主要道德哲学方法的主张呢?

一些研究者提出了同样的看法。萨拉·康利(Sarah Conly)在写作该主题的早期,对已有文献关于美德概念(virtue)以及各种具体美德(virtues)的不同观点进行了总结,值得我们再次认真考虑。康利注意到:

> 在回顾当代的美德文献时,我们的第一印象是,这里的五花八门超过了绝大多数的哲学领域。美德可以像技能一样是后天习得的,也可以是自然的;未经反思的欲望(如自发的情感冲动)被认为是美德;内省和自主(大概是只有通过反思才达到的)也被认为是美德。美德可能包括、也可能不包括按自己所信仰的规则行事。有美德的人可能有、也可能没有善的观念。想要做正确的事情的那种欲望,就其本身而言,可能是美德的精髓,也可能与美德完全无关。诸如此类,不胜枚举。②

康利认为,这些差异主要不是因为对美德概念和各种具体美德的不同看法,而是因为,人们关于当代美德伦理学相对于(vis-à-vis)其他主流

---

① 如前所述,由丹尼尔·拉塞尔和克里斯蒂娜·斯沃顿分别撰写的《剑桥当代美德伦理学指南》的第一章和最后一章就包含着诸多互竞的美德伦理学定义。
② Conly, "Flourishing and the Ethics of Virtue," 84

现代道德理论提供了什么东西存在分歧。引起上述次要分歧的一种更深层次的分歧，则是来自当代美德伦理学争论中的三个核心论点："（1）理性只是指向目的的手段，而目的是由某种欲望决定的；（2）欲望和情感以及二者所激发的行为，在道德上可以被评价为值得赞许的或应受责备的；（3）品格状态在某种程度上独立于行为，是道德评价的核心。"①

并不是每个美德伦理学者都把理性描述为仅仅是指向目的的手段，但所有的美德伦理学者都在某种方式上把欲望作为我们追求的目的的基础。针对第一个论点的一种限定是，否定"理性只是指向目的的手段"这一主张，它通常会使一个思想者被归入所罗门所说的"激进的"阵营，而对这一理性观的肯定，通常会使美德伦理学家被归于"惯常的"阵营。所有的美德伦理学家都拥护的立场是，欲望、情感和行为可以得到评价，称作"值得赞许的"或"应受责备的"。但这两个论点，无论是单独地还是合起来，都不能规定美德伦理学，因为，许多不是美德伦理学家的道德哲学家也持有它们。然而，人们普遍认为第三个论点足以规定这一运动。②那么，我们能否说，当代美德伦理学的区分标志就是康利第三命题的某种表达呢？

或许吧。但是，如果这样的话，那么，当代美德伦理学运动的规定性标志就会跟产生这场运动的安斯康姆论点之间出现奇怪的断裂。安斯康姆认为，现代的"道德"概念是空洞的，因此用她的话来说，那种试图保留它的做法乃是"可疑的"。而对于许多美德伦理学家来说，回归美德语言的目的是为了避免使用康德主义或功利主义的道德语言。如果把安斯康姆关于现代道德语言空洞性的洞见作为当代美德伦理学运动的基础，那么，美德伦理学家究竟又能如何谈论道德评价呢？我们再看看本章开头的

---

① Ibid.
② Russell, *CCVE*, 2.

引文——"如果有人声称在解释亚里士多德,并以现代的方式谈论这样或那样的'道德'问题,那么,如果他不经常感到自己像一个下颌不知怎么错了位的人:牙齿没有咬合在一起,那他一定非常缺乏感知力"①。文本的证据确实表明了安斯康姆的这种关注的敏感性。如果评价一个人的品格需要运用当代意义上的"道德",那么,对品格的关注似乎就不足以说明运动的特别之处。换言之,我们要有办法关注品格而又不依赖于现代道德。那么,是否只有在某些版本的当代美德伦理学中,对品格的关注才会使得美德伦理学运动区别于现代道德哲学呢?或者,还有其他方法来规定这场运动?那又会是怎样的方法呢?也许,我们需要从不同的角度来理解这场运动。

识别当代美德伦理学家

美德伦理学是一场当代哲学伦理学运动,最好不要把它理解为一套共同的学说、原则或其支持者的共同承诺,因为,我们找不到充分和必要的条件来界定美德伦理学家的身份。然而,这并不是说,某种诸如维特根斯坦所说的"家族相似性"不能用来指称被归入当代美德伦理学家族的人们。② 某些美德伦理学家有共同的学说、原则和承诺,另一些美德伦理学

---

① Anscombe, "Modern Moral Philosophy," 27.
② 格雷戈里·彭斯(Gregory Pence)就提出这种模式来反思美德伦理学的类型,而在他提出该模式时,这场运动的发展还远远没有现在这么复杂:"这里有一些结论:已经出现了关于各种美德的大量材料,它们已成为当代哲学的重要话题。针对美德的分析虽然可能还会继续,但会在一个更复杂的层次上发展。先前的一些关于美德的主张似乎被夸大了。各种具体美德(virtues)目前还谈不上可以取代美德的概念(virtue)(如果正义被认为只是一种具体美德,这个问题就特别尖锐)。此外,寻找一种主要美德或者所有美德的本质,这似乎不切实际。围绕不同特质的评价,存在不同的历史起源和不同的原因,这就排除了所有美德具有共同本质的可能性。在这里,我们最多只能发现某种家族相似性。"("Recent Work on Virtue," *American Philosophical Quarterly* 21 (1984): 281-298, 294)丽贝卡·沃克(Rebecca L. Walker)和艾文贺(Philip J. Ivanhoe)(转下页)

家也有共同的学说、原则和承诺，但他们所有人之间缺乏一套共同的东西，使得该运动作为一个整体是独特的。这样的家族相似性并不是说，所有的美德伦理学家之间没有任何共同的哲学承诺，而是说，即便发现了某些共同的承诺，它们也不一定就是美德伦理学所独有的。

"家族"比喻可以拓展到维特根斯坦的意义之外，用于描述这场运动的参与者本身。总的来说，当代美德伦理学家是一个有吸引力的家族；他们关心好生活，强调善良、关爱和仁慈。一些"远亲"也对他们的工作产生了兴趣，比如那些白头的逍遥学派，以及他们更年轻的"表亲"托马斯主义者。这些远房表亲虽然一贯得到美德伦理学核心家庭的尊重，但是，没有什么能够取代直系亲属的纽带。美德伦理学家族的发源地在牛津和剑桥，其共同的母亲是 G. E. M. 安斯康姆；然而，我们却已经注意到，人们发现，在这场运动的祖母与她的子孙之间存在着巨大的哲学距离。

当然，对当代美德伦理学采取拓展的家族相似性考察，是有其局限性的。不过，当我们发现一位美德伦理学家并这样来关注他的时候，这样的思考方式至少能让我们大致不错——一种"美德伦理学就是美德伦理学的所作所为"的思路。但这不是说，只要他参与了当代美德伦理学家通常参与的活动，那他仅仅"看起来"像是一个当代美德伦理学家就够了。

（接上页）

有类似的说法："虽然我们无法而且也不应该提供充分必要条件，可以为某种观点贴上'美德伦理学'的标签，但是，确实存在一些显著的共性，标志着美德伦理学的观点之间所共有的家族相似性。一般来说，美德伦理学的观点将评价人的品格作为理解行为对错及生活好坏的主要模式，将品格特征视为某种以适应或不适应环境的方式而行动和感受的稳定倾向，将美德与恶德理解为评价品格的主要模式。正如上面讨论的那样，我们也承认，在整合美德解释的观点和美德伦理学的观点之间，存在重要的区别。茱莉亚·德雷弗指出了美德理论与美德伦理学之间的区别，前者解释什么是美德，而后者则把伦理学建立在美德评价的基础上。(1998: 111) 我们认为，这样的区分有助于澄清那些仅仅包含美德解释的理论与美德伦理学理论之间的区别。后果主义和义务论可以包括美德解释的理论，但却不能成为美德伦理学的观点。"(*Working Virtue*, 4) 值得注意的是，他们给出的"家族相似性"在一定程度上相当于康利的后两个论点。

我们还应该通过自我宣告的方式来考察谁是当代美德伦理学家：当代美德伦理学家就是任何声称自己是美德伦理学家的人。这种情况也有其局限性。举个例子，想想那些只在午餐时间和其他教师一起打篮球、但在成长过程中却从不玩篮球的人。她当前的活动能让她被称为篮球爱好者吗？如果另一位教师体重超重50磅，已多年没有摸过篮球，但在高中时是篮球高手，那他还是篮球爱好者吗？第一个人可能不认为自己是篮球爱好者，而第二个人却认为自己是，但第三方的观察者肯定会说，第一个人比第二个人有更坚实的基础可以被称为篮球爱好者。同样，称自己为美德伦理学家，也只是美德伦理学家身份的必要条件，但不是充分条件。

除了看起来像是一个美德伦理学家和宣称自己是美德伦理学家之外，还有第三个条件：这样的人需要从事学院哲学的实践。哲学领域之外的学者，例如，教育理论家、社会学家和社会心理学家，都对一般的美德和各种具体的美德重新产生了兴趣。[①] 看到其他领域的人有这种兴趣固然令人鼓舞，但他们并未专门响应发生在现代道德哲学领域中的论辩，而美德伦理学则是将自己定位于此的。从某种意义上说，他们在做我们父母所做的事——告诉我们永远善良、公正、节制、诚实等等。[②] 他们寻求促进良好品格的发展，他们使用的概念和术语都来自安娜斯所说的伦理学的默认立场，他们通过关注品格特征的发展和锻炼来理解个体生活的整体，然而，

---

① 例如，由加拿大中小学教育理论家发起的"美德计划"（virtue project）的在线资源，网址为 http://www.virtuesproject.com/index.php；基于经验的实证心理学文集，可参见 Christopher Peterson and Martin E. P. Seligman, *Character Strengths and Virtues* (Oxford: Oxford University Press, 2004)；奎迈·安东尼·阿皮亚的《伦理学实验》一书，试图吸引非哲学研究者参与品格和美德研究；还有 William Bennett, *The Book of Virtues: A Treasury of Great Moral Stories* (New York: Simon and Schuster, 1996)。

② 大致可以肯定的是，父母不会告诉他们年幼的孩子要把他们的利益最大化，也不会制定一个绝对命令。设想父母会鼓励孩子像现代道德哲学家那样推理，听起来就很奇怪或可笑，而这一事实便表明了美德伦理学要比现代道德理论更受欢迎的一个直观理由；前者很自然，而后者必须在学校里学习得到。

他们并不是参与当前辩论的对话者。当然，我们可以从他们那里学到很多东西，可是，如果结合我们所说的三个试探性因素——家族相似性、自我宣告和学术哲学家，那么，我们就可以把这些对美德感兴趣的外围研究者排除在我们的考虑之外。

于是，我们发现，实际上，虽然我们无法找到所有美德伦理学家都会持有的主张以作为充分必要条件，无法通过一套共同的原则把这个群体紧密地联结起来，但我们可以提供一些用于识别当代美德伦理学家的充分必要条件：当代美德伦理学家是学院哲学家，他赞同某些美德伦理学家的若干共有原则，并且，他自我认同这一运动。运用这些条件，有助于我们缩小美德伦理学运动可能的伙伴的范围，但是，它们只能实现有限的目标，即把当代美德伦理学家同其他的主流道德理论的那些可识别的拥护者甄别开来。

当代美德伦理学的分类

我们已经找到一种识别当代美德伦理学家的方法，但我们又如何搞清楚当代美德伦理学的类型呢？我们不妨再打一个比喻。设想有一堆干净衣服，它们分六批洗涤、烘干后堆积起来。你发现各种衣服乱糟糟地堆在一起，感到杂乱不堪。作为家里的父亲，你虽然头晕目眩，但必须负责打理好这些衣服。有几种方法能够整理这堆杂乱的衣物。一种方法是按颜色来分类。把所有红色的衣服叠放在一起，把所有蓝色的衣服叠放在一起，以此类推。另一种方法是按衣物类型来分类——衬衣放这里，裤子放那里，以此推类。但这两种方法都不怎么管用；也就是说，它们都不能帮助你把衣服按原样放回抽屉。你需要的方法是要能使你把叠好的衣服按照分属于每一位家庭成员的方式堆放起来。这便是我们为了将不同类型的当代美德伦理学进行分类而应当希望找到的那种方法。这种方法虽然认识到，几乎每一堆衣服之间都有相似之处（每一堆衣服都有衬衫，也都有裤子，有些是牛仔裤，几乎每一堆都有白色的衣物，等等），但它侧重于区分的是不同的衣服属于不同的人。对于我们这位"埋头于洗好衣服之中的父亲"来说，这样的分类是可行的，因为每件衣服都有其历史，而他可以成功地追溯其历史（这件衬衫是吉米穿过的；那条裤子虽然玛丽亚过去常穿，但现在归海伦所有；等等）。虽然这个例子涉及的不过是平常（但重要）的活动，但它却揭示出某种原则，该原则对于提出一种有用的当代美德伦理学分类法而言乃是必要的。

大多数关注当代美德伦理学分类的哲学家都是从古典和当代美德伦理学之间的显著区别开始，当然，美德伦理学内部还存在其他区别，我们可以通过这些区别给各种美德伦理学分类，但在考虑这些其他区别之前，考虑上述古今之别以及这场运动中对待该区别的两种不同的最重要的声音，将会对我们有所启发。我们已看到，安娜斯认为，美德伦理学是伦理理论的默认形式，而康德主义和后果主义则是后来崛起的替代方案。① 正是她对古典的、占主导地位的美德伦理学方法的阐述，使得这种现代道德哲学视角成为可能。这就巧妙地扭转了当前被视为主导性进路的那种局势。安娜斯不像美德伦理学家那样觉得，一定要论证他们对于美德的兴趣以及美德理论在伦理学中的作用，而是把现代道德哲学推向了辩护席，迫使后者有责任来证明现代道德哲学家能够提供新的和重要的东西。

赫斯特豪斯也为美德伦理学布下了一张大网，甚至比安娜斯的更大，使其不仅适用于古典理论和最近复苏的对美德伦理学的关注，而且适用于非西方的传统。② 她撰写的百科全书条目就她对这个领域的看法提供了一

---

① Annas, "Virtue Ethics," 515.
② 这种囊括了各种美德伦理学的开放方法，在《剑桥美德伦理学指南》的各章中都有所体现，尽管它不是在每章都得到认可。

个扼要但涵盖极广的总结:"美德伦理学的奠基者是柏拉图,尤其是亚里士多德(它在中国哲学的根源甚至更古老),至少直到启蒙运动之前,它仍然是西方道德哲学的主流方法。在 19 世纪,它经历了一个短暂的衰落期,但 20 世纪 50 年代后期,它在英美哲学中得到了复兴。"[1] 赫斯特豪斯接着认为,现代道德哲学的主流趋势因美德伦理学的重现而获得了丰富性,而且,启蒙思想家现在也被证明,他们对于美德伦理学的态度要比一开始认为的友好得多。康德主义者一直在康德的《德性论》(The Doctrine of Virtue)中寻找美德伦理学的论题。[2] 功利主义者也已经开始发展美德伦理学的论点。[3] 而最近还有人尝试从休谟[4],甚至尼采[5]等伦理学的边缘人物(ethical outliers)出发,发展美德伦理学进路。赫斯特豪斯就是通过这种策略,主张我们现在都是美德伦理学者,从而为美德伦理学运动进行辩护吗?

是,也不是。一方面,我认为,赫斯特豪斯看到了一个使当代美德伦理学真正成为一座广厦的策略优势。另一方面,她仍希望看到,当代美德伦理学,自然也包括她自己的美德伦理学,呈现出一些优于其他伦理方法

---

[1] Hursthouse, "Virtue Ethics," 1.

[2] Marcia Baron, *Kantian Ethics Almost without Apology* (Ithaca, N.Y.: Cornell University Press, 1995); Sharad Deshpande, "Kant and the Revival of Virtue Ethics," in *Reason, Morality, and Beauty: Essays on the Philosophy of Immanuel Kant*, ed. Bindu Puri (Oxford: Oxford University Press, 2007), 11–25; Robert B. Louden, "Kant's Virtue Ethics," *Philosophy: The Journal of the Royal Institute of Philosophy* 61 (1986): 473–489.

[3] Appiah, *Experiments in Ethics*; Julia Driver, *Uneasy Virtue* (New York: Cambridge University Press, 2001); Brad Hooker, *Ideal Code, Real World* (Oxford: Oxford University Press, 2000).

[4] Slote, *Morals from Motives*; Jacqueline Taylor, "Virtue and the Evaluation of Character," in *The Blackwell Guide to Hume's Treatise*, ed. Saul Traiger (Malden, Mass.:Blackwell Publishers, 2006), 276–295; David Wiggins, "Natural and Artificial Virtues: A Vindication of Hume's Scheme," in *How Should One to Live? Essays on the Virtues*, ed. Roger Crisp (Oxford: Oxford University Press, 1996), 131–140.

[5] Christine Swanton, *Virtue Ethics: A Pluralist View* (Oxford: Oxford University Press, 2003).

的独特优势。然而，即使在后一方面，赫斯特豪斯也在试图淡化不同伦理学方法之间的界线。在其著名的代表作《美德伦理学》中，她论述了当代美德伦理学如何受到现代道德哲学的核心关注点的积极影响，并且，期待美德伦理学与现代道德哲学最终实现和谐融合：

> 实际上，我更希望，接受了所有这三种方法（义务论，后果主义和美德伦理学）训练的未来的道德哲学家，不再有兴趣把自己归类为遵循某一种方法而不是其他方法的人；这样，所有三种标签也许就仅仅具有历史价值。但这还只是一种预见，因为，未来的道德哲学家可能接受的"美德伦理学"教育，其内容还需要进行大量的补充。①

在这个不一般的时刻，道德理论家之间的所有分歧都将被抹去，所有的差别都将得到宽宥，努力走向这个时刻成为赫斯特豪斯这部重要著作的基本主题之一。就赫斯特豪斯而言，朝着统一义务论、后果主义和美德伦理学的目标前进，需要将古典和当代美德伦理学视为同一家族中的年长和年轻的同胞："然而，尽管现代美德伦理学不必采取'新亚里士多德主义的'（neo-Aristotelian）形式，但几乎任何一种现代美德伦理学都仍通过使用三个源于古希腊哲学的概念而表明其根源在古希腊。这三个概念是 arête（卓越或美德）、phronesis（实践智慧或道德智慧）和 eudaimonia（通常译为幸福或繁荣）。"② 当然，所有关于美德、实践智慧和繁荣的哲学讨论都起源于古希腊哲学。霍布斯、洛克、卢梭、休谟、康德、密尔、尼采和罗尔斯都讨论过这些概念，如果没有柏拉图，尤其是亚里士多德的贡献，他们是无法讨论这些概念的。

---

① Hursthouse, *On Virtue Ethics*, 5.
② Hursthouse, "Virtue Ethics," 2.

然而，我们是否真的在赫斯特豪斯所提到的美德伦理学概念中，发现了借此而能实现全部道德理论统一的种子呢？麦金太尔在《追求美德》和《谁之正义？何种合理性？》中以及安斯康姆在《现代道德哲学》中都告诉我们，对不同的思想家来说，这些概念通常意味着不同的东西；人们借由细致反思哲学史而获得的重要教训是，现代哲学方案基本上要理解为是对亚里士多德方案的蓄意反对——即使它所反对的亚里士多德方案往往不过是漫画式的。

正如麦金太尔煞费苦心向我们展示的，尼采竭尽全力对亚里士多德和反亚里士多德的各种道德方案进行了鲜明对比——即使相对于他所批判的现代人，他自己也没有充分注意到这一点：

> 但（尼采）关于道德历史的解释清楚地表明，对尼采而言，有关伦理学和政治学的亚里士多德主义的说明，必将与权力意志的所有那些堕落的伪装为伍，而这种伪装源于苏格拉底所制造的虚假转向……在更强的意义上，从各自的历史作用来看，尼采的道德哲学与亚里士多德的道德哲学是相抗衡的。因为……正是由于在15世纪到17世纪的过渡时期，以亚里士多德的思想为理智内核的道德传统遭到否定，这才出现了启蒙谋划，为道德找寻新的理性与世俗基础。启蒙谋划在理智上最有力的倡导者（尤其是康德）提出的观点经不住理性的批判，因而失败了，正因为这一谋划的失败，尼采及其所有的存在主义和情绪主义继承者才能够对以往所有的道德进行貌似成功的批判。①

麦金太尔认为，亚里士多德主义与其说是失败了，不如说是被抛弃

---

① MacIntyre, *After Virtue*, 117.

了。尽管现代道德哲学作为其替代者粉墨登场，但尼采却成功地证明了，所有围绕道德而尝试进行的非亚里士多德主义的理性辩护不过是非理性的意志所佩戴的形形色色的面具，这表明了现代道德哲学的失败。如果麦金太尔是对的，那么，任何试图将亚里士多德的伦理理论同现代道德哲学的目标和关注相协调的努力，比如赫斯特豪斯的努力，都注定失败，其原因与尼采所说的为什么一切试图提供融贯的道德理论的做法都将失败的原因相同。

关于古典美德伦理学和当代美德伦理学具有统一性的看法，安娜斯远不如赫斯特豪斯的友善，在安娜斯看来，古典美德伦理学乃是评判当代美德伦理学缺陷的标准：

> 美德伦理学最好通过参照传统的古典版本的特征来研究。它的理论结构首先由亚里士多德明确阐述，但认为它就是亚里士多德主义的，则是错误的，因为它是所有古代伦理理论的基础。（Annas, 1993, 1999）古典版本是我们进入这一主题最好的切入点，因为我们拥有经过数百年的广泛讨论而发展和改进的大量材料，包含了用于建立完整的理论结构以及理解其根本和地方性的资源。现代美德伦理理论尚未达到如此大规模的论证和理论，而且，迄今为止，它们大多数都是片面的或碎片化的。我将表明，只有当我们看到了这一完整图景，我们才能理解其他那些自称为美德伦理学的理论。所以，我将首先逐步描绘一幅完整的古典美德伦理学的结构图，然后看看，忽略或拒绝该结构的某些部分将会带来怎样不同的版本。①

---

① Annas, "Virtue Ethics," 515–516. 她在引文中的自引部分参见 *The Morality of Happiness* 以及 *Platonic Ethics, Old and New* (Ithaca, N.Y.: Cornell University Press, 1999).

与赫斯特豪斯一样，安娜斯将实践智慧、美德和繁荣作为古典方法的关键术语。此外，她还强调了她所说的古典美德伦理的"进取"（aspirational）方面——伦理学的核心观点在于，渴望变得比我们当下之所是更好；同时，她也考虑了美德伦理学和形而上学的关系——虽然古典美德理论通常与某种自然主义相结合，但在其他方面，它们也跟与柏拉图、犹太教和基督教传统中的"超凡脱俗"的形而上学思考联系在一起。①

根据她的描述，各种当代美德伦理学都是"还原论的"（reduced），它们同古典美德伦理学的背离至少表现为如下几种方式之一，但通常也表现为这些方式的结合：一种弱化的实践合理性观点，在这种观点中，实践理性仅仅被当作工具；②一种窄化的人类繁荣观点，认为对繁荣的定义独立于美德，这导致某种利己主义的繁荣观；③对终极目的的拒斥或忽视，这导致对美德统一性原理的拒斥；④过分强调美德的社会嵌入性（social embeddedness），这否定了美德的进取功能——她以此表明，如果美德完全受限于文化所派生的内涵，就无法解释为何美德总是倾向于召唤我们变得比我们当前认为的更好。⑤从安娜斯的文章中，我们可以推断，要想对抗现代道德哲学，我们真正需要的是以更丰富的、非还原论的古代方法为取向的当代美德伦理学家⑥："有着古典理论之雄心的当代美德伦理学，其

---

① 我认为，假设她所提出的亚里士多德的自然主义不会向柏拉图的超自然主义敞开，这种看法需要重新加以考虑。
② Annas, "Virtue Ethics," 528–529.
③ Ibid., 530.
④ Ibid., 530–531.
⑤ Ibid., 531–532.
⑥ 在这个方面以及其他许多方面，拉塞尔在《实践智慧与诸美德》中的尝试与安娜斯的美德伦理学方法有诸多共同点。此外，拉塞尔关于"温和的美德伦理学"与"强硬的美德伦理学"的区分（*Hard and Soft Virtue Ethics*, see esp. 66–70, 139–142, and 204–208, 以及最后两章）同安娜斯关于"还原论的美德伦理学"与"非还原论的美德伦理学"的区分之间有着明显的重叠，尤其是在涉及到实践智慧的作用方面。

最有力的范例就是赫斯特豪斯的美德伦理学，它在当代的语词之中做着古典理论在其语词之中所做的事情。"①

安娜斯区分"非还原论的美德伦理学"和"还原论的美德伦理学"的这种进路虽然很有帮助，但她认为赫斯特豪斯是"非还原论的美德伦理学"代表却令人费解。②除了我们在上一章所考察的赫斯特豪斯的后果主义倾向及其将古典美德伦理学同义务论和后果主义相统一的乐观态度，她显然还持有一种还原论的人类繁荣观点。在《美德伦理学》第八章"美德有益于其拥有者"中，赫斯特豪斯试图把功利主义繁荣观的元素也整合进来，根据这种观念，凭借那些具有丰富美德内涵的语汇，我们对繁荣的典型理解是位居美德之外的。同赫斯特豪斯的这部书一样，这一章值得密切关注，但我在这里想说的是，这一章的论证意味着赫斯特豪斯的理论属于安娜斯所说的"还原论的美德伦理学"范畴，而不是非还原论的。赫斯特豪斯写道：

> 认为道德可以从中立的观点出发而被证明为一种开明的利己主义，这种看法存在一定市场。黑尔支持。大卫·高希尔（David Gauthier）支持。③彼得·辛格（Peter Singer）似乎最近也转而支持。④它是全方位的，既有支持者，也有批评者。批评者（除了那些埋怨它试图不恰当地为恰当的行为提供错误的理由的人以外）特别关注各种各样的不道德之人会以怎样的方式提出分歧意见；他们认为，分歧的

---

① Annas, "Virtue Ethics," 526–527. 提出这番告诫之言的背景是，美德伦理学家需要诉诸最好的当代科学以丰富他们对于人性的理解。但它也很好地表达出了她的整篇文章的主旨：我们需要像古典理论家那样从事美德伦理学。

② Ibid., 532.

③ D. Gauthier, *Moral Dealing* (1990).

④ Singer, *How Are We to Live?*

根源在于他们眼中的这些不道德之人具有不同的价值（或欲望、筹划、目的）。不过，据我所知，在目前的文献中，认为"我们必须以含有实践智慧理念——一种针对人性与人类生活运行方式的理解，它并不诉诸从中立观点内部出发所掌握的那些事实——的内容来阐述主张"的观念却没有得到什么承认。①

当然，赫斯特豪斯并不是主张日常意义上的开明利己主义，而是像她所说的"含有实践智慧理念"。在赫斯特豪斯看来，幸福作为一种开明的利己主义，其目的需要得到辩护，而这不是从一种中立的视角出发，而是从一个社会嵌入和实践智慧的视角出发的。只不过，这种方法似乎支持了一种从功利主义的内部视角来理解亚里士多德主义（而不是相反）的策略；这似乎很符合安娜斯对"窄化的繁荣观"的描述。为什么不从亚里士多德主义或柏拉图主义抑或斯多亚主义的观点出发来论证，合乎美德的行为本身就是一种报偿，而繁荣正是由合乎美德的活动所构成的呢？为什么要从人的繁荣的观点开始，而不是直接从合乎美德的活动的观点和功利主义的利己主义暗示开始呢？毫无疑问，赫斯特豪斯有许多理由，但一个明显的理由是，她的策略在于推进将当代美德伦理学同现代道德哲学的核心目标和关注点统一起来的事业。

尽管安娜斯与赫斯特豪斯在处理美德伦理学古今之别时的做法有所不同，但是，她们对这一差别的处理都在鼓励我们，要通过与古典美德伦理学的比较来考量当代美德伦理学。通过这种比较，安娜斯发现了当代美德伦理学的缺陷，而赫斯豪斯却看到了当代美德伦理学的独特优势。然而，将美德伦理学视为一场包含着新老队伍的统一运动，这种思考方法有一个

---

① Hursthouse, *On Virtue Ethics*, 191.

缺点，它可能掩盖了当代美德伦理学真正"新"在哪里。一目了然，当代美德伦理学最明显的新颖之处在于，它把人们所从事的这项工作明确地称之为一种美德伦理学。无论是柏拉图、亚里士多德、爱比克泰德、马可·奥勒留、奥古斯丁，还是阿奎那，他们都没有自认为是美德伦理学家。也许，他们没有采取如此自我认同的主要原因是，他们无需费心将自己与现代道德哲学区分开来。然而，美德伦理学家所采取的这种为自己自觉划定领地的方法则为这场当代运动加上了一个框框，其轮廓更多地取决于他们寻求将自己（同现代道德哲学）加以区别的东西，而不是取决于柏拉图或亚里士多德的方法。

然而，柏拉图、亚里士多德等人之所以不把他们做的事情称为"美德伦理学"还有其他原因，其中一些指向了微妙但重要的差异，与当代的理论家不同，他们将这些差异归因于美德在其伦理学中的作用。例如，尽管古典思想家赋予美德思想一定的优先地位，但是，他们没有试图将整个道德理论系统还原为美德伦理学的思考。古典理论家并不像现代理论家那样关心要从美德派生出道德，安娜斯在《幸福的道德》一书中评论道，[①] 这使得我们可以认为，古典理论家的筹划不同于我们在主流的当代美德伦理学文本中发现的那些筹划，例如，在赫斯特豪斯和斯洛特的作品中呈现出的内容。进一步考虑这些问题及其相关问题，我们便会发现，回到那个关于洗衣服的比喻，在我们的父亲准备分类的这堆当代的衣服中间，是找不到安娜斯和赫斯特豪斯所说的"古典美德伦理学"的。

---

① "古代的美德理论，无论如何，都不追求等级性和完整性。在这些理论中，行为者的终极目的、幸福和美德概念可以被称为首要的，而不是基本的。我们从这些概念出发；它们建立了理论框架，我们依据它们而引入并理解其他概念。因此，它们的首要性是为了理解；它们确立了这种理论是何种理论，它们确定了其他伦理概念（比如正确的行动）处于什么位置。然而，它们不是现代意义上的基本概念：其他概念不是从它们派生出来，更不是还原到它们那里去。" Annas, *The Morality of Happiness*, 9.

在梳理当代美德伦理学的种类时，要想取得更大进展，似乎还需要另外一种新的策略。玛莎·纳斯鲍姆在论文《美德伦理学：一种误导性的范畴？》中就运用这种方法，对当代美德伦理学的海量文献进行了相当清晰的分类。① 美德伦理学的拥护者们希望将这场运动呈现为某种统一图景，而这篇文章却旨在打破他们建立的这种形象。奇怪的是，尽管纳斯鲍姆本人及其作为斯多亚主义美德伦理学方法辩护者的声望颇高，但这篇文章却很少得到讨论，甚至连赫斯特豪斯和安娜斯在她们所编撰的美德伦理学方面的百科全书和指南读物的参考文献中都未曾提及该文。② 也许它被忽视的一个原因是，如果纳斯鲍姆的分析是正确的，那么，把美德伦理学视为一场统一的哲学运动就确实具有误导性。

纳斯鲍姆的文章呈现了当代美德伦理学运动所面临的何种危险呢？针对当代美德伦理学运动，纳斯鲍姆提出了两点基本主张。其一，这场运动的主要拥护者对哲学史的掌握是不充足的；其二，"统一的美德伦理学运动"这种观念是不融贯的。

我们不妨先简单考察一下，她是如何拒斥在她看来有关当代美德伦理学兴起的错误历史叙事。她将这个"混乱的故事"描述如下：

---

① Nussbaum, "Virtue Ethics: A Misleading Category?"
② 肖恩·麦卡尼尔（Sean McAleer）的文章《美德伦理学的一种亚里士多德主义解释》（"An Aristotelian Account of Virtue Ethics."）是一个例外。麦卡尼尔批评纳斯鲍姆，认为她有关美德伦理学之构成条件的观点过于宽泛。但他的方法似乎完全落入了安娜斯谴责的还原论范畴："伦理学要是一种美德伦理学，必须满足以下条件：（1）它主张美德概念在解释上比义务概念更基本，而且，没有其他道德概念在解释上比美德概念更基本。（2）它包含着关于美德概念和各种具体美德的理论。"（第216页）此外，克里斯蒂娜·斯沃顿在《美德伦理学：一种多元论的观点》（*Virtue Ethics: A Pluralistic View*）的结语中，也对纳斯鲍姆给出了简短的回应。第三个提到纳斯鲍姆的文章的，是拉塞尔的《实践理智与美德》（*Practical Intelligence and the Virtues*）（第43页，注释9）。虽然拉塞尔同意纳斯鲍姆的许多分析，但不同意纳斯鲍姆的结论：不存在实质性的方法，可以用来界定美德伦理学。参见该书第66—70页。对于加里·沃森（Gary Watson）将美德伦理学与其他方法区分开来的标准，拉塞尔进行了辩护。

> 我们正在从基于启蒙的普遍性理念的伦理学转向基于传统和特殊性的伦理学；从基于原则的伦理学转向基于美德的伦理学；从一种致力于阐述系统理论的伦理学转向一种怀疑理论、尊重地方性实践智慧的伦理学；从以个体为基础的伦理学转向以归属和关怀为基础的伦理学；从一种非历史的超然的伦理学转向一种根植于历史共同体之特殊性的伦理学。①

我不认为所有自认为美德伦理学家的人都赞同这种"混乱的故事"的某个版本，但不可否认，许多人都赞同。纳斯鲍姆的一个主要关注点是，论证美德伦理学方法同正义或平等的普遍性要求是相容的，而她在先前批评她所认为的标准美德伦理学反对绝对伦理标准的时候，就已经更有力地表达了这种关注。②

这表明，纳斯鲍姆想把美德研究的一些近期成果同她眼中最好的启蒙道德哲学结合起来。事实证明，纳斯鲍姆与赫斯特豪斯之间的共同点要比初看起来的更多。双方都看到现代道德哲学筹划的许多积极特征，都希望看到当代美德伦理学与现代道德哲学能够相互适应。然而，当代美德伦理学是否提供了一个融贯和全面的道德理论，对此，她们仍有明显的分歧。

纳斯鲍姆认为，上述"混乱的故事"之所以得到支持，是源于"如下观念：存在'美德伦理学'这种东西，它具有明确的可描述特征和一定程度的统一性，它是功利主义和康德主义传统的主要替代品"③。正是对美德

---

① Nussbaum, "Virtue Ethics: A Misleading Category?" 163–164.

② Martha C. Nussbaum, "Non-Relative Virtues: An Aristotelian Approach," *Midwest Studies in Philosophy* 13 (1998): 32–53. 在这部分内容中，她认为造成相对主义问题的主要是伯纳德·威廉姆斯、菲利帕·富特和阿拉斯代尔·麦金太尔。她把麦金太尔看作是这个意义上的相对主义者，当然是错误的。

③ Nussbaum, "Virtue Ethics: A Misleading Category?" 164.

伦理学的这种看法,成为她在文章余下部分的攻击焦点。纳斯鲍姆主张,根据美德伦理学家针对现代道德哲学之主要流派的特定立场来对他们进行分类。在讨论她所提出的三种立场之前,我们对于她的论证,重要的是要注意到,她确实意识到了这三种立场的共同关注之处。关键在于,这些不同美德伦理学立场所具有的收敛点太过单薄,无法构成一场融贯的可被认定为"美德伦理学"的运动。①

不同类型的当代美德伦理学之间有哪些共同基础?纳斯鲍姆指出了如下三点:

  A. 道德哲学应当既要关注行动者,也要关注选择和行动。
  B. 因此,道德哲学应该关注动机和意向,情感和欲望:一般来说,关注内在道德生活的特征,关注动机、情感和推理的固定模式,它们使得我们把某人称为某种类型的(勇敢的、慷慨的、温和的、公正的,等)人。
  C. 道德哲学应当不仅关注孤立的选择行为,而且,更重要的是,应当关注行动者道德生活的整个过程,他的承诺、行为和激情的模式。②

纳斯鲍姆断言,当代美德伦理学家的错误在于,他们认为康德和重要的功利主义思想家,如密尔、西季威克,都没有关注上述三个领域。然而,最近的研究表明,康德和功利主义者对于这些构成美德伦理学家共同基础的领域也非常关注。我们之所以会产生现代道德哲学家不关心它们的印象,一方面是因为,这些思想家的阐释者往往忽视上述领域,另一方面则是因为,大多数重要的早期美德伦理学家恰巧在其学术形成期都接受的

---

① Ibid., 168.
② Ibid., 170.

是古希腊伦理学的广泛训练。① 可以肯定，当代哲学家做了很多有益的事情来强调上述三方面，他们在古代哲学家那里注意到这些领域，假如他们没有关注它们，可能就不会做这些事情了。然而，如果我们继续宣扬这种误解，说这些领域不是康德和功利主义奠基者的主要关注点，那么，这种做法不会有什么助益。

此外，这些共同基础并不意味着纳斯鲍姆所认为的通常与美德伦理学拥护者相关的如下主张：反对道德理论，反对伦理普遍性，拒绝规则的指导，以及"我们应该少依赖理性，多依赖非理性的指导来源，比如情感和欲望（如果我们应该把它们视为非理性的话）以及习惯和传统"②。古典和现代思想家都提倡理论，都寻求伦理的普遍性，都规定道德行为的规则，并且，都承认理性的根本动机作用。

当代美德伦理学家所属的两个不同类型是：反功利主义者和反康德主义者（她也称后者为新休谟主义者）。当然，纳斯鲍姆认识到，这些类型确实容易将十分复杂的思想家简单化。尽管如此，她仍然主张，这种分类有助于我们"在理解我们处于何种位置以及为什么处于该位置的问题上获得实质性进展"③。虽然她在这两方面都是正确的，但在某些情况下，她的简化处理方式却弊大于利。

她所说的"反功利主义者"是指那些作为"理性之友"的美德伦理学家；也就是说，他们"质疑[功利主义]忽视善的多元性；质疑它那狭隘的技术性的理性概念（即认为理性只能考虑手段而不能考虑目的）；质疑

---

① "事实上，维金斯、威廉姆斯、默多克、麦克道威尔和富特这些人在牛津大学的古典学方向上获得学位而且/或者长期担任教职，投入在古希腊伦理学上的时间远远多于康德伦理学，这在很大程度上影响了他们。而在美国，像谢尔曼、霍米亚克、理查森和我这样的年轻哲学家，都受益于由哈佛大学的格威利姆·欧文（Gwilym Owen）以及普林斯顿大学的格雷戈里·弗拉斯托斯（Gregory Vlastos）引领的那轮令人振奋的亚里士多德研究复兴。"（Ibid., 170）
② Ibid., 178.
③ Ibid., 169.

在功利主义思想中经常被认为理所当然的非认知的情感和欲望概念,而这种功利主义思想不仅表现在哲学中,而且更明显地表现在经济学中"①。美德伦理学家强调了某些对我们的激情和信念实施理性教育的可能方式。她认为,在大多数情况下,他们并不敌视康德,而且,还试图在康德和亚里士多德之间发现某种综合。纳斯鲍姆将马西娅·霍米亚克(Marcia Homiak)、约翰·麦克道尔(John McDowell)、艾瑞斯·默多克(Iris Murdoch)、亨利·理查森(Henry Richardson)、南希·谢尔曼(Nancy Sherman)以及她自己归为这一类。

而那些反康德主义和新休谟主义的美德伦理学家则怀疑康德为理性所赋予的那种在主宰行为者选择中的主导作用,并且质疑康德所主张的伦理普遍性。② 他们不是反功利主义者的对立面,因为,虽然他们确实寻求对理性进行还原,但他们实际上感兴趣的是通过诉诸非理性的元素(如,传统和文化)来获得道德指导,而不是将理性还原为某种工具。③ 他们往往不是亚里士多德的仰慕者,而倾向于更加亲近休谟。她把安妮特·贝尔(Annette Baier)、西蒙·布莱克本(Simon Blackburn)、菲利帕·富特(Philippa Foot)、伯纳德·威廉斯(Bernard Williams)和阿拉斯代尔·麦金太尔(Alasdair MacIntyre)归为这类思想家。

纳斯鲍姆将麦金太尔与"其他"一些据说不推崇亚里士多德的人以及休谟的支持者归为一类,坦白说,这是不合理的,我们不应对此保持缄默。这种归类要么是不了解麦金太尔过去30年的研究工作,要么是一种专门针对麦金太尔的敌意,它也许是由于纳斯鲍姆对她所指责的那

---

① Ibid., 168.

② Ibid., 169.

③ 纳斯鲍姆确实认为这是理性对激情的某种奴役,休谟也是这么认为的。Ibid., 189.

种"他的伦理思想愈发保守的本性"的不满所致;①或者,最有可能,两种情况兼而有之。毫无疑问,被纳斯鲍姆归为这一阵营的其他思想家都有理由进行抗辩,尤其是富特,她在《休谟论道德判断》("Hume on Moral Judgment")一文中严厉批评了休谟,②但没有谁比麦金太尔更有理由进行抗辩。

虽然这两个类别只是造成对众多当代美德伦理学家的某种划分,但纳斯鲍姆认为,这足以破除这场被我们称为"美德伦理学"的统一运动概念:"这样的呈现太粗略,不足以把握每位思想家观点的细微之处……但即便是这种粗略的解释,也至少应该能表明一件事:教育我们说,存在'美德伦理学'这种统一进路的趋向,乃是完全错误的"③。她通过如下反思而作结文章:

> 我提议,我们应该在教学和写作中取消"美德伦理学"范畴。如果我们需要使用一些范畴,我们可以谈论新休谟主义者和新亚里士多德主义者,反功利主义者和反康德主义者——因而,最重要的是,我们要继续认真地描述每个思想家有关美德、理由、欲求和情感的实质性观点——并且确定我们自己想说什么。④

这是一位被许多人视为重要美德伦理学家的思想家所提出的一个惊人

---

① Ibid., 176.
② 参见 *Virtues and Vices*, 74–80。在 1952 年首次发表的《道德作为一种假言命令体系》一文中,富特还否认她更倾向于休谟的观点,该文后来被收录到《美德与恶德》,以及她更新近的《自然的善》,后者出版于纳斯鲍姆的文章发表两年之后。纳斯鲍姆指出,富特会抗议这种把她说成是具有休谟主义偏向的传言,然而,纳斯鲍姆认为,这是因为她对休谟有成见(这种成见使得富特不仅成了一个休谟主义者,而且成了一个蹩脚的学者),参见第 189 页,注释 49。
③ Nussbaum, "Virtue Ethics: A Misleading Category?" 200.
④ Ibid., 201.

的主张,然而,当代美德伦理学运动对此几乎没有注意到。在下一章,我们将会对纳斯鲍姆否定当代美德伦理学地位的观点予以更细致的考察。就我们眼下的目的而言,我们至少可以从纳斯鲍姆那里找到一些有价值的区分,从而对不同的当代美德伦理学家群体进行分类。

表面上看,纳斯鲍姆和安娜斯对当代美德伦理学家的分类是对立的。纳斯鲍姆根据不同的美德伦理学家针对主流现代道德哲学的立场来分类,而安娜斯则是根据不同思想家倡导复兴古典美德伦理学某个部分的方式来分类。但是,在其他方面,她们看到的却是同一枚硬币的两面。那些促使人们仅仅复兴古典美德伦理学某个部分的原因,造就了安娜斯所说的"还原论"的美德伦理学,而这些原因又是跟不同的当代美德伦理学家针对现代道德哲学的主要论题所持有的立场有关的。例如,纳斯鲍姆分类中的反功利主义阵营,尽管没有形成一种还原论的理性概念或是过分强调美德的社会嵌入性,但它确实倾向于某种狭窄的人类繁荣观(安娜斯方案中的第二类)并且拒绝统一的终极目的(第三类)。按照纳斯鲍姆的说法,反康德主义者似乎会陷入所有四种还原类型,尤其是在强调美德的社会嵌入性时特别强硬,而这样的强调又将造成一种简化的理性概念,从而导致理性的作用被弱化为对目的的盘算。

在纳斯鲍姆的笔下当代美德伦理学未能充分清楚注意的事情,以及,安娜斯虽然承认但并不总是精准处理的事情,正是赫斯特豪斯的观点所希望实现的事情:美德伦理学与现代道德哲学主流的调和。我们需要采取进一步的区分,从而表明当代美德伦理学家或者至少其他人眼中的那些美德伦理学家(再次强调,麦金太尔、富特和纳斯鲍姆各自都有很好的理由拒绝这个身份)的内部分歧,他们一部分人试图使自己的伦理思想同某些版本的现代道德筹划相适应,而另一部分人则没有这样的打算。

本书引言部分曾论及大卫·所罗门在他的论文《美德伦理学:激进的

还是惯常的？》中就提供了这样一种区分，而该文同纳斯鲍姆的文章一样，没有得到应有的重视。① 至关重要的是，如果美德伦理学确实为居于现代哲学主导地位的康德主义和功利主义提供了"第三条道路"，那么，一位美德伦理学家是否就是在努力使其理论适应于现代道德哲学呢？他对激进的美德伦理学和惯常的美德伦理学的区分，为我们判断某个思想家在这个问题上的立场提供了一种简单而有力的工具。不仅是某些当代复兴的美德理论可以算作是激进的甚至革命的，所罗门认为，摩尔的《伦理学原理》、艾耶尔的《语言、真理和逻辑》的第五章以及罗尔斯的《正义论》都可以被说成是针对康德主义和功利主义的革命。② 在这里，我不想讨论这三位思想家的工作是否真的处于主流之外，或者，他们是否在寻求利用其他的道德传统而从事主流的现代道德哲学研究。其实，我现在想回过头来更细致地考察，所罗门是如何描述激进的美德伦理学。③

激进的美德伦理学家，或被我称作"非常规的或边缘的美德伦理学家"，在所罗门那里主要是指安斯康姆和麦金太尔，他们与惯常的或我更倾向于说"主流的或常规的美德伦理学家"之间存在两种主要区别。第一，他们的理论具有如下十个显著特征：

(1) 怀疑规则和原则能够作为充分的行动指南；
(2) 拒绝承认出于敬重道德法则而行动的"良心"能够充当人们

---

① Michael De-Paul and Linda Zagzebski ed., *Intellectual Virtue: Perspectives from Ethics and Epistemology*, (Oxford: Clarendon Press, 2003), 57–80.
② Ibid., 61–65.
③ 所罗门的区分存在局限。其中一个是，它没有充分体现安斯康姆或麦金太尔这样的思想家实际上既不是非常规的美德伦理学家，也不是常规的美德伦理学家，尽管"边缘的"这种说法也许适用他们，因为他们经常会以某种方式与这场运动相关联。另一个局限是，对于纠正那些偏离了航线的美德伦理学的前景，所罗门的计划似乎过于乐观；而我并不像所罗门那样坦然地认为，自己就是一个美德伦理学家。

实施最佳行为的适当动机；

(3) 偏好具体的美德术语，而不是与之相对的更抽象的"正当"或"应当"；

(4) 批判现代性尤其是启蒙模式的实践理性

(5) 强调共同体的重要性

(6) 关注生活整体，以之作为道德评价的基本对象

(7) 强调人类生活的叙事性结构

(8) 强调家人和朋友的偶然而特殊的关系，把它们放在核心位置

(9) 怀疑被理解成为一系列独特责任和权利的道德

(10) 特别强调厚重的道德教育。①

所罗门认为，即使这份清单不全，仅仅陈述了立场而没有详尽展开，也足以表明描述"非常规的美德伦理学"具有丰富多样的旨趣，其多样性揭示出道德理论化方法的非还原论特征。实际上，某些美德之友试图将上述特征浓缩为一到两个区分标志，以求更好地将美德伦理学同义务论或后果主义进行对比，而他们展现出来的只是一种常规的、折中的美德方法。② 第二种识别"非常规的美德伦理学"的方式是，看它如何回应美德伦理学所遭受的那些主要反对意见。所罗门认为，这些反对意见是内在的（即产生于道德哲学内部的反对意见），它们与来自认识论、科学或形而上学的那些外部反对意见相对应。③ 简言之，这些意见是："行为指南的反对意见，即美德理论不能对复杂的实践情境提供充分的指南"；"自我中

---

① Ibid., 64–65.

② Ibid., 65.

③ 他在《美德伦理学的内部反对意见》("Internal Objections to Virtue Ethics," *Midwest Studies in Philosophy* 13 (1988): 428–41.) 一文中，对它们进行了更详细的探讨。

心的反对意见,即美德伦理学不能充分地关照他人";"良心的反对意见(conscientiousness objection),即美德伦理不能公正地对待道德领域所特有的那种动机"。[1] 关于这些反对意见,一件有趣的事情值得注意,即美德伦理学家认为需要对它们作出回应的程度。对一个主流的美德伦理学家来说,这些都是需要回应的重要反对意见,他们应该,就像他们已经做的那样,耗费大量智力来证明美德伦理学可以成功克服这些反对意见。而对一个非常规的美德伦理学家来说,这些反对意见本身是错误的,因为它们使用了某些标准来判断一个道德理论是否成功,可是,非常规的美德伦理学家根本不接受这些标准。

反对意见的预设是,一个成功的道德理论必须:

(a) 以某种特定的直接方式指导行动。理论本身必须提出一些具有直接而具体的激发力的建议。

(b) 提供某种从自我到他人的通道。事实上,有人声称,伦理问题就在于行为者如何从利己跃迁至利他,或者,即使从利己到利他的转变如伯纳德·威廉姆斯所言只是"一小步"而不是飞跃,那也就在于如何实现这一小步。

(c) 确定某些适用于道德领域的独特的动机状态。同其他非道德实践案例中的标准动机状态相比,这些动机状态在性质上是不一样的。[2]

所罗门认为,这并不是说,"非常规的美德伦理学"认为解决行动指南或道德动机的问题不重要,而是说,关于这些问题的解决方式与主流的

---

[1] Solomon, "Virtue Ethics: Radical or Routine?" 74.
[2] Ibid., 74–75.

道德哲学、主流的美德伦理学或其他伦理理论截然不同；在"非常规的美德伦理学"中，这些关注点并不像它们在现代道德理论中那样具有基础作用。

于是，非常规的和常规的美德伦理学之间的区分，就在于拿什么来充当判断道德理论是否成功的基本标准。主流的美德伦理学家接受现代道德筹划的核心标准，而边缘的美德伦理学家则不接受。以赫斯特豪斯和斯洛特为主要代表的主流美德伦理学家对美德伦理学所进行的辩护，其关注面更窄——在很大程度上，它是一个关于如何最好地实现现代道德筹划目标的内部事务，其中的判断标准基本上得到主要参与者的一致同意。① 而安斯康姆、富特、吉奇和麦金太尔等边缘的美德伦理学家的关注范围则宽广得多：

> 他们关注更宏大的问题，这些问题与道德生活和总体的哲学思考在道德生活中的功能有关。他们认为，现代道德理论存在深层的困难，而这些困难跟现代性的历史以及现代生活的特征相关。现代道德哲学不仅对它所提出的基本问题的回答具有误导性，而且，这些问题本身也具有误导性。它使我们的注意力集中于现实生活的某些特征，但它们并非成功的人类生活计划的核心特征。它鼓励我们对哲学反思或实践抱以特定的雄心壮志，并且以某种近乎普罗米修斯的方式去实现……在推进美德理论的进程中，关注点不是那种对规范性和评价性概念进行排序的技术问题，而是，关于现代伦理学的本质和抱负及其

---

① 请想想，赫斯特豪斯给她的美德规则所赋予的主导作用："一个行为是正确的，当且仅当它是一个有美德的人在当下情境中将会采取的典型行为（即出于品质的行为）"（*On Virtue Ethics*, 28）；或者，迈克尔·斯洛特希望以更自觉、更鲜明的方式发展一套"纯粹的、基于行动者的美德伦理学"（*Morals from Motives*, 9）。

满足我们反思性指南所需要的能力等更深刻的问题。①

非常规的与常规的、宽广与狭窄、总体的与技术性的、深刻的与肤浅的，这些重要的差异对于解释那些试图将当代美德伦理学理解为一场统一运动的人何以身陷囹圄来说，是大有帮助的。它表明，把当代美德伦理学视为一场统一的运动，至少，根据最主要的伦理学参考书和百科全书对该运动的标准叙述而视为一场统一运动，这在许多方面都是错误的描述。

所罗门的区分有助于我们理解，为什么富特不喜欢被贴上美德伦理学拥护者的标签，为什么麦金太尔完全拒绝这个标签：他们的努力绝不是要墨守成规。这种区分也有助于解释，为什么麦金太尔在《追寻美德》之后的作品往往被主流的美德伦理学所忽视，因为，他在这些作品中进一步拓展了他针对现代道德和政治筹划的批评；他阐明的是一种既非康德主义或休谟主义的，亦非功利主义的实践理性；他叙述的是一种与启蒙运动的愿望背道而驰的传统合理性（rationality of tradition），并以他自己的方式来描述人类的特性，强调我们对他人的深度依赖，强调通过与个体主义的目标相反的标准来衡量我们的繁荣，而个体主义恰恰是现代道德和政治筹划的核心。正是"主流的美德伦理学"的主导模式，导致美德伦理学作为现代道德理论中的新兴的"第三条道路"而获得了巨大成功，正是这种占据主导地位的当代美德伦理学的常规化或主流化趋势，使得那些被所罗门视为激进的美德伦理学家根本没有把自己划入美德伦理学家之列。

一些盘点

我们考察了几位作者关于当代美德伦理学运动的内部分类的描述，而

---

① Solomon, "Virtue Ethics: Radical or Routine?", 76–77.

这有助于我们在本章最后一节来思考如何综合他们的想法，然后，在下一章考虑，如何通过革新的方式进一步发展这种综合物。古典美德伦理学，包括柏拉图的、亚里士多德的和斯多亚学派的，都可以和大多数当代美德伦理学相区分。根据安娜斯的观点，在很多方面，当代美德伦理学都逊色于更为丰富的古典美德伦理学——通过运用她所阐述的四种还原方式，我们可以在还原论的当代美德伦理学中实施更精细的区分。按照纳斯鲍姆的说法，我们也可以将当代美德伦理学划分为反功利主义和反康德主义的新休谟主义等两个阵营。但纳斯鲍姆的这种区分，并未理解所罗门揭示的那些边缘的当代美德伦理学家（他们有些是自称为美德伦理学家，有些则是被他人称为美德伦理学家）的更深层差异，他们对于现代道德哲学用以评判道德理论的标准深表怀疑，但他们仍试图以一种与我们当代语境相关的方式，恢复前现代的伦理关注和判断标准；而常规的当代美德伦理学家则成功地将对美德的关注主流化，但却付出了使自己的理论迎合现代道德筹划的标准和预设的代价。

如果上述区别准确地划分了美德伦理学领域，那么，值得重申的是，主流的美德伦理学已经脱离了安斯康姆首先提出的那种非常规的美德伦理学的基础，而这似乎是极大的讽刺。她率先告别休谟主义、康德主义、功利主义方案的根本特征，响亮地呼吁人们在发展出一套合适的哲学词汇从而凭借某种受亚里士多德启发的方式来描述人类生活和行为之前，停止道德哲学研究，然而，后来的当代美德伦理学家却相继变得越来越像他们的休谟主义、康德主义和功利主义同行了。

早期的当代美德伦理学接受了安斯康姆的观点，即"道德应当"的概念应该从现代道德哲学中取消，因为，它的犹太—基督教基础仅仅存在于义务论和后果主义的腐败形式中，它们不过是假装用神圣的强制力说话。而后续阶段的当代美德伦理学则没有注意安斯康姆的警告，在安斯康姆主义者看来，其拥护者是在给自己谋求一件非法的外衣。康德、休谟和密尔作为现代道德哲学之父的角色已被确认，甚至，在用准亚里士多德话语来描述的主流的当代美德伦理学中，也是如此。我认为，在这种错失之间，安斯康姆感到最遗憾的是，她抛弃了那些居于真正道德教育之核心位置的伦理绝对物（ethical absolutes）。更糟的是，她颇有先见加以揭露并试图反对的后果主义，却通过她用来反对它的亚里士多德主义重塑而再次确立起来。

迄今为止，我在很大程度上是倚靠安斯康姆的分析并扩展了她的判断，从而描述主流美德伦理学的状况。我还需要做更多的工作来夯实我的观点，尤其是"主流的美德伦理学未能充分发展亚里士多德主义"这一观点。主流的美德伦理学所使用的亚里士多德主义工具是否真是亚里士多德的，或者，仅仅在表面上是亚里士多德的，对这个问题，我将在第五章予以考察。而这个问题要比正确地解读亚里士多德的伦理学和行动理论更加重要，因为，针对安斯康姆的期望进行辩护，在一定程度上就取决于，合法的亚里士多德主义概念是否可以用来为处于现代道德筹划中心的后果主义作辩护。如果主流的美德伦理学尚未复兴亚里士多德的伦理学探究，那么，从安斯康姆的观点看，那就还没有，至少目前还没有什么东西替代了现代道德筹划的核心目标。如果主流的美德伦理学尚未复兴亚里士多德的伦理探究，那么，我们就仍有希望沿着安斯康姆所指出的路线，为现代道德哲学构建一个真正的替代品。然而，在进一步考察之前，我们有必要更仔细地审视主流的美德伦理学，看看它是如何将自己包装成一种既作为现代道德哲学的伙伴、又作为其替代者的道德哲学方法的。

第 4 章
当代美德伦理学及其抱负

> 就像讨论所有其他问题一样，我们必须先把现象摆在我们面前，然后讨论其中的困难，如果可能，再着手证明关于这些感情的所有流行意见的正确性，如果做不到这一点，就证明多数人和最权威的意见的正确性；因为如果我们解决了这些困难，而流行的意见还大致成立，那么我们就充分解决了这个问题。
>
> ——亚里士多德，《尼各马可伦理学》第 7 卷第 1 节，1145b1-7

上一章讨论了当代美德伦理学内部处理美德理论和美德的各种方法的差异性，在许多情况下，这些差异是深刻的、有意义的。至少在某些情况下，这些差异揭示出道德哲学的各种互竞的首要任务、处理这些首要任务的互竞策略以及对各种核心原则的不同拥护。然而，至少还有一些历史原因，使得我们可以基于当代美德伦理运动中的这些互竞方法皆是从安斯康姆那篇具有分水岭意义的文章中获得了灵感而将它们视为统一的。尽管产生这种灵感的某些形式非常不同于别的形式，但是，重新构建以美德为中心的伦理学方法的共同努力，确实为该运动提供了某种程度的统一性。那么，是何种程度的统一性呢？本章将讨论这个问题，这里的讨论将特别关注美德伦理学运动的主要作者如何描述该运动的目标，然后根据其主张的内聚性、融贯性和全面性来评估这场运动。

无论是反对者还是拥护者，都把罗莎琳德·赫斯特豪斯在《斯坦福哲学百科全书》(Stanford Encyclopedia of Philosophy) 的词条开篇所表达的观点作为他们理解当代美德伦理学的一个基本假设：

美德伦理学现在是三种主要的规范伦理学方法之一。最初，与强调行动后果的后果主义以及强调义务或规则的义务论相对，它可能被看作是强调美德或道德品质的伦理学方法。假设，有一个处于困难中的人明显需要帮助。功利主义者会指出，这样做的后果将使幸福最大化，义务论者则会说，行动者这样做将使其行动符合诸如"己所欲，施于人"之类的道德规则，而美德伦理学家则会说，帮助他人是慈善的或仁慈的。①

这非常清楚地讲述了所谓"三巨头的故事"（the narrative of the big three）。按照这种说法，美德伦理学经过艰苦的斗争，已经取得了巨大的成功，因为它不再被视为因为不满于现代道德哲学而愤愤不平的、怀旧的思辨产物，而是自身已然成为"强大"的道德理论，获得了同其他两种道德理论比肩的正当地位。还有什么比解决规范伦理学的基本问题（为什么我要帮助那些需要帮助的人）更能证明美德伦理学的力量呢？义务论者和后果主义者都对这个问题有各自的回答，现在，由于赫斯特豪斯和其他人的研究，美德伦理学者也有了自己的回答。从"三巨头的故事"在当代政治论述中的流行程度来看，不足为奇的是，一种解放运动的叙事模式的某些要素在其中发挥了作用：起初，是一个被忽视和藐视的受害者；然后，是美德伦理学崛起并渗透到哲学权威的位置；最后，是它稳固其在学术影响力中的核心地位。这番叙事合理地强调了那些在此方面付出努力的人的工作为何得到赞赏，而且没有任何得意洋洋的感觉。尽管上一章已经预料到一些理由，需要谨慎赞同这种标准的美德伦理学叙事，但出于公道，我们仍要认真对待这种叙事并假定其准确性，除非，我们有充分明确的理由

---

① Hursthouse, "Virtue Ethics," 1.

拒斥它。

虽然不是每一位当代美德伦理学家都同意赫斯特豪斯的观点——美德伦理学的独特之处在于它怎样回答我们应该行为良好的理由——但大多数美德伦理学家是同意的。赫斯特豪斯本人认为,她在1999年出版的《美德伦理学》一书只能算是第二部系统讨论美德伦理学的作品,在该书中,她的核心任务是阐明那些指导正确行动的美德规则(virtue rules)并为之辩护。① 赫斯特豪斯说自己是第二个以著作的形式来讨论美德伦理学的人,而迈克尔·斯洛特是第一个,这乍一听令人费解。赫斯特豪斯声称,她赞同美德伦理学有新旧版本的区别,而她寻求一种新亚里士多德主义的美德伦理学。② 这难道不是说亚里士多德及其阐释者也研究美德伦理学吗?难道他们没有通过著作来论述其伦理理论吗?赫斯特豪斯的主张似乎暗示,亚里士多德没有撰写一部关于美德伦理学的系统著作,而这让人不禁要问,那她又怎能把他视为美德伦理学家呢?同样值得注意的是,麦金太尔、纳斯鲍姆、安娜斯、富特、吉奇等当代哲学家探究美德的著作也暗暗地被排除在外。在上一章,我们可以看到,赫斯特豪斯赞同对这场运动进行宽泛地理解,将柏拉图、亚里士多德、奥古斯丁、阿奎那、休谟、

---

① "尽管出现了大量文章,但只有一本书像我这样对美德伦理学进行了系统详尽的探讨,即迈克尔·斯洛特的《从道德到美德》(*From Morality to Virtue*, 1992)。而我所提供的则是另一本,它以不同方式论述了不同主题。与斯洛特的思路相比,我的思路更关心细节、案例和限定条件,因此没那么抽象,更多是为了探讨一种独特的美德伦理学版本。"(Hursthouse, *On Virtue Ethics*, 5)
② "我在本书中详加讨论的这种独特的美德伦理学版本,是一种比较普遍的类型,名为'新亚里士多德主义'。该普遍类型之所以'新',至少是因为我前面提到的那个理由,即支持者俨然允许自己把亚里士多德关于奴隶和妇女的观点视为明显错误的,同时,我们没有让自己的看法局限于亚里士多德的美德清单的范围。(比如,仁慈或慈善就不是一个亚里士多德主义的美德,但所有的美德伦理学者现在都把它列入清单。)而它之所以是"亚里士多德主义的",则是因为无论在什么地方,它都以牢牢坚持亚里士多德的伦理著作为宗旨。因此,我这里提出的仅仅是美德伦理学诸多可能样式中的版本之一。"(Hursthouse, *On Virtue Ethics*, 8)参见该书第二章关于仁慈的讨论。

第 4 章 当代美德伦理学及其抱负

康德、密尔、尼采、吉奇、麦金太尔、富特等人都包括在内。① 可是，她又声称自己是第二个以著作的形式来系统讨论美德伦理学的人，因而，我们发现，这里的美德伦理学一定是一种相当狭窄的理论，至少在她写作的时候，实际上只有两位代表对这个主题进行了完整的处理。是什么原因造成了她对这场运动范围的理解有如此对立的立场呢？不管原因是什么，她所倡导的、并声称为之贡献了第二部系统性长篇论著的这种狭义的美德伦理学，致力于证明美德伦理学不仅实际上能够处理现代道德哲学中其他领先者的同样问题，而且能够提供即使不是更好也是同样好的解决方案。确实，这样的关注使她和斯洛特的著作不同于吉奇和麦金太尔的作品，更不用说阿奎那和亚里士多德的了。同时，这也使其著作成为主流美德伦理学的典范。

人们普遍认为，赫斯特豪斯为当代美德伦理学提供了独特的样式。② 例如，如果在谷歌上搜索"美德伦理学"，出现的第一条便是她为《斯坦福哲学百科全书》撰写的词条。③ 此外，赫斯特豪斯描述美德伦理学特

---

① 对这种"宽泛的"方法所做的概述，参见其著作《美德伦理学》的前 4 页。
② 尼古拉斯·埃弗里特在《美德理论的几个问题》一文中令人信服地指出，赫斯特豪斯可以被视为美德伦理学的试金石。赫斯特豪斯设想了一种关于美德、我们的欲求和兴旺之间的关系，而埃弗里特则区分了针对这种关系的结构性解释和工具性解释；埃弗里特指出，赫斯特豪斯把美德设想为兴旺的结构要素是失败的，而且，她本人也承认这一失败；埃弗里特赞成的是美德与兴旺之间关系的工具解释，它相当于一种规则后果主义。埃弗里特认为，赫斯特豪斯的方法尽管存在某些问题，却不乏优点。埃弗里特所采用的关于理性与兴旺之关系的后果主义标准，使得他的解释既暴露出赫斯特豪斯本人方法中的某些后果主义特征，同时也展现出后果主义与有关理性和兴旺之关系的经典解释之间的重大分歧，虽然埃弗里特并未明确指出这一点。参见 Nicholas Everitt, "Some Problems with Virtue Theory," *Philosophy* 82 (2007): 275–99.
③ 截至 2013 年 7 月 26 日。而第二条则是维基百科上的"美德伦理学"词条，它着重强调了赫斯特豪斯的方法。第三个词条是纳弗斯卡·阿萨纳索利斯（Nafsika Athanassoulis）撰写的"美德伦理学"，收录在互联网哲学百科全书（http://www.iep.utm.edu/virtue/）上。该词条着重强调亚里士多德主义的美德伦理学，并指出三种主要的美德伦理学类型：幸福主义的美德伦理学（赫斯特豪斯被认为是主要的支持者，但在这里我们当然应该加上丹尼尔·拉塞尔，特别是因为他的著作《人的幸福》[2012]）；基于行动者的、非幸福主义的美德伦理学（代表人物是斯洛特）；

征的那些观点，最近也被收录在由著名伦理学家拉斯·谢弗—兰多(Russ Shafer-Landau)为牛津大学出版社编写的手册中，似乎颇引人瞩目：

> 美德伦理学其实是某种伦理多元主义。虽然存在唯一的最终标准——做有美德的人将会做的事——但是，在很多情况下，这个建议都过于笼统，没有用处。此时，我们需要一套更具体的道德规则。而美德伦理学也能提供这样的规则。每一种美德都有一条相应的规则告诉我们，要按照这种美德来行动；每一种恶德也有一条相应的规则告诉我们，要避免这种恶德。这样，我们将拥有一套庞大的道德规则体系——做诚实的事；忠诚地行动；表现勇敢；公正待人；展现智慧；行为节制；不得贪食；禁止不忠；不要怯懦、懒惰、吝啬、冷漠；不要显露敌意；摆脱偏见，等等。①

与赫斯特豪斯一样，谢弗—兰多将美德伦理学的初始视角描述为关注道德行动者的品质，这不同于义务论和功利主义，后者是从考虑道德行为开始的。然而，赫斯特豪斯和谢弗—兰多针对美德伦理学作为一种独特的实质性伦理理论的可行性提出的检验标准，却是看它能否指导行为。

拉塞尔在《实践智慧与美德》一书中赞同相同的检验标准。这部不凡之作对实践智慧的作用做出强有力的辩护，为应对情境主义挑战提供了一种极富创造性的方法，为美德的统一性提供了新的论证，也为安娜斯所描述的那种非还原论的古典美德伦理学做出了丰富的证明。结合《人的幸福》(Happiness for Humans)来看，我们发现，拉塞尔提供了有力的辩护，支持通过一种全面的、基于古典的方法来处理伦理学核心问题。然而，是

关怀伦理的美德伦理学（最典型的是安妮特·贝尔[Annette Baier]）。
① Russ Shafer-Landau, *The Fundamentals of Ethics* (Oxford: Oxford University Press, 2009), 241–242.

什么让美德伦理学成为一种可与其他伦理理论相区分的独特的伦理学方法，关于这个问题，他的立场却跟主流的美德伦理学方法一致，因为他也认为美德伦理学提供了一种关于正确行为的独特解释。拉塞尔在这个问题上的立场来自加里·沃森（Gary Watson）①，拉塞尔表示："将正确行动的美德伦理学解释同其他解释类型区分开来的是，（a）美德伦理学使美德概念优先于正确行动概念，即对美德的理解可以独立于对正确行动的理解；（b）美德伦理学主张，脱离了对美德的解释，正确行动就不能得到充分理解。"② 拉塞尔将沃森所说的条件称为"VE 约束"，认为正是这种约束，而不是简单地强调美德或是对品质的严肃思考，使得美德伦理学成为一种独特的伦理理论。他认为，正是这种约束消解了纳斯鲍姆对于美德伦理学的统一性及其真实独特性的疑虑。③ 此外，他还主张，尽管这种约束表面上会悄悄引入一个优先的正确行动概念，但其实没有，毋宁说，正确行动概念或与之相反的错误行动概念，都要取决于对美德的恰当理解。④

正是赫斯特豪斯本人指出的，斯洛特通过其著作而系统地论述了美德伦理学，他是美德伦理学运动的另一位重要贡献者。与赫斯特豪斯一样，斯洛特也被人们普遍认为提供了一种独特的当代美德伦理学典范。斯洛特的方法不同于我们在赫斯特豪斯那里发现的幸福主义关切，他所寻求的是"纯粹的"美德伦理学，即只依赖于行动者的状态而不依赖于任何其他考虑因素。⑤ 正是这种依赖性，为通常用于描述斯洛特方法的那份"基于

---

① Watson, "On the Primacy of Character."
② Russell, *Practical Intelligence and the Virtues*, 66.
③ Ibid., 67.
④ Ibid., 69–70. "美德优先于有关正确行动的论述，这种看法必须同时还意味着，美德不一定优先于好的后果，但它优先于'后果可以决定行为的正确性'这一观念。"
⑤ 罗杰·克里斯普（Roger Crisp）是这样使用该术语的："纯粹的美德伦理学将表明，我们以任何方式行事或生活的唯一理由都是基于美德。事实上，一种生活方式体现了正义、诚实、慷慨等美德，这就构成了追求如此生活的唯一理由；而没有理由去追求其他的生活方式……与这种

行动者"（agent-based）标签提供了证明。与赫斯特豪斯一样，他也认为，美德伦理学的独特性就在于关注行动者的品质。① 与赫斯特豪斯不一样的是，斯洛特认为，给出一份能够提供行动指导的实践理性解释方案并非美德伦理学的主要任务。② 然而，斯洛特确实主张，任何成功的理论都需要能够回答我们为什么应该对他人表现仁慈或慈善，而且，这种关切如此重要，以至于它足以证明，凡是无法解释我们为什么应该仁慈的理论都不得要领。③

因此，在赫斯特豪斯和斯洛特那里，我们发现，他们把所罗门阐明的那些现代道德筹划的特有标准当作背景而予以接受，这些标准包括：一个成功的道德理论必须以某种直接的方式指导行为，必须为道德行为者提供某种手段使之可以从利己转向利他，以及，阐明那种能够区分道德行为与非道德行为的特殊的动机状态。④ 另一方面，他们各自方法的独特之处在于，他们寻求用不同的特殊方式满足这些标准，由此，他们的美德伦理学方法也就为当代美德伦理学文献常说的义务论或功利主义的"基于规则的方法"提供了令人满意的替代理论。于是，在他们的共同努力中，我们找到了为三巨头的故事的辩护理由。

纯粹形式的美德伦理学相比，更常见的是多元论的观点，根据这种观点，美德提供了一些非常有力的理由，但也存在着另一些并不出于美德的理由，包括一些可能与功利主义和康德主义相一致的理由。"（*How Should One Live?* 7）斯洛特虽然也是在这个意义上使用"纯粹的"一词，但他不同意克里斯普的看法："亚里士多德可以被解释为少数几个纯粹的美德伦理学家之一"。（出处同上）

① "美德伦理学在其伦理描述中主要使用美德术语，而将义务术语视为美德术语的派生物或完全摒弃它们。因此，美德伦理学的思考主要依据什么是高尚或卑鄙的、什么是令人钦佩的或可悲的、什么是好或坏，而不是依据什么是合乎义务的、被允许的或错误的，同时，它还关注行为者（的内在品质），我认为，这足以刻画出所有美德伦理学形式的独特与共同之处。"（Slote, *Moral from Motives*, 4）

② Ibid., 193–196.

③ Ibid., vii–viii.

④ Solomon, "Virtue Ethics: Radical or Routine?" 74–75.

当代美德伦理学的承诺

当代美德伦理学的一个主要承诺是，它提供了一种选项，可以替代现代道德哲学的那些占据主导地位的理论。我们一直关注主流的美德伦理学，但边缘的美德伦理学家也赞同该承诺。这两个阵营的美德伦理学家在这个方面的差别，涉及到的只是他们实现这个承诺的方式。宽泛地说，边缘的或非常规的美德伦理学家是在为美德概念和诸美德寻求一种解释，而这种解释不大可能说服那些依据现代道德哲学的根深蒂固的标准来评判一种道德理论成功与否的人，因为，非常规的美德伦理学家拒绝遵守相同的标准，他们一开始质疑的正是这些标准，尽管他们的方式各异。本章关注的不是这些边缘的美德伦理学家的努力，而是主流的美德伦理学家的更趋一致的努力。

按照所罗门的观点，主流的美德伦理学家试图表明，美德伦理学能够更好地满足现代道德哲学中用于判定一种道德理论是否成功的那种得到普遍接受的标准，在此意义上，主流的美德伦理学家的工作属于现代道德哲学的内部；可以说，他们在和其他的当代道德哲学家玩同样的游戏。① 主流的美德伦理学家试图利用这种用于评价道德理论的获得普遍认同的判断标准来说服当代道德哲学主要领域的其他领军者，让他们相信美德伦理学的可行性。在这些尝试上，主流的美德伦理学家取得成功的一个标志是，他们现在就代表着一般所说的当代美德伦理学。然而，现代道德哲学的另

---

① 拉塞尔通过宝莱坞电影《印度往事》（Lagaan）而阐明了该观点。在这部电影中，一些村民被迫与他们的英国统治者进行板球比赛，以求避免沉重的税负，拉塞尔评论道："对美德伦理学家来说，情况远没有那么戏剧化，但从某种意义上看，他们不断努力以求提出正确行动的理论，这就好像是在玩别人的游戏"。（Practical Intelligence and the Virtues, 37.）

外两个主要流派的成员,义务论者和后果主义者,却通常并未被说服,而其他流派的成员同样如此。

如果有人想证明,当代美德伦理学不是义务论和功利主义的一种可行的替代理论,那么,他们通常可以采用两种策略。一种策略契合了边缘的美德伦理学的情绪,表明当代美德伦理学正在玩错误的游戏——他们用以判断道德理论是否成功的标准就是错误的,或者,至少相对于伦理学的深层任务来说是肤浅的。而要真正做到这一点,我们就必须谨慎地列出替代性的标准,由此,判断一个道德理论是否成功,要么借鉴现代道德哲学并未涵盖的道德传统资源,要么从零开始。而另一种策略则是,表明这些当代美德伦理学家没有达到他们自己接受的那种标准所提出的要求。

后一条线索引发的论证,已成为当代美德伦理学运动面临的常见的反对意见,以致关于美德伦理学的标准词条都必定专门设一部分,讨论针对美德伦理学的这种"常见的反对意见"。对此,我们有必要予以回顾。最常见的一个反对意见是,美德伦理学没有提供充分的行为指导。其次是,我们关注于发展自身的美德乃是自我中心的,这导致我们无法恰当地做好准备去帮助有困难的人。最近,情境主义者质疑存在稳定的品格特征,这通常被称为"情境主义的挑战"。还有一些不太常见但很重要的反对:文化相对主义的指控;定义根据的循环论证,即通过某种定义根据,某个品格特征可被称为美德,但是,美德在认识论上又已然被视为根本的东西;以及,所谓的冲突问题,即两个或更多的美德意味着有不同的行动方案来解决某一个道德难题。① 另外,还有所罗门在一篇文章中所说的"良心的反对意见"(conscientiousness objection),在另一篇文章中提到的"偶然性的反对意见"(contingency objection),即美德伦理学没有很好地确定何种

---

① 赫斯特豪斯在她 2004 年发表于《斯坦福哲学百科全书》的"美德伦理学"词条中,以不同的顺序讨论了这些问题。

特定的动机能够区分道德行为和非道德行为，因而无法区分道德行为和运气的诡计。

赫斯特豪斯和斯洛特等人通常能够巧妙地回答这些反对意见，而且，他们的回答呈现为不同的回应方式。比如，赫斯特豪斯在《美德伦理学》中给出大量论证表明：美德伦理学通过美德规则的运用而提供行为指导；美德规则不但有办法恰当地处理那些可以解决的困境，而且，它们还能提供最精妙的办法来处理那些不可解决的悲剧困境；对人类繁荣的自然主义解释，则化解了相对主义的指控与合理性问题；以及，这种对繁荣的解释是一种道德概念而非科学概念，它可以用来处理"良心的反对意见"。在《源自动机的道德》①中，斯洛特拒绝采用类似于赫斯特豪斯所说的美德规则的东西，而是证明，美德行动者具备最佳的能力，能够思考最好的行动方式。他认为，对抗相对主义指控的最佳防御策略和解释"良心的反对意见"的方法不是幸福主义，而是受休谟和马蒂诺启发的情感主义；正如他在其他作品中所做的那样，他在该书中花了大量篇幅证明，一种情感主义的、关怀的、基于行动者的美德伦理学能够在利己和利他之间实现恰当的平衡。

赫斯豪斯和斯洛特都没有论及最近的反对意见，即情境主义的挑战。② 但安娜斯对情境主义进行了精辟而有效的回应：

---

① 根据斯洛特自己的说法，这部后来出版的著作与他在更大程度上受亚里士多德启发而写作的《从道德到美德》一书有很大的不同，我主要根据前者来描述斯洛特的观点，以便公正处理他目前赞成的方法。

② 关于情境主义，参见 John M. Doris, "Persons, Situations and Virtue Ethics," *Nous* 32 (1998): 504–530；多里斯在 2002 年出版的作品中扩展了相关论证，参见 *Lack of Character: Personality and Moral Behavior* (Cambridge: Cambridge University Press, 2002); Gilbert Harman, "Moral Philosophy Meets Social Psychology: Virtue Ethics and the Fundamental Attribution Error," *Proceedings of the Aristotelian Society* 99 (1999): 316–331. 在《伦理学实验》一书中，奎迈·安东尼·阿皮亚谈到自己受密尔启发而提出的美德伦理学时，详细地处理了情境主义挑战。

然而，这些［情境主义的］研究假定了一种倾向概念，它仅由行动的频率来进行定义，其中，对行动的规定与行动者自身的行动理由无关。然而，对美德伦理学来说，美德是一种出于理由而行动的倾向，与行为的频率无关，除非对它的看法与行动者的理由建立了某种可靠的联系，而情境主义者没有做到这一点。①

我认为，安娜斯的回应能够支持赫斯特豪斯和斯洛特②可能提出的回应，尽管按照安娜斯的说法，与更合理的古典美德伦理学的解释相比，斯洛特有关行为倾向之理由的解释存在不足。③

无论如何，针对美德伦理学的标准反对意见，以及美德伦理学家针对这些反对意见而做出的某种程度的标准回应，似乎并没有取得进一步的进展。也许，正是认识到这一点，促使一些美德伦理学家采用另一种策略，即认为美德伦理学在处理那些通常被视为美德伦理学特有问题的困难时，并不比康德主义或功利主义更差。④而美德伦理学的对手反驳说，他们在处理这些困难领域时做得更好，但美德伦理学家则做不到。⑤美德伦理学

---

① Annas, "Virtue Ethics," 519. 转引自 Gopal Sreenivasan, "Errors about Errors: Virtue Theory and Trait Attribution," *Mind* 111 (2002): 47–68. 自从安娜斯出场后，斯瑞尼瓦桑又以《性格与一致性：更多的错误》("Character and Consistency: Still More Errors," *Mind* 117 (2008): 603–12.) 和《对美德伦理学的情境主义批评》("The Situationist Critique of Virtue Ethics," chapter 13 of the CCVE, 290–314.) 补充了对情境主义的批评。拉塞尔在《实践理智与美德》的第八章对情境主义做出了创新性的回应，他指出，"不是说美德理论家应该无视社会心理学的建议而振兴自身，而是说应该因为社会心理学的建议而振兴自身。这是因为，美德理论可以和社会心理学保持一致，不仅如此，它们实际上还可以很好地结合起来"（第241页）。

② 至少，赫斯特豪斯在《美德伦理学》（第12页）中也提到了这一点，她主张，情境主义者无法解释具有"多轨"（multi-track）深度的品质特征，他们只关注对具体情境做出反应的行动层面。

③ Annas, "Virtue Ethics," 529.

④ Solomon, "Internal Objections to Virtue Ethics," 433–41; Hursthouse, "Virtue Ethics," 9–10.

⑤ 关于这一点最尖锐的论述，参见戴维·柯普和戴维·索贝尔的《道德与美德》一文（David Copp and David Sobel, "Morality and Virtue"）。该文评论了赫斯特豪斯的《论美德伦理学》、富特的《自然的善》和斯洛特的《源自动机的道德》，根据义务论和后果主义的公认的成功之处来衡量这些著作，并且认为这些美德伦理学家并未达到这样的成功。

家又回应说，义务论者和功利主义者并没有提供更好的回答，而美德伦理学能够更加公正地对待伦理学所必需的一般直觉，即关注品质的发展。讨论这些问题的文献开始有些像旋转木马了，同样的争论转了一圈一圈又一圈。我们需要找到进入这个圆圈的某个切入点，关注其他一些东西，而不仅仅是美德伦理学遭到的那些标准反对意见及其回应。

当我们更密切地关注美德伦理学家在把美德伦理学视为一种道德理论时他们究竟需要什么，这样的切入点便会显现出来。此时，关注的焦点就从考虑美德伦理学是不是一种替代性的道德理论，转向了思考美德伦理学在根本上是不是一种道德理论。这一转变直接引发两个问题：主流的美德伦理学是否构成了一种聚合的道德理论？主流的美德伦理学是否构成了一种全面的道德理论？我认为，我们对这些问题的否定回答，将会带来对第三个问题（主流的美德伦理学是否呈现为一种融贯的美德理论？）的否定回答。

主流的美德伦理学是一种聚合的道德理论吗？

在本节和下一节转而考察作为道德理论的美德伦理学时，重要的在于注意到，我们的关注点不是把美德伦理学当作一场运动来讨论。同道德理论相比，"运动"一词容许更多变化，也更加不在意严格的边界。不可否认，美德伦理学是一场统一的运动，至少就其共同的历史来说是如此。而本节的问题是，这场运动是否包含一种聚合的道德理论。

是否真如纳斯鲍姆所说的那样，美德伦理学方法的多样性足以导致"美德伦理学是否代表一场聚合的运动"只能获得否定的答案？许多支持主流的美德伦理学目标的人当然也很清楚现有的各种方法，而他们的典型回应则是从有利于美德伦理学的角度来考虑这个问题。例如，凯伦·斯托尔（Karen Stohr）写道：

在一些人看来，美德伦理学的新版本似乎标志着它作为一种聚合的道德理论的衰落。一个宽泛到不仅包括亚里士多德，还包括休谟、尼采和斯多亚学派的范畴，无论从哪个方面来说，都确实太宽泛了。因此，这可能表明，我们应该放弃"美德伦理学"范畴，而去支持描述性更强的子范畴，这在功利主义中就很常见。然而，美德伦理学已经发展到需要子范畴的程度，又确证了其内部的丰富性。①

斯托尔并没有详述，为什么多样性构成了美德伦理学之丰富性的标志。人们当然可以设想，在某些情况下，多样性意味着活力，然而情况并非总是如此，这里的问题其实是，美德伦理学的这种多样性是否保留了一个潜在的、重要的相似内核。亚里士多德、休谟、尼采和斯多亚学派之间的差异是深刻的、根深蒂固的，而且，它与功利主义的各个子范畴之间的差异似乎根本不在同一个层面上，功利主义的所有子范畴都是经由某种方式受密尔的启发而成。那么，为何美德伦理学的多样性却不是如此，反而意味着这个词的贫乏，暗示着该术语不能实现它的用途？亚里士多德、休谟和尼采的确都运用了美德理论，但这并不意味着我们可以在他们关于理性和人性的截然不同的观点中发现某种共同的和潜在的美德伦理学：什么是品格特征？哪些品格特征被视为美德？以及，繁荣与美德之间的关系作何解释？

斯沃顿认为，美德伦理学方法的多样性确实是其丰富性的一个标志，更重要的是，如果我们把这些不同版本整合在一种多元主义的方法中，便会发现某种更强有力的美德伦理学。与斯托尔一样，斯沃顿也认为，多元

---

① Stohr, "Contemporary Virtue Ethics." 丽贝卡·沃克和艾文贺在《运转美德》(*Working Virtue*) 一书中，也注意到美德伦理学方法的优点并且有所认同，但他们也认为，无法为美德伦理学给出一组充分必要条件（第 4 页）。

化是美德伦理学的优势之一:"尽管我更愿意继续发展美德伦理学,而不是纠结于其定义问题,但美德伦理学的定义问题却不容忽视……'美德伦理学'反对精确的定义,而且理应如此。"① 对于要继续探讨美德伦理学的定义问题,斯沃顿在这里表达出某种程度的沮丧,这多少有些令人惊讶。而更令人惊讶的是,她在这里声称,美德伦理学不能也不应该被定义。为什么不应该给它下定义呢?她接着说:"正如我提及的那样,人们经常观察到,美德伦理学在其现代发展中仍处于婴幼期。因此,它不应该受到那些涉及其子代和性质的成见束缚。"② 不过,对她所支持的这场运动给出某种定义,斯沃顿还是勉强地顺应了这一要求:"然而,至少可以这么说,在美德伦理学中,如果没有相关的美德概念,那么,正当、好生活、'道德观念'、道德绝对要求等概念就无法理解,在这个意义上,美德是核心概念。"③ 在《剑桥美德伦理学指南》收录的那篇文章中,她为这种基于概念的(concept-based)的美德伦理学定义所能做的工作提供了更为详尽的辩护。④ 她的这种基于概念的美德伦理学方法的主要优势在于,可以避免对这个领域的狭窄化,而我们在拉塞尔有关"严格的美德伦理学"的辩护中则会发现该问题。对于一种相关的美德概念理应抱以关切的那些领域来说,斯沃顿的定义故意没有告诉我们,它到底是有优先性,还是没有。美德概念是基础性的?解释性的?语法性的?派生性的?抑或,其他概念派生于它?要想统一美德伦理学,没有比简单的美德概念更加难以把握的线索了。

她的方案不仅强调"道德立场"和良心,也强调许多其他方面,比

---

① Swanton, *Virtue Ethics*, 5.
② Ibid.
③ Ibid.
④ Swanton, "The Definition of *Virtue Ethics*," 315–338.

如，她用大量的案例说明其美德伦理学构成了有效的行动指南，而这完全使斯沃顿属于常规的美德伦理学阵营。就像在主流美德伦理学家那里常常看到的那样，她不赞成美德的统一性，而这在很大程度上就是她采取"多元主义"方法的原因。其方案的独特之处在于，她试图将亚里士多德主义的美德观同她所认为的尼采主义的"深度心理学"（depth psychology）相结合。① 从她的这些努力中，我们开始看到，把亚里士多德和尼采这些不同的思想家并置于某种共同的道德筹划中将会带来的结果：他们都容易丧失自身的基本特征。例如，斯沃顿将尼采解读为一个最初的积极心理学家，致力于追求自我实现的目标，然而，对于尼采的典型解读却会认为，这是在削弱尼采的思想。这种对尼采的驯化，是把针对现代开明利己主义理论的激烈批判变成了与它们的合作。尽管斯沃顿独特的美德伦理学方法有许多方面值得仔细关注，但是，她的理论并未能够公正地对待尼采及其针对现代道德谋划之核心目标与方法的深刻批判。

对于美德伦理学诸类型所得到的关注，赫斯特豪斯采用了一种"你也如此"的方法加以处理：

> 将美德伦理学笼统地描述为一种"强调美德"的方法，不再有助于区分它。当然，同样地，把义务论和功利主义描述为强调规则或后果而不是品格，也不再能够清楚地界定它们。据我所知，没人会因为对于"何为义务论""何为功利主义"这样的问题不再存在令人满意的简短答案而感到困扰。但目前，至少有些哲学家似乎却会因为我们美德伦理学家无法给出一个令人满意的简短答案来回答"何为美德伦理学"而感到困扰。与另两种方法不同，人们要求美德伦理学应该能

---

① Swanton, "The Definition of Virtue Ethics," 315–338. Swanton, Virtue Ethics, 11. 她尝试利用尼采的观点来解释好生活与美德，参见第56-59页。

够简洁地表述自己的立场,既要足够宽泛,可以囊括所有的美德伦理学家,又要足够严格,可以将所有的义务论者和功利主义者拒之门外,这似乎有点过分。为什么唯独期望我们能够做到这一点呢?①

美德伦理学的对手要求一种方案,能够清楚地将美德伦理学同其他的伦理学类型区别开来,就这一挑战而言,上面这段话构成了充分的回应吗?与另外两种主要道德理论的问题进行类比,这似乎是不成立的。当然,义务论和功利主义确实都需要得到比附着在它们身上的那些典型标签更加细致的对待。然而,与典型的美德伦理学标签(如"强调美德""品格的首要性""更关注成为什么样的人而不是做什么"等)相比,功利主义和义务论的标签却更加接近各自的立场。义务论和功利主义之所以要比美德伦理学更容易被确定为道德理论,不单是因为我们更习惯于将它们确定为道德理论,而且是因为,它们都有更清晰的定义和更易辨认的边界。

早期的美德伦理学更容易被识别和定义,那时,它通常被理解为一种新亚里士多德主义。义务论依附于康德,功利主义依附于密尔,正是这样的历史遗产使得各种各样的义务论或功利主义,虽然已经离开了它们的奠基者,但仍可以被识别为某种义务论或功利主义。可是,赫斯特豪斯和斯沃顿所推崇的那种宽泛的(broad-tent)美德伦理学却没有产生类似的情况。如果亚里士多德、爱比克泰德、休谟和尼采都可以被视为美德伦理学的组成部分,那么,他们之间的连接一定非常薄弱,事实上,过于薄弱而不能被视为一项独特的道德理论。我们所拥有的,只是强调美德核心作用的新亚里士多德主义理论(赫斯特豪斯)、强调美德核心作用的新斯多亚主义理论(安娜斯,纳斯鲍姆)、强调美德核心作用的新休谟主义理论

---

① Hursthouse, *On Virtue Ethics*, 4.

(斯洛特)、强调美德核心作用的新尼采主义理论(斯沃顿)等。亚里士多德主义者、斯多亚主义者、休谟主义者和尼采主义者可以合理地认为,在这些美德伦理学方法中,除了"亚里士多德主义的""休谟主义的""尼采主义的"内容之外,还有些"新"的东西。然而,那些试图理解美德伦理学的多样性的人却认为,在这些不同方法中,有太多的亚里士多德、休谟或尼采,因此无法构成一种确定的、聚合的道德理论。

然而,拉塞尔所说的"VE 约束"是否就提供了充分的基础,可以把美德伦理学和其他道德理论区分开从而满足聚合性的要求呢?它有很多值得推荐的方面,而且它似乎能够提供一个基础,在此基础上,美德伦理学可以被视为某种实质上聚合的道德理论,于是,它似乎构成了唯一真正可行的备选方案。如果它是成功的,那么它就需要提供一种办法,能够将每位美德伦理学家都涵盖在内;而这里的美德伦理学家是根据上一章确定的那些参考指标来定义的:我们发现,当代美德伦理学家是学院哲学家,他赞同某些美德伦理学家的共有原则,并且自我认同这场运动。斯沃顿、赫斯特豪斯和斯洛特都可以涵盖在"VE 约束"之内。然而,与拉塞尔的定义相反,蒂莫西·查普尔在《剑桥美德伦理学指南》中有力指出,美德伦理学的重点不是也不应该是提供关于正确行动的解释。① 他认为,采取这些努力,既背离了美德伦理学的古典基础,也抛弃了美德伦理学家应该关注的核心问题。因此,查普尔对美德伦理学的看法,并不符合拉塞尔所提出的定义范围。但另一方面,拉塞尔也不大可能认为,查普尔无法提供不同的美德伦理学定义,因为,查普尔的文章出现在一部由顶尖学者围绕美德伦理学展开专门阐释的文集中,而文集的编者正是拉塞尔。对于那种能够将美德伦理学看作一种聚合性道德理论的最可行方法,查普尔提出了一

---

① Chappell, "Virtue Ethics in the Twentieth Century," 149–171, especially 150–152.

个反例，而这足以瓦解"VE 约束"，使之无法构成界定美德伦理学的基础，因为它声称具有普遍性。

主流的美德伦理学是一种全面的道德理论吗？

与刚刚得出的结论相反，为了作进一步的论证，现在我们不妨假设，将美德伦理学视为一种具有聚合性和统一性的道德理论是有道理的；让我们以赫斯特豪斯对美德伦理学的理解为例，看看这一方法是否是一种全面的方法。"全面"的意思大致是"能够运用于伦理反思的所有领域"。于是，问题就成了美德伦理学是否可以用来回答与哲学伦理学有关的所有问题？或者，以否定的方式来说，伦理反思中是否存在与美德伦理学无关的部分？布拉德·胡克（Brad Hooker）与赫斯特豪斯在《效用》（Utilitas）杂志上曾有过一场有趣的交锋，为回答这些问题以及确定美德伦理学是否全面提供了一份有用的检测案例。[1]

胡克试图表明，美德伦理学并不具有它声称的那种独特性，事实上它与规则后果主义（rule-consequentialism）非常相似，但就二者的分歧而言，规则后果主义要更合理一些。为了证明自己的观点，胡克着重考察了他所理解的赫斯特豪斯的美德标准并将她的立场概括如下：[2]

> 一个人是有美德的，当且仅当，她出于理性的行动倾向并且她的情感和欲望可能促进
>
> （1）个人的生存，

---

[1] Brad Hooker, "The Collapse of Virtue Ethics," *Utilitas* 14 (2002): 22–40; Rosalind Hursthouse, "Virtue Ethics vs. Rule-Consequentialism: A Reply to Brad Hooker," *Utilitas* 14 (2002): 41–53.
[2] 他的解释与赫斯特豪斯《美德伦理学》第 198—201 页的内容有关。

(2) 人类的生存，

(3) 典型的享受和免于痛苦，以及

(4) 社群的良好运转

她的许多讨论似乎都意味着，任何不符合上述所有标准的倾向在某种程度上都是"伦理的缺陷"，即恶德。①

胡克认为，赫斯特豪斯很好地防止了其第一个条件滑向利己主义——尽管赫斯特豪斯正确地回应说，胡克从一开始就错误地认为，这是一个介于关心自我的美德和关心他人的美德之间的问题。②然而，胡克关注的是后面那三个"关心他人的"条件。

赫斯特豪斯承认同性恋的可容许性，而正是在关于同性恋的道德可容许性问题上③，胡克试图把赫斯特豪斯的美德标准付之一炬。他认为，不可能既承认同性恋行为的可容许性，认为它们是有美德的，同时又继续坚持物种生存的条件（即标准2）。胡克说：

> 我认为，在考虑性行为的时候，我们应该给予正当关注的是：(a)性行为在某些亲密的个人关系中的作用；(b)纯粹的快乐。深层次的个人关系和快乐，乃是幸福的基本组成部分中的两个特别美妙的选项。当然，还有其他一些选项，比如，重要的知识、成就和自主。总之，任何能够促进幸福之要素的活动都值得欲求，无论它是否能够促进生

---

① Hooker, "The Collapse of Virtue Ethics," 33.

② Hursthouse, "Virtue Ethics vs. Rule-Consequentialism," 42–43.

③ 胡克和赫斯特豪斯（在她的回应中）都谈到了同性恋，而不是同性性行为。他们都没有区分同性恋取向和同性性行为。然而，无论是在这里还是在其他地方，引起伦理争议的都不是这种取向，而是由它带来的行为。在道德上反对同性恋的典型意见，针对的是行为（一个人可以控制的事情），而不是取向（一个人可以或不可以控制的事情）。

存。美德的标准应该是为了增进幸福，而不是为了生存。①

胡克论证思路的要旨在于表明，为什么美德伦理学"应该一般地着眼于幸福（而不只是着眼于人的幸福）的效果来评价各种倾向。但是，如果美德伦理学这样做了，那它又可能沦为规则后果主义"②。虽然人们完全可以不同意胡克关于性行为目的的描述，因为它根本没有考虑到这种行为的自然生殖目的，而且将是否容许同性恋视为检验一种道德理论是否充分的主要标准也非常奇怪，③但关于赫斯特豪斯，胡克有一个观点是很重要的：赫斯特豪斯想要保留她的标准且又经受当代的道德检验，但她似乎无法做到。

赫斯特豪斯针对胡克的回应，对于思考美德伦理学的全面性尤有启发意义。在回应中，赫斯特豪斯重申了自己的信念，即同性性行为是可允许的；她告诉读者，如果胡克是对的，那么她的标准将会要求禁止同性性行为，她"会觉得必须立即放弃它"④，对她来说，这样做非常重要。但她之所以认为自己的立场不会产生这种后果，却是因为，在她看来，同性恋根本不是一种品格特质。她批评胡克过于宽泛地使用了"倾向"这个概念，无法解释品格特质与行为之间的区别："我说过，喜爱同性性行为，就像喜爱独居和独身，是一种实践，而不是一种品格特征，只有品格特征才能被评价为美德或恶德。"⑤ 对赫斯特豪斯来说，关键在于，美德和恶德这些范

---

① Hooker, "The Collapse of Virtue Ethics," 37–38.
② Ibid., 38.
③ 允许同性恋行为会比禁止同性恋行为带来更糟糕的结果，面对这一有说服力的论证，胡克会放弃后果主义吗？
④ Hursthouse, "Virtue Ethics vs. Rule-Consequentialism," 44.
⑤ 赫斯特豪斯和麦金太尔的"实践"概念的差异以及美德同这两种实践之间的关系值得我们探讨，但是，这里不予讨论。麦金太尔对"实践"的定义，参见《追寻美德》第187页，他的美德定义及其与实践之间的关系，参见第191页。

畴不是应用于实践本身,而是应用于一个人如何、何时以及为何从事这些实践的问题。

我们考虑的一个更重要的问题是,赫斯特豪斯拒绝接受在她看来是胡克试图强加给她的那个标签——基础主义者(foundationalist)。按照赫斯特豪斯的理解,基础主义者寻求"统一的辩护原则"(这种原则通常是非规范性的原则),以此作为自己道德主张的根据。赫斯特豪斯认为自己没这么做,而胡克却错误地把她的美德标准理解成为她是在寻求某个统一的辩护原则。她回应道:"就我沿袭麦克道尔的做法而言,我认为,我自己是首先完成了所有这些工作,即通过学习来理解各种具体的美德,然后我才转向相当晦涩的哲学工作,思考那些通常被我们称为'美德'的品格特质是否真的名副其实。"①无疑,她跟亚里士多德一样认识到,哲学伦理学只有在一个人的道德教育达到一定成就后才能开始,这是对的。

然而,旨在说服那些在基本问题上与我们有分歧的人,也应该而且确实是道德哲学的一部分。也就是说,一个全面的道德理论应该为我们提供一些方法,让我们就什么是诚实、什么是勇敢、什么是公正等问题与持有不同观点的人进行讨论。赫斯特豪斯似乎不同意这种说法,她主张,如果面对的是一个真正相信虐待动物并不错误的人,

> 在我们讨论怜悯和勇敢是否是美德之前,我必须设法改变她的伦理观。如前所述,她对同情和勇气的理解与我如此不同,以至于我们达成的任何"一致"都只会是口头上的。但是,我并不打算提出一些有关所有生命存在物的幸福的基本价值前提,以改变她关于动物的伦理观。②

---

① Hursthouse, "Virtue Ethics vs. Rule-Consequentialism," 51.
② Ibid.

虽然赫斯特豪斯并未详细说明她所说的"伦理观"是什么意思，但我们可以看出，它是以哲学论述为前提的。同时，它似乎也不因哲学论述而改变。但它似乎是一个深层的信念问题，并可以通过一些手段加以改变。赫斯特豪斯没有告诉我们，她会如何设法改变一个与自己伦理观不同的人；她只告诉我们，在对待动物的问题上，不能通过强调生命存在物的价值来改变人的伦理观。这似乎是某种程度的信念，它只能通过转向新的伦理观而改变。但是，致力于这样的转变并不属于美德伦理学的工作内容。她接着告诉我们，美德伦理学是一种解释性的而非辩护性的事业，是一种我们力图发现如何将某些重要概念整合起来，而不是试图证明和捍卫自我伦理立场的伦理学。

她认为，对美德伦理学的这种理解，源于她接受了安斯康姆和吉奇的看法，即"好"是一个定语形容词，而且

> 在道德哲学中，这种看法的重要性在于，"好"（及其相关术语）的这一语法特征并不会因为我们开始研究伦理学就发生神奇的变化。"好的仙人掌"和"好的狼"与"好的人"中的"好"的用法是相同的，而在"好的人"前面添加的副词，"道德上"或"伦理上"，只能限定关于人的那些需要加以考虑的方面；它不能改变语法。①

我们有充分的理由赞成，"好"是一种属性。但我认为，有人应该不会同意在赫斯特豪斯眼里由此产生的局限，因为，这种对"好"的语法理解确实为我们提供了一些理由，使我们可以与那些持有不同的基本伦理观念的人论辩。我们并不需要"道德上好的"（the moral good）这样一个充

---

① Ibid., 52.

满道义论色彩的概念来描述一个好人，比如，我们可以通过"一个对非人类动物缺乏同情心的人不能成为一个好人"这样的命题来描述他；就像我们并不需要一个超自然的好概念便能得到一个关于好木匠的命题那样，比如，"一个不能给直角墙装框架的木匠不是一个好木匠"。充分理解"好"及其同族词汇作为定语来使用的条件，能够完成比赫斯特豪斯所承认的更多的工作。它是否可以给我们提供某种根据，借以尝试改变一个人的伦理观？有很多理由认为可以，尽管这在很大程度上取决于对话者是否愿意真诚地参与讨论。也就是说，这在很大程度上取决于他或她是否同意"一个不愿意进行批判反思的人不是一个好人"，以及，取决于他或她是否没有"毫无根据的固执"这一恶德。

如果我们把赫斯特豪斯关于美德伦理话语局限性的讨论跟她对同性性行为的道德合法性（moral legitimacy）的深层信念放在一起，那么，美德伦理学与更深层的道德信念之间似乎就存在某种脱节。如此看来，充当美德伦理学的论述基础的，似乎是一个涉及"道德合法性"命题内涵的先在信念。如果这样，那么，赫斯特豪斯本人在谈到自己的伦理观时，似乎就使用了一种被她轻率地形容为"好"的神奇之物。怎么会这样呢？赫斯特豪斯认为，禁止同性性行为在道德上是不合法的，而同情非人类动物在道德上是合法的，这是她的根本观点。这些道德信念构成了其伦理观的各个基础方面，而与她有分歧的人则持有不同的道德信念，构成了不同的伦理观。在深层的道德信念和美德伦理学的论述之间，关于"好"的含义，我们发现了互竞的解释，前者使用的是饱含着道德意义的"好"，后者使用的是稀薄的定语意义上的"好"。这至少表明，美德伦理学并非一个全面的道德理论。为什么会这样呢？

赫斯特豪斯承认，只有当我们设法将重要的伦理术语关联起来时，她的美德伦理学才能发挥作用。美德伦理学是一项解释性而非辩护性的事业。然而,赫斯特豪斯对胡克的回应显然是在这两个层面上进行,就像她在其他作品中所做的一样;在其他作品中,她讨论了堕胎、安乐死、自杀以及其他有争议的行为,在符合恰当条件的状况下的道德可容许性。最为首要的,仍是她在同性恋、对待非人类动物以及其他许多事情上都深切感受到的道德信念。对她来说,这些信念是如此重要,以至于她告诉我们,如果她的美德伦理学会颠覆这些信念,那么她将放弃其美德理论的某些重要特征。很明显,这的确是在从事道德哲学的思考:她的推理是在其独特的道德信念指导下进行的。这些道德信念为她提供了标准,用以衡量她的评价性的美德伦理学筹划。然而她认为,这是美德伦理学所没有触及的一种道德哲学思考,因为,美德伦理学仅仅寻求解释某些重要术语之间的关联。假如美德伦理学只是描述性的,那么,赫斯特豪斯在从事其他的道德哲学思考时就不再是一位美德伦理学家。因此,在回应胡克的过程中,赫斯特豪斯暴露出美德伦理学的不全面性:按赫斯特豪斯自己的描述,道德哲学的任务会比美德伦理学的任务更加广泛。

主流的美德伦理学提供了一种融贯的美德理论吗?

让我们回头来看看,由德雷弗最早反复强调的美德伦理学与美德理论的区别。① 美德伦理学是一种从美德优先的角度、通过某种方式来评价其他伦理概念的道德理论。而美德理论则是对美德的理论解释。任何一种美德伦理学都包含美德理论,但并不是每一种美德理论都是美德伦理学的组成部分。美德理论必须包括如下解释:什么是美德,什么使美德成为美德,以及,人们期望美德在人的行为中起到何种作用。大多数的美德理论也需要列出至少部分的美德清单。

---

① Driver, "The Virtues and Human Nature," 111–129, 注释 1.

一种融贯的美德理论使得我们在遇到某个美德时就能识别出它，就能对什么使得该美德成为美德给出令人满意的解释，以及，就能说明它在我们生活中的作用。美德伦理学蕴涵着融贯的美德理论吗？主流的美德伦理学缺乏聚合性和全面性，这似乎让我们无法发现一种由美德伦理学的不同支持者所共有的一致而融贯的美德理论。

康利注意到，在当代的美德文献中，"怎么都行"；自她首次作出如此评论以来，这种说法依然适用。[①] 关于美德究竟是习惯、倾向、激情、品格特征还是行为，一向众说纷纭。关于什么使美德成为美德的不同解释则遵循了不同的模式，而我们可以认为，这些不同模式源于不同的美德伦理学家，其各自的基本立场分别来自柏拉图、亚里士多德、斯多亚学派、休谟、康德、密尔、尼采，抑或两个或多个思想家的创造性整合，只不过，这些美德伦理学家同时也融入了各自的差异性细节。

而哪些习惯、倾向、品格特征、激情或行为是美德，哪些又是恶德，对于这个问题，他们仍会有分歧。普遍的仁慈是美德吗？赫斯特豪斯与斯洛特当然认为是。但很难想象尼采会宣称它是美德。自主是美德吗？康德当然会这么认为，但亚里士多德或者阿奎那可不会这样看。什么是正义？在文献中，我们发现极为不同的视角：正义是关照自己还是关照他人的美德，正义是否就是公平，正义是否在于功绩，正义是否不限于制度和程序的问题……这些方面都有分歧。而他们对待节制的态度也有诸多不同，有的嗤之以鼻，有的认为它是假正经。关于实践智慧的理解，也存在广泛的差异：直觉、工具理性、对目的的反思、对实现目的的最佳手段的反思。唯独针对勇敢的态度相当稳定，尽管我们可以发现，围绕这一广受赞赏的美德甚至也存在各种各样的解释。

---

① Conly, "Flourishing and the Ethics of Virtue," 84.

至于说美德在我们生活中应该起到什么作用，人们就有更多的分歧。它们使我们繁荣？使我们成功？它们是其自身的奖赏？它们能使我们驾驭自我？它们能使我们掌握他人？抑或，我们获得和践行美德仅仅是一种常识？

当然，正是这些不同的哲学传统哺育了我们所知道的美德伦理学运动，带来了表征着当代美德伦理学之特质的美德理论的多样性。这些不同的美德理论是美德伦理学运动中不同道德理论的一部分，我们可以按照其流派，即作为修饰语的"亚里士多德主义的""休谟主义的""康德主义的""尼采主义的"等等来整理它们。然而，真正让我们感兴趣的是标签背后的东西。在那里，我们发现了关于人性、人生目的、我们应该用来判断生活幸福标准的各种不同解释。

这让我们真正触及问题的核心，即美德伦理学作为一种道德理论的地位。在道德哲学中，包括在美德伦理学的道德哲学中，我们已经持有并将继续持有深刻的、不可调和的分歧，只要我们对安斯康姆所描述的充分的哲学心理学抱有不同观点的话。安斯康姆为我们指出了一条沿着亚里士多德的方向前行的希望路径，通过这条路径，我们可以处理本书所说的道德哲学基本问题：人性是什么？人生的目的是什么？以及，我们如何判断在实现人生目标的过程中所取得的进步？对这些问题的充分回答，将产生充分的哲学心理学。而在我们能够拥有某种融贯的美德理论之前，我们需要回答这些更为基本的问题。

许多当代美德伦理学者，从美德伦理学运动开始直到今天，尤其是在这场运动的早期，[①] 采取的都是亚里士多德主义或更多地新亚里士多德主义

---

① 拉塞尔在《实践理智与美德》中为严格的美德伦理学及其配套理论（严格的美德理论）所作的辩护，就是近年来这种方法最好的例证。他承认，他对严格的美德理论的辩护支持实践智慧的核心作用，而这跟当前的美德伦理学文献是相反的，并且，他还认为，不接受某种严格的美德理论的美德伦理学家容易遭遇诸多反对，而他的亚里士多德主义的美德理论则不会这样。

的方法。但是，他们已经开始并不断试图通过改良的亚里士多德主义的美德解释来解决现代道德理论的迫切关注，从而证明其研究方法的优势。在这方面，安斯康姆虽然告诫我们必须停止从事道德哲学，直到我们发展出不可或缺的受亚里士多德启发的哲学心理学，但这一告诫似乎没有得到足够的重视。此外，麦金太尔对亚里士多德主义伦理学进行了广泛而系统的重释，在这方面的表现出类拔萃，跳出了现代道德哲学流行的关注而重新规定伦理学根本任务。结果，非常规的美德伦理学家，尤其是麦金太尔，不仅被现代道德哲学家边缘化，也被那些试图用主流道德筹划的公认标准捍卫自己方法的主流美德伦理学家边缘化。

　　本章试图说明，虽然当代美德伦理学作为一场历史运动具有松散的统一性，但它缺乏实质性的统一性，后者意味着一种聚合的、全面的、融贯的道德理论。既然当代美德伦理学的许多内容都明确借鉴了亚里士多德的伦理学，那么，我们或许可以推断，亚里士多德主义伦理学是当代美德伦理学运动中的道德理论缺乏聚合性、全面性和融贯性的原因。这是一个有效的推断吗？而要回答这个问题，就需要更详细地说明，当代美德伦理学在何种程度上成功复兴了亚里士多德主义伦理学。

第 5 章
亚里士多德伦理学与当代美德伦理学

> 但我们可以看到,哲学上存在着一个目前尚且无法填补的鸿沟,需要我们通过论述人性、人的行为、美德的特质类型、尤其是人的"繁荣"等方面来填补。而最后一个概念似乎是最可疑的。
>
> ——安斯康姆:《现代道德哲学》

在多大程度上,主流的美德伦理学运动中那些涉及实质道德理论方面的重大缺陷是由亚里士多德的伦理学缺陷造成的?如果主流的美德伦理学真正复兴了亚里士多德主义伦理学,那么,这些缺陷,至少就要部分归咎于亚里士多德伦理学。而如果主流的美德伦理学没有做到这一点,那么,亚里士多德的伦理学,至少就其全面性而言,就无需为这些困难负责。况且,起码有可能,人们沿着安斯康姆建议的路线重建伦理学,将会更彻底地恢复亚里士多德主义伦理学。当代主流的美德伦理学代表着对亚里士多德主义伦理学的全面复兴吗?

显然,许多当代美德伦理学家都声称,他们借用了亚里士多德的观点。事实上,这些声明如此广泛,以至于最近一些关于美德伦理学的讨论还要专门提醒人们,美德伦理学无需一定是(哪怕只是表面上的)亚里士多德主义的。阿萨纳索利斯在互联网哲学百科全书的"美德伦理学"词条中写道:"虽然一些美德伦理学从柏拉图、斯多亚学派、阿奎那、休谟、尼采的伦理学以及他们对美德的解释中汲取灵感,但是,亚里士多德主义的美德伦理学构思在这一领域仍然占据主导地位。"①而安娜斯也强调,在美德伦理学中,针对美德的亚里士多德主义论述是占主导地位的,②尽管她本人主张一种从斯多亚学派中获得更直接的灵感的美德伦理学进路。③

赫斯特豪斯虽然强调亚里士多德在美德伦理学中的主导地位,然而,正如我们看到的那样,她也在尽力拓展其理论空间,将其他思想家也容纳进来:

> 它(美德伦理学的复兴)还引发了人们对柏拉图和亚里士多德以外的哲学家——如,马蒂诺、休谟和尼采(除了康德之外)——的美德伦理学解读,于是发展出不同形式的美德伦理学……然而,尽管现代美德伦理学不一定采取我们所熟知的"新亚里士多德主义"的形式,可是,几乎每一种现代版本都表明,它的根源在于古希腊哲学。④

赫斯特豪斯和其他人对于美德伦理学的评论,以及把美德伦理学同亚里士多德主义相结合的流行趋势,引发了如下问题:在当代美德伦理学的文本语境中,"亚里士多德主义"意味着什么?对一个人的道德哲学思考而言,主张拥护亚里士多德主义又意味着什么?关注美德、实践智慧和某种形式的繁荣,足以构成亚里士多德主义吗?当代美德伦理学究竟在多大程度上复兴了亚里士多德的伦理学?如果当代美德伦理学确实将亚里士多德视为其最重要的奠基者,那么,这是否意味着亚里士多德就是美德伦理学家?

---

① Athanassoulis, "Virtue Ethics."
② Annas, "Virtue Ethics," 515.
③ Julia Annas, *The Morality of Happiness*; "My Station and Its Duties: Ideal and the Social Embeddedness of Virtue," *Proceedings of the Aristotelian Society*, new series 102(2002): 109–123.
④ Hursthouse, "Virtue Ethics."

赫斯特豪斯在《美德伦理学》中将自己对亚里士多德主义的遵循描述为"新亚里士多德主义"。虽然不应该断言所有具备亚里士多德主义倾向的美德伦理学家都会像赫斯特豪斯那样来描述自己，但可以有把握地断定，赫斯特豪斯提供了一种典型的描述，她说：

> 我在本书中详述并讨论的这种独特的美德伦理学，是比较常见的类型，它被称为"新亚里士多德主义"。这一类型之所以"新"，至少是因为我在上文表明的一个理由，即支持者会把亚里士多德关于奴隶和妇女的观点视为完全错误的，而且，还因为我们没有让自己局限于亚里士多德所列出的美德清单。（比如，慈善或仁慈就不是亚里士多德主义的美德，但所有美德伦理学者现在都把它列入了美德清单。）而它之所以是"亚里士多德主义的"，则是因为在任何其他可能的地方，它都以严格遵循亚里士多德的伦理学著作为宗旨。①

"新亚里士多德主义"中的"新"显然是一个排他性术语，它是赫斯特豪斯剔除了她所反对的那些亚里士多德伦理学内容的结果。也许，对一些读者来说，赫斯特豪斯到底在剔除什么非常明显，但从她的文本来看，却并不明显。值得注意的是，我们没有从赫斯特豪斯那里了解到，她所反对的亚里士多德关于奴隶和妇女的观点到底是什么。她的意思是，她不同意亚里士多德在《政治学》中提出的奴隶也能获得美德的观点吗？或者，是他在《尼各马可伦理学》中提出的既然奴隶是人，那么自由人也能成为奴隶的朋友的观点吗？我们是否可以假定，她的意思是，她不同意亚里士多德所说的存在天生奴隶的主张，或更确切地说，她不同意亚里士多

---

① Hursthouse, *On Virtue Ethics*, 8.

德因为奴隶制允许将适合自治的人视为工具而对此展开的含蓄批评？我们应当与亚里士多德相反，认为夫妻之间的友谊是不可能的吗？亚里士多德关于奴隶制和妇女的观点是多维度的，但赫斯特豪斯却将它们处理为单维度的。当然，我们应该彻底反对亚里士多德的如下看法，即从生物学的角度来说，女人是不完整的男人。然而，观察却使得人们不得不同意亚里士多德的观点，也就是说，总体而言，女性比男性体毛更少，身材更小。此外，经验还告诉我们，亚里士多德认为男女之间的友谊确实不仅可能而且互利，这是正确的；只不过，由于诸多原因，人们应该强烈反对他认为这种友谊总是发生在不平等关系中的主张。这里的问题是，当一个人说要反对一个复杂思想家在某个主题上的"相关观点"时，他或她似乎有必要作些限定。

赫斯特豪斯的意思极有可能暗含着这样的限定：她不同意亚里士多德关于奴隶和妇女的观点，因为，他的观点与赫斯特豪斯所描述的她自己的伦理观念相冲突，而人们从赫斯特豪斯针对特定伦理争论的判断中可以推测，她的伦理观念可以被看作某种自由主义的。她之所以使用"新"这个词，目的之一是为了消除误会，也就是说，这样做能够使我们既可以诉诸亚里士多德的原则，而又不会因为亚里士多德忽视了女性和奴隶的平等地位而备受困扰。赫斯特豪斯的"新亚里士多德主义"中"亚里士多德主义"，意指她认为亚里士多德著作中那些有价值的部分。然而，她的解释在"任何其他可能的地方"都紧贴亚里士多德，这种开放性的限定则为进一步的完善留下余地。假设以为赫斯特豪斯在所有事情上都遵循亚里士多德，除了他关于妇女和奴隶的观点，这是很轻率的；因为，赫斯特豪斯其实提供了更多的原创性论证，而不是仅仅剔除亚里士多德的某些观点，然后多少有些简单地采纳了他的其余思想。

赫斯特豪斯首要关注的，实际上不是详细说明她的立场与亚里士多德如何进行特定的比较。在某些方面，她不是特别关注亚里士多德，而是发展她自己独特的美德伦理学方法。只不过，她因为亚里士多德所提供的灵感而想要公正地对待他，为此，她阐明了自己从亚里士多德那里接受的四个主要思想特征：(1)幸福是一种客观的而不仅仅是主观的概念；(2)美德是一种使其拥有者变得更好的品质特征；(3)一种在成熟的理性行为和欲望与不成熟的行为和欲望之间进行区分的敏感性；(4)一种与流行的二元论心理学相反而承认信念和欲望并不对立的哲学心理学。①

这些观点极大地丰满了她的断言，即她的立场是一种亚里士多德主义。然而，我们既可以也应该再次抛出这样一个问题：上述四个方面是否足以构成亚里士多德主义伦理学的标准？这个问题之所以重要，不仅仅是因为我们要准确地清理亚里士多德主义伦理学与美德伦理学之间的异同，也不仅仅是因为我们要设法剥去美德伦理学家出于策略而可能将自己包裹于其中的那件亚里士多德主义的外衣。更确切地说，我们要确定的是，亚里士多德的伦理学是否也存在我们在上一章讨论过的、在当代美德伦理学那里所发现的缺陷，为此，我们需要弄清楚，是否可以将亚里士多德伦理学从当代美德伦理学中分离出来。

谁的美德伦理学？何种亚里士多德主义？

厘清亚里士多德伦理学与当代美德伦理学的关系尽管困难很多，但是，其中有两个困难却尤为突出。第一个困难与我们试图提出一种实质性的且一致同意的当代美德伦理学定义时所面临的困难有关。

这个问题的重要性引起了几位学者的注意，他们明确而详尽地探讨了亚里士多德伦理学与当代美德伦理学之间的关系。沃森在论文《品质的首

---

① Ibid., 8—16.

要性》中，特里亚诺斯基（Trianosky）在论文《何为美德伦理学？》中，都是为了明确什么是美德伦理学，都是为了澄清美德伦理学而对亚里士多德与美德伦理学关系进行了反思。① 同样，桑塔斯（Santas）的文章《亚里士多德拥有美德伦理学吗？》的主要目的在于，确认亚里士多德是否拥有美德伦理学；他花了大量精力来界定美德伦理学是什么，并为我们提供了几种描述它的方法。② 辛普森的文章《当代美德伦理学与亚里士多德》讨论了当代美德伦理学与亚里士多德的关系，该文没有紧跟潮流，操心如何定义美德伦理学，而是采纳波伊曼（Louis P. Pojman）和所罗门的美德伦理学描述作为定义。③ 辛普森对美德伦理学的思考是这样的："依据美德伦理学，伦理学首要的是……关于行动者的判断。好人是道德哲学的基本范畴，好人是具有良好品格的人，具有道德美德的人。"④ 辛普森的处理方式使他专注于自己的主要任务：提出他对亚里士多德伦理学鲜明特点的思考，并指出亚里士多德伦理学的主要特征竟然是所有美德伦理学者都不可接受的。然而，他的分析似乎基于如下假设：当代美德伦理学作为一个整体，在某种方式上，等同于亚里士多德主义伦理学。

然而，美德伦理学内部显然存在各种不同进路，而且它们并不全是亚里士多德主义的。上一章的结论是，美德伦理学不是一种有聚合性的道德理论。那么，我们如何比较美德伦理学和亚里士多德伦理学呢？事实上，我们应当只拿那些支持亚里士多德伦理学的主流美德伦理学，而不是拿当代美德伦理学整体来进行严格的比较。不过，这也涵盖了大多数的当代美

---

① Trianosky, "What Is Virtue Ethics All About?"; Watson, "The Primacy of Character."
② Santas, "Does Aristotle Have a Virtue Ethics?"
③ Louis P. Pojman, *Ethics: Discovering Right and Wrong* (Belmont, Calif.: Wadsworth Publishing, 1990), 119–123; Solomon, "Internal Objections to Virtue Ethics." 在这篇较早发表的文章中，所罗门还没有运用我在本书中充分使用的"激进的/常规的"这种区分。
④ Simpson, "Contemporary Virtue Ethics and Aristotle," 503.

德伦理学进路。

考察当代美德伦理学与亚里士多德伦理学之间的关系,还面临第二个重大挑战,即我们在确定亚里士多德伦理学的主要特征时所面对的解释困境。对于亚里士多德伦理学的许多核心问题,我们都能发现,围绕亚里士多德的《尼各马可伦理学》和《欧台谟伦理学》存在多种不同解释——这些解释不仅来自试图将亚里士多德的观点在道德哲学框架内加以现代转化的哲学家,而且来自那些以解释亚里士多德为主要工作的哲学家。也就是说,如何准确解释《尼各马可伦理学》第1卷第7节中亚里士多德的功能论证;他在《尼各马可伦理学》第1卷第13节的幸福定义同他在第10卷第7-8节关于两种幸福的描述之间是何关系;他对幸福的说明是否在逻辑上优先于他引入各种美德,抑或,他是不是从一个既定的美德清单中推出他的幸福概念;是否所有的道德美德都同样适于根据激情和行动的中道来加以分析;实践智慧究竟是什么,而与伦理学的其余部分相对应,其他的理智美德的作用又是什么;是否以及如何将《政治学》解读为亚里士多德《尼各马可伦理学》的思考的延续和结果;我们应该是把《欧台谟伦理学》还是把《尼各马可伦理学》在一定程度上明确为亚里士多德的成熟思想,等等,关于这些问题,我们可以找到各种各样的解释。①

尽管解释亚里士多德伦理学存在诸多挑战,但我们依然需要对其伦理学提出若干主张,否则,我们就无法将亚里士多德伦理学同美德伦理学进行比较。作为一个面对亚里士多德伦理学更棘手的解释挑战且充分意识到其中解释风险的学者,我在本章中并不打算深入讨论关于亚里士多德伦理学的学术争论,从而标榜自己对亚里士多德伦理学的核心特征给出了有说服力和结论性的解释。那需要我另外撰写一部甚或几部书。然而,这里我

---

① 在过去130年里,产生了大量研究《尼各马可伦理学》的学术成果。参见 Lockwood, "A Topical Bibliography of Scholarship on Aristotle's Nicomachean Ethics: 1880–2004."

能做的是，描述亚里士多德伦理学的某些主要特征，即使它们在解释上存在争议，但也构成了同那些被认为受亚里士多德启发的当代美德伦理学家的成果之间的一定对比。采用这种方式而笼统地处理那些声称继承了亚里士多德的当代美德伦理学文本与亚里士多德伦理学之间的关系，其缺点在于，许多细微的差别和争议以及如何进一步消除这些差别和争议的解决方案都被搁置起来。这是一个重大损失。然而，要避免这一损失，需要的不仅仅是我进一步构建关于当代美德伦理学运动的看法。我所关心的是我的下一步论证，并且将我们的注意力转向地图的大轮廓，而这么做的好处是不会迷失在地图的细节之中。此外，正如你在缩小谷歌地图界面时可以看到更多区域——这样会模糊细节但不影响准确性——那样，接下来，我对亚里士多德伦理学的主要特征与当代美德伦理学家的亚里士多德主义式的特征之间差异的反思，同样能为我们提供一个全域视图，而其细节则可以另作考察。

当代美德伦理学与亚里士多德

一边是声称灵感来自亚里士多德的当代美德伦理学家，另一边是亚里士多德的伦理学。无论亚里士多德在自己的伦理学著作中做了什么，他都不是在探究安斯康姆所说的现代道德哲学的核心问题。亚里士多德伦理学并不关注特殊意义上的"道德"，也不强调道德"应当"及其同源概念，正因如此，我们才有可能对比亚里士多德伦理学与现代道德哲学之间的差异。然而，我们已经看到，赫斯特豪斯的方案以及其他主流美德伦理学家方案的核心目标，却恰恰是现代道德哲学的目标。实际上，主流的美德伦理学正是通过声称它对现代道德哲学核心问题的处理要优于或相同于那些现代道德哲学进路，即义务论和后果主义，从而证明美德伦理学运动的存在合理性的。将制定一套基于规则的行动指南方案、对具体道德原则的还原论解释进行辩护作为首要关注,以及,为了达到期望的结果而放弃自己的原则,这些就是安斯康姆所说的现代道德筹划的特征,而它们恰恰是亚里士多德伦理学所没有的。① 任何试图利用亚里士多德的原则来达到与其方案无关的目的的做法,必然产生一种看起来与亚里士多德伦理学迥然不同的伦理学。

亚里士多德主义伦理学与那些属于现代道德哲学的理论在对象、目的、方法等方面的差异,显示出亚里士多德伦理学同各种受到亚里士多德启发的当代主流美德伦理学之间的最重要分歧。然而,这些差异并没有经常得到强调。或许,原因之一在于,对亚里士多德主义伦理学和主流美德伦理学之间差异性的强调,会削弱美德伦理学构成了其他主流理论替代者的那种主张。

而另一个原因则与我们对亚里士多德和伦理学的思考的模糊性有关。谈亚里士多德伦理学是一回事,谈亚里士多德主义伦理学是另一回事。后者指向一种道德探究的传统,这种传统远远超出了亚里士多德的范畴,例如,它还包括阿奎那,没有人会质疑他的亚里士多德主义身份,但与亚里士多德的相比,阿奎那的伦理反思则更密切地关注对行动指南和道德原则的辩护。阿奎那的亚里士多德主义伦理学的这些特征来自于他所继承的其他道德探究传统,包括西塞罗、奥古斯丁和自然法传统的影响。既然如此,为什么没有人怀疑阿奎那的亚里士多德主义身份,而桑塔斯和辛普森等人却质疑那些自称是亚里士多德继承者的美德伦理学家的亚里士多德主义身份呢?难道我们不能认为,他们是在以自己独特的方式延伸亚里士多德的伦理学,是以一种与阿奎那延伸亚里士多德的类似方式(也可以说是

---

① 这并不是说亚里士多德不关心行动指南,而是说,在他的伦理学中,这种关注不像在现代道德哲学中那样具有同样重要的地位。

非常不同的方式）来适应现代道德哲学家的关注吗？

我想说，事实并非如此，原因有几个。上面已提到其中两个。尽管阿奎那密切关注行为指南和道德原则的来源，但他并没有选取某个有别于人类行为其他领域的"道德"的特殊领域。在阿奎那看来，我们常说的"道德"领域和慎思的领域一样宽广，也就是说，任何理性的、独特的人类行为，亦即，任何由选择产生的行为，都是道德行为。① 阿奎那同样坚持要绝对禁止某些行为，无论在什么情况下都要禁止。而这两个原则都是亚里士多德伦理学所特有的，却没有得到受亚里士多德启发的美德伦理学家的一致赞同。宽泛的伦理考虑，以及拒绝那种反对道德绝对物的做法向实践反思提出的要求，带来了亚里士多德主义伦理学的两个必要条件：

（1）亚里士多德主义伦理学认为，将人类行为的某个独特领域定义为"道德"，这是不连贯的。②

（2）亚里士多德主义伦理学在安斯康姆的意义上是非后果主义的。③

正因为亚里士多德伦理学的关注范围与人类行为的范围一样广泛，才使得他的伦理学就跟柏拉图和其他许多古典哲学家、中世纪哲学家的伦理

---

① *Summa theologiae*, I-II, proemium.
② 这种宽泛的伦理反思必定涉及作为沉思者的人，对此，亚里士多德说："因此，选择要么是欲求的思考，要么是理智的欲求，而人就是行为的这样一种始因"。（*NE* VI 2, 1139 b 4–5，罗斯译本，下同）
③ 亚里士多德在论述坚持道德绝对物时说："并不是每一个行为或每一种感情都有中道；因为，有些行为和感情的名称就意味着恶，例如，恶意、无耻、嫉妒，以及通奸、盗窃、谋杀等行为；因为所有这些或类似的事情的名称就意味着暗示它们本身就是恶的，而不是因为它们的过度或不足。因此，对它们永远不可能是正确的，而且永远是错误的。这类事情的好与坏也不取决于是否与适当的妇女、在恰当的时间、以正确的方式通奸，而是只要去做这些事情就是错误的"。（*NE* II 6, 1107 a 9–21）

学一样，关注人的整个生活。在安斯康姆看来，亚里士多德的伦理学之所以成为伦理学，正是因为他拒绝放弃那些无条件禁止通奸、盗窃、谋杀等行为以及禁止怨恨、嫉妒等感情的绝对原则。

虽然这两个条件并非定义全部亚里士多德主义伦理学的充分条件，但是，对于独特的现代道德哲学与亚里士多德自己的伦理学或充分的亚里士多德主义伦理学之间的核心区别来说，上述两个条件却是最主要的关注点。这为我们提供了一条有用的标准：如果某种当代美德伦理学不能满足这两个条件中的一个，那么，它就不属于亚里士多德主义伦理学。① 如果还能证明存在其他条件，那么，我们就可以扩展标准从而包含其他条件。在本节的余下部分中，我将考察亚里士多德伦理学的另几个必要特征，并在此基础上补充该主张：如果不能满足这些条件中的任何一个，便不能被视为充分的亚里士多德主义伦理学。

（3）亚里士多德主义伦理学坚持认为，沉思的智慧具有至高无上的重要性。

仔细阅读《尼各马可伦理学》就会注意到，亚里士多德多次强调了沉思智慧这种哲学活动的优越性。而从当代伦理学的观点来看，这种强调却显得很怪异。对于这样的主张，我们该如何理解呢？尤其是，当他认为道德只应该思考正确或错误的行为的时候。毕竟，活动并不总是行为，况且在某些理论中，只有某些行为才被认为是"道德的"行为。

《尼各马可伦理学》和《欧台谟伦理学》的许多文字都给人留下了生僻感和异域感的印象。如果我们故意忽略它们，那么，我们就有可能错失

---

① 一些美德伦理学家可能公正地回应说，他们承认自己与亚里士多德主义没有太大关系，因此不受这类批评的影响。我们可以称之为"那又怎样？"（so what?）的反驳方式。我将在本章最后一部分着手回应这个问题，并在接下来的三章继续展开回应。

亚里士多德伦理学的重要特征。例如，亚里士多德把 Kalon（"美而高贵"或"美好的事物"）作为一种判断行为的审美和形而上学标准，或者，用它来强调勇敢的行动只有在面临死亡时才会真正展现，而这些都可以被理解为不过是他那个时代文化风貌的古雅特征，与我们的时代已经不相适应。在我看来，这种态度是沙文主义的，它不仅使我们忽视了一些用以正确解读亚里士多德的重要概念，而且使我们遗漏了一些可以丰富我们自身伦理探究的资源。① 同样地，亚里士多德劝告我们尽可能地趋向神，这也常常被视为一位仍然偶尔受其先师柏拉图催眠的人身上所具有的赘疣。当代的解释者经常鼓励我们赶紧摆脱这些困窘，并将我们的注意力转向那些被认为与亚里士多德讨论美德的定义或辩证分析不自制／意志软弱（akrasia）有关的段落。但是，这却使我们无法领会亚里士多德的本来面目；相反，我们应当把他的作品当作一口口矿井，希望从中攫取一些我们所认为的更珍贵的矿藏。

对亚里士多德而言，最重要的是坚信，如果我们想获得完满的幸福或繁荣，那么，我们就只能致力于沉思的智慧。我们若没有认识到这点，那么，这种态度将尤其有害。实际上，我们可以正确地认为，这一结论不仅是他的伦理反思的顶点，而且，对此番洞见的辩护也展示了这部著作的整体性。而这就是为什么那些赞颂沉思活动具有不可超越的价值的段落虽然很少，但它们却处于《尼各马可伦理学》一些最重要的节点上：在围绕"三种生活"的简短讨论中，他把沉思活动当作最适合于人类的生活予以展望；② 在结束对理智美德的分析时，他强调哲学智慧高于实践智慧——

---

① 我对这个观点的论证，参见 "Are You Man Enough? Aristotle and Courage," *International Philosophical Quarterly* 50 (2010): 431–445.

② Aristotle, *NE* I 5, 1096a 4–5.

尽管实践智慧不可或缺；① 而在以整整十卷的篇幅论述了最完满的生活方式之后，他是以赞颂沉思生活（即我们训练沉思智慧的生活）的优越性作结——如果我们把第 10 卷第 9 节解读为《政治学》的前言的话（而我认为我们必须这样做）。②

无论我们如何理解涵盖论者（inclusivist）与理智论者（intellectualist）③围绕亚里士多德幸福概念的争论，一个无法回避的事实是，在亚里士多德看来，最完善的生活的根本任务是从事哲学沉思这一最高的理智活动。亚里士多德的当代读者常常拒斥这个目的，他们的理由至少有三。第一，其间的精英主义冒犯了我们的平等主义观念。第二，沉思者需要一个沉思的对象。而在亚里士多德看来，终极的沉思对象是自足的神。这使得亚里士多德的自然主义具有明确的超自然特征，因此同我们时代的许多流行的成见相悖。第三，沉思不是静止的，而是动态的。它是变化的。对亚里士多德而言，认识就是变成被认识的事物。④ 因此，以沉思神所必需的方式去认识神，就是在某种程度上成为神。当亚里士多德劝告我们尽己所能而把自己变成神的时候，他就是这个意思。⑤

委婉地说，神圣化很少被奉为当代道德哲学的首要目标。人们之所以还能发现它在边缘徘徊，是因为在学院哲学中仍有一些柏拉图主义者、严格的亚里士多德主义者和托马斯主义者。在当代美德伦理学的文本中，没有强调神圣化，甚至没有把沉思的智慧作为个人一生的统一目标，也许不足为奇。尽管如此，对亚里士多德理论这一核心目标的忽视，也会危及那

---

① Aristotle, *NE* VI 13, 1145a7–11.
② Aristotle, *NE* X 7–8, 1177b27–1178b33.
③ 理智论与涵盖论是关于《尼各马可伦理学》的幸福概念的两种观点。理智论者认为，最好的生活是哲学思辨的生活，它不包括合乎伦理美德的生活；涵盖论者认为，思辨生活与合乎伦理美德的生活都是最好生活的组成部分。——译者注
④ Aristotle, *De Anima*, III 4, 429a10–429b9; 430a3–5; 7, 431a1, 431b16–17.
⑤ Aristotle, *NE* X 7, 1177b30–1178a5.

些想要恢复亚里士多德主义筹划的当代美德伦理学家的主张。某种新亚里士多德主义，如果不强调这种给整个亚里士多德伦理学带来秩序的美德活动的重要性似乎就不可能是一种充分的亚里士多德主义伦理学。

（4）亚里士多德主义伦理学坚持认为，幸福是美德的活动。

大多数新亚里士多德主义的当代美德伦理学家都正确地指出，亚里士多德所理解的 eudaimonia（通常被译为 flourishing，但还有一种更具体、更熟悉的译法，happiness）和当代伦理学所涉及的各种幸福概念（其中，密尔的功利主义是最主要的理解方式）之间存在差异。赫斯特豪斯也指出了这种差异，她采用的是客观的亚里士多德主义概念，而不是对满足的主观强调。⑥然而，辛普森是对的，他指出，在当代美德伦理学家的著作中，更为坚实的亚里士多德主义概念常常以一种十分不符合亚里士多德主义的方式得到使用：他们试图通过论证幸福，从而界定什么是有美德的品格特征，但亚里士多德却是根据美德所构成的东西来定义幸福。辛普森是这样说的：

> 根据美德理论家的观点，人们应该用"繁荣"概念来解释和论证美德。繁荣是优先的概念，美德要依据它来理解。但亚里士多德没有从某种优先的繁荣概念出发论证美德，他甚至没有试图这么做。美德参与对幸福的定义，但幸福没有参与对美德的定义。幸福（eudaimonia）被定义为灵魂合乎美德的活动，而美德则被定义为各种选择的习惯，它们存在于相对我们而言的中道，并且由理性决定。用于定义某个事物的东西必定优先于那个事物，必须先得到理解，然后

---

⑥ Hursthouse, *On Virtue Ethics*, 10; 关于这种主要差异的进一步探讨，参见 Julia Annas, "Virtue and Eudaimonism," *Social Philosophy and Policy* 15 (1998): 37–55.

才能使那个事物得到理解。所以，美德概念必定先于幸福概念，必须在幸福得到理解之前获得理解。①

辛普森的评论暗示了亚里士多德主义伦理学的某个事实，那就是，在认识论上，我们必须先认识美德和恶德是什么，然后再定义幸福。这样的判断从何而来？亚里士多德的回答让许多人感到不安，因为它不仅是精英主义的，而且根据一些评论者的说法，它还向相对主义敞开了大门：亚里士多德说，什么是美德或恶德、好或坏、正义或非正义等，关于这些问题的判断乃是由少数高贵之人所特有的，他们有幸拥有天赋和扎实的教育。因此，对于当代伦理学家在很多方面认为具有头等重要性的问题，亚里士多德坦率地表示并不关心。

我们无需为了提供一种充分的亚里士多德主义伦理学而像亚里士多德那样对美德之所以成为美德的问题缄默不语。但是，我们需要认识到，在逻辑上，美德优先于幸福——幸福是由美德的活动构成的。试图用幸福来定义美德，必定是在进行错误的推理，或者是在使用某种与亚里士多德所给出的截然不同的幸福概念。亚里士多德在其两部主要伦理学著作中都告诉我们，我们要的是对幸福的理解；而我们必须通过仔细审视那些我们已经熟悉的美德而获得这种理解，即使我们并不拥有这些美德。

不过，值得指出的是，在亚里士多德主义的伦理学中，关于幸福的成熟解释虽然在概念上依赖于美德，但这并不意味着，对人类美好生活的所有思考都要被后置于对美德的解释。伦理方面的美德是指一些品格特征，它们能够使人去做人性使之适合去做的事情。亚里士多德认为，我们因此需要某种人性及其目的论，从而理解美德概念。这不是一个循环论证，而

---

① Simpson, "Contemporary Virtue Ethics and Aristotle," 507.

是两个分析层次：第一个是对幸福的完整哲学解释，它必须依赖于一种先在的美德解释；第二个是对美德的哲学解释，它依赖于一种先在的人性目的论。不借助美德，我们无法理解幸福；而缺少有关人性的目的论解释，我们则无法理解美德。由于幸福是关于人类生活目的问题的终极答案，所以，这两个不同层次的分析常常被视为一个分析。① 可是，它们不是一个分析，因此，把它们合并起来需要非常谨慎。②

这就引出了关于该话题的第二个重要差异。许多当代的美德伦理学家都十分重视品格的发展。他们告诉我们，美德伦理学与某种生活方式有关，而不是与践行特定行为有关。③ 就其本身而言，这种强调是无害的，因为事实上，幸福生活并不像我们在各种功利主义中看到的那样，是由一系列被当作追求某种独特回报之手段的外在行动构成。可是，幸福也是一种目的，而行动在实现这个目的的过程中起着关键的作用；亦即，构成幸福本身的作用。亚里士多德的伦理学文本自始至终都在强调这点，而正是这点，消解了我们经常听到的一种反对意见——亚里士多德前后矛盾，因为，他既认为美德因其自身就值得追求，同时又认为它属于幸福的组成部

---

① 麦金太尔在《追寻美德》中似乎对这两个层面的分析很敏感，因此，我认为辛普森在《当代美德伦理学与亚里士多德》（"Contemporary Virtue Ethics and Aristotle"）一文里把麦金太尔和那些用幸福来定义美德的人混为一谈是不公平的。例如，我们不妨看看麦金太尔的评述："美德正是这样一些品质，拥有它们就会使一个人获得幸福，而缺乏它们则会阻碍他达到这个目的。但是，尽管将运用美德描述为实现人的善这一目的的一种手段并不为错，但这样的描述是模糊不清……因为，构成人的善的，是以最好的状态过上一种完善的人类生活，运用美德是这种生活的必要和核心部分，而不仅仅是确保这种生活的准备活动。**因此，如果我们不参照美德，就不能充分地描述人类的善**"（*After Virtue*, 148–149, 着重号为笔者所加）。
② 我将在第 7 章回到这个话题。
③ 或者，正如丹尼尔·斯塔特曼（Daniel Statman）在《美德伦理学：批判性读本》（*Virtue Ethics: A Critical Reader*）的序言中所说，"美德伦理学的含义只是从 20 世纪 80 年代开始变得比较确定。它现在指的是一种比较新的（或复兴的）伦理学方法，根据这种方法，**伦理学的基本判断是关于品质的判断**。特里亚诺斯基指出，这一基本假设体现为两个主要论点：（1）至少有一些关于品质特征价值的判断独立于关于行为对错的判断；（2）美德概念证明了正确行为的正当性"（第 7 页，着重号为斯塔特曼所加）。

分。在亚里士多德的伦理学中，我们发现在惯常的手段—目的推理之外，还有某些东西在发挥作用，而当代美德伦理学文本最有希望的一个方面，就是要探究并力图恢复亚里士多德的这种强健的实践推理概念。①

然而，强调"是"（being）而不是"做"（doing），这可能会导致一种漫画式的伦理学，在那里，美德虽然是最重要的，但也同时掩盖了一个基本而又常常遭到忽视的要点：幸福不是拥有美德，而是有美德的**活动**。关于其间的差异，亚里士多德是这样说的：

> 有些人将幸福与美德或某种美德等同起来，我们的解释与他们是相协调的；因为，美德就存在于合乎美德的活动。然而，最高善是在于我们拥有美德的状态还是在于我们运用美德的活动，两者是非常不同的。因为，状态可能并不会产生好的结果，就如同一个熟睡的人或者其他不活跃的情况，而活动则不可能。一个活动着的人必定在行动并且能够很好地行动。在奥林匹克运动会上，桂冠不是授予最俊美和最强壮的人，而是授予参与竞赛的人（因为胜利者在这些人中间产生），同样，在生命中赢得高贵和善的是那些行动恰当的人。②

当然，一个人应该通过反复的活动、模仿和学习而努力获得各种美德。但如果这些美德没有在恰当的活动中实现出来而仅仅是美德品格的发展，这并不能构成一个人的目的。尽管拥有美德就是以某种独特的方式来对待某些活动，但构成幸福的是有美德的活动，正如前面已经指出的，在

---

① John McDowell, "Virtue and Reason," Monist 62 (1979): 331–350; Julia Annas, "*Moral Knowledge as Practical Knowledge*," in Moral Knowledge, ed. E. E. Paul, F. D. Miller, and J. Paul (Cambridge: Cambridge University Press, 2001), 236–256, and *Intelligent Virtue*; and Daniel C. Russell, *Practical Intelligence and the Virtues*.
② *NE* I 8, 1098b30–1099a5.

这些活动中,最好的活动乃是智慧的沉思活动。

因此,亚里士多德伦理学不是在美德品格发展的意义上,而是在拥有美德品格之人的行为和行为良好的意义上来衡量成功的生活。如果一种新亚里士多德主义的美德伦理学将拥有美德作为美好生活的终极目的,那么,它就不能算作是亚里士多德主义伦理学。

(5)亚里士多德主义伦理学强调,是实践智慧而不是实践智慧之人,指引真正有美德的人做出正确的行为。

通过观察和模仿实践智慧之人(ho phronimos)——作为美德典范的具有实践智慧的人——我们可以收获很多。亚里士多德对伦理教育的关注,显然贯穿《尼各马可伦理学》及其续作《政治学》,他甚至在道德美德的定义中引入"实践智慧之人"①。而这样做的意义在于提供一种标准,使得人们可以充分地理解正确推理的运作方式。无论是在(有希望获得的)美德品格发展的形成阶段,还是在追求融贯全面的美德理论的理论活动中,实践智慧之人都是不可或缺的。

然而,一个人的目标并不是永远模仿特定的榜样,而是使自己成为有实践智慧的人。丹尼尔·斯塔特曼(Daniel Statman)对桑塔斯文章②的核心论题这样评论道:

这里的关键在于如何理解亚里士多德所说的"实践智慧之人"。实践智慧之人是恰当行为的标准,故而,一个行为之所以正确,是因为且仅仅是因为它由实践智慧之人做出(或者愿意做出)?还是说,实践智慧之人做出这个行为,是因为他感知到了这个行为的独立价

---

① *NE* II 6, 1106b 36–1107a 2.

② Santas, "Does Aristotle Have a Virtue Ethics?"

值?……桑塔斯表明,根据亚里士多德的理论,决定某种行为是否应该做,其标准是(实践)理性,而不是美德,美德仅仅使一个人能够做出理性选择的行为。因此,在亚里士多德的语境中,行为的价值不可能来自于品格的价值。①

毫无疑问,桑塔斯是对的,一个人的正确行动方案是通过自己的实践智慧确定的,既不是通过拥有美德,也不是通过试图模仿榜样。不过,我认为,当斯塔特曼说美德"仅仅使一个人能够做出理性选择的行为"时,他对桑塔斯立场的描述就有些过头了。如果推理者不具备美德的品质,那么,正确的推理也不能选择正确的行动方案。

我们需要道德的卓越性来建立完善的感知力,即实践智慧。而美德的品格则为我们的反思提供了基点(archai),也就是那些必须首先具备的东西。②一个节制之人知道什么样的感觉和行为是节制的,他会习惯性地倾向这些感觉和行为。正因如此,节制之人也就不必费心考虑是否要节制,因为,"要节制"这一选择已被整合于节制的习惯之内。我们需要实践智慧,是为了推出在这样或那样的情况下如何有节制地感受或行动。当我们寻求正确的推理时,没有任何规则集合可以让我们从中输出推理,因为我们所面临的环境是不可重复的,我们作为面对这些环境的人也是不可重复的。亚里士多德指出了一些非常普遍的经验法则,比如,发现中道,考察有实践智慧的人将会如何推理。这些参照点虽然提供了粗略的方位,但无法给出详细的地图或精确的罗盘。事实上,也不存在精确的地图。正如亚里士多德不厌其烦地提醒我们的那样,每一个新的行动都是独特的。实践反思是由我们的美德指导,而实践智慧之人的关键作用正体现在美德的形

---

① Statman, "Introduction," in *Virtue Ethics: A Critical Reader*, 27.
② *NE* I 4, 1095b 2–8

成过程中，而不是体现为以某种方式给人们提供实践反思的具体内容。

一些具有亚里士多德主义倾向的当代美德伦理学者接受了这些有关实践智慧的观点，并对这种理智美德展开了精细的说明。① 尽管如此，在美德伦理学的文本中仍然存在忽视实践智慧的特殊作用的取向。② 有一种新亚里士多德主义的当代美德伦理学便试图从"实践智慧之人"中导出规则，再根据这些规则确定个体的行动过程，因而，它不能全面地理解实践智慧的恰当作用，谈不上是一种充分的亚里士多德主义立场。

（6）亚里士多德主义伦理学坚持认为，除了"技艺"，其他任何美德都不可能被误用。

亚里士多德写到，"每一种美德，既使它所属的事物处于良好的状态，又使该事物的活动完成得好；……因此，如果任何情况下都是这样，那么，人的美德就是一种既使人变得好、又使他出色完成自身活动的状态"③。当代新亚里士多德主义美德伦理学者并不怀疑美德会使我们变好，会使我们倾向于采取正确的行动。但这里的问题在于，我们是否可能有美德地做出

---

① 赫斯特豪斯认为美德规则（V-rules）的推导并不依赖于实践智慧之人（*On Virtue Ethics*, 80），并强调，有美德的行动者需要运用自己的实践智慧来做出有美德的行为（特别参见 *On Virtue Ethics*, 136）。拉塞尔的《实践理智与美德》尤其值得注意，它严谨地捍卫了亚里士多德的实践智慧美德及其在幸福生活中的重要作用。

② 拉塞尔广泛论证了实践智慧与每种美德之间的联系，还论证了实践智慧在指导行动中的作用。他承认，美德伦理学文献存在着忽视实践智慧的作用的倾向："因此，我的观点与最近有关品格美德的思想中越来越漠不关心实践智慧概念的趋势形成了鲜明对比。一些美德理论家认为，实践智慧对于某些美德很重要，但肯定不是对所有美德都很重要（Swanton 2003）；另一些美德理论家认为，虽然实践智慧是各种美德的组成部分，但这一要求不是那么重要，即使一个'缺乏知觉'、在实践智慧方面不完整、有缺陷的人，他的'仁慈'也仍然算是一种美德（Adams 2006, 187）；也有一些美德理论家认为，如果一个人的动机通过某种'平衡'的方式而是有美德的，那么，实践智慧甚至慎思都是不必要的（Slote 2001）；还有一些人则认为，所有的美德根本不需要具有任何特殊的潜在心理属性，更不用说实践智慧了（Driver 2001）"（*Practical Intelligence and the Virtues*, xi）。

③ *NE* II 6, 1106a15–18, 21–23.

错误的事情——我所说的"错误的",是指"卑鄙的、低劣的、不公的或丑陋的"。亚里士多德的观点是"不可能";这也是他之所以声称我们永远不可能正确地怨恨、正确地谋杀或正确地通奸的主要原因。① 需要注意,他提出该主张,但并没有诉诸义务论的正确或错误概念。这里所说的"正确地",指的就是"有美德地"。简单而言,这里不存在某个可以同"有美德地"或"邪恶地"相分离的正确或错误概念,而论证一个人可能有美德地做出错误的行为,这是在反驳亚里士多德美德理论的核心命题。②

当亚里士多德强调实践智慧与道德(或伦理)美德的相互联系,从而竭力主张美德的统一性时,他同样清楚地表达了这一点:

> 因此,显然,从前面的讨论来看,离开了实践智慧就没有严格意义的善,离开了道德美德也不可能有实践智慧。不过,在这个意义上,我们也可以反驳这样的辩证论证,即美德是可以相互分离存在的;同一个人并不能天生具备所有的美德,所以,他获得某种美德,而没有获得另一种美德。就自然的美德而言,这是有可能的,但就那些使得一个人成为好人的美德而言,这是不可能的;因为,只要有了实践智慧的品质,他就会有一切美德。③

在这段话中,亚里士多德确实提到了关于美德的一些日常语言,比如,人们会说"勇敢的恐怖分子"或"性情节制的小偷"。然而,这些日常语言并不能充分地说明这些美德,也就是说,如果不与实践智慧结合,

---

① *NE* II 6, 1107a9–26.
② 按照严格的理解,美德是永远不会被误用的品格特征,对这一立场的捍卫也是柏拉图伦理学的核心。事实上,在柏拉图的对话中,这是一个区分对美德的诡辩解释和哲学解释的标准。
③ *NE* VI 13, 1144b30–1145a2.

那么勇敢和节制就不是真正的美德。真正有美德的人，实践智慧之人，决不会"误用"其美德。① 因此，看起来误用美德的行为，实际上可能只是运用了虚假的美德。

基于这样的原因，当那些觉得美德可能被误用的当代新亚里士多德主义美德伦理学者宣称一个人确实能够有美德地实施错误行动时，他们没有理解实践智慧所达到的状态；实践智慧不可能被卓越地或糟糕地运用，因为，它本身就是一种卓越。② 这种主张意味着，他们未能把握道德美德与实践智慧之间的联系范围，从而，这样的错误往往又会进一步导致对道德美德的扁平化描述以及对实践智慧的不完全解释。

对这个问题，赫斯豪斯的处理非常有趣。一方面，她认识到，虽然人们在日常语言中经常以美德辞令来描述某些错误行为，但这些用法其实是没有理解实践智慧在真正的美德行为中的恰当作用。③ 另一方面，在关于"不可解决的悲剧性困境"那一章，她又试图解决一个人是否会有美德地做出错事的问题（值得肯定的是，她在这点上非常谨慎，要比跟她同一阵营的许多人谨慎得多，后者几乎未加多言就拒绝了"人不可能误用美德"的原则④），只不过，她对这个问题的回答似乎在和稀泥。一方面，她认为

---

① 亚里士多德确实承认，人们有可能拥有技艺的理智美德而又错误地使用它，因为技艺的产品不同于产生它的行为（参见 NE VI 5, 1140b4—6, 20—30）。虽然一个人有可能误用技艺，但一个有实践智慧的人，即一个完全有美德的人，却不可能误用其美德。
② 这就是为什么亚里士多德声称，"不存在卓越的实践智慧这种东西"（NE VI 5, 1140b 22）。
③ 参见她在《美德伦理学》第 13—14 页的讨论。
④ 加布里埃尔·泰勒（Gabrielle Taylor）的如下断言，就是对这一点不在意的一个尤为突出的例子："拥有某种抵消性美德（a countervailing virtue）的人不一定是个慷慨、慈善或公正的人。但它们也不一定属于那种有时被称为'关涉自我'（self-regarding）而有时又被称为'执行性'（executive）的美德，对于这些美德，一个人可以为了自己的利益也可以为了他人的利益而践行，所以，这个人可能拥有所有这些美德，但却是完全自私甚至邪恶的人。勇敢、审慎、耐心和自制就属于这一类。"（Deadly Vices [Oxford: Clarendon Press, 2006], 126）按照泰勒的观点，一个人可以既是邪恶的，又是勇敢、审慎、耐心和自制的。

有美德的行为者永远不会被迫做出坏的行为，但另一方面，她又认为有美德的行为者有可能逼不得已地做不好自己的行为。她的论述如下：

> 然而，如果有美德的行为者要摆脱的是一个真正的悲剧性困境，那么她确实会做出糟糕的事情，即那种冷酷的、不诚实的、不公正的事情，或者一般来说邪恶的行动者通常会做出的事情——杀人或任人死去，背叛信任，侵犯他人的重要权利。因此，人们不可能说她做得好。但由此得出的结论不是美德不可能，而是，有可能存在某些即便是有美德的行为者也无法出污泥而不染的情境。①

赫斯特豪斯的讨论有很多微妙之处，她着力突出那些面临极端艰难选择的人们所面临的真正痛苦。在这里，我关注的是她的解决方案：一个有美德的行为者在面对赫斯豪斯眼中（不仅是表面上）无法解决的、悲剧性（因为没有赢家）的困境时，既做出了在其他情况下会被认定为邪恶的事情，又仍是一个有美德的行为者。我们并不很清楚，赫斯特豪斯是在想，如果一个人做得"不好"，那么她就暂时没有做出有美德的行为，还是在想，这种行为如果是美德行为者迫不得已做出的，那它仍属于有美德的行为。若是前者，我们便有了一个受到违背美德的原则或欲望激发、并非出于品质而行动的行为者。假如这是她的立场，则会削弱她的如下主张：美德行为者确实面临不可解决的悲剧性困境。而她在本章的重点显然在于，美德行为者是会面临此类困境；这使得我们认为，美德行为者有时不能很好地运用美德。

如果像有美德的行为者那样行动便是有美德地行动，那么，按照上面

---

① *On Virtue Ethics*, 74.

赫斯特豪斯所描述的悲剧性情境，在那里，一个行动者的美德，比如她的诚实，即便是在她违反了撒谎或杀害无辜者这样的绝对道德原则的情况下，也仍可以是完好无损的。在某种程度上，她的生活虽然可能因为这一行动而受到损害，但她的品格却不会受到损害。从她对悲剧性困境的处理中，我们可以看出，尽管如下情况绝少发生，但美德行为者仍有可能以合乎美德的方式而失信他人或杀害他人。因此，就算细节上有所不同，赫斯特豪斯的观点也依然体现了当代美德伦理学家的一个共同倾向，即把美德说成是一种人们在某些情况下可以借以做出错误行为的品格特征。而另一边，安斯康姆则明确表示，与其做出这样的事，还不如去死。因此，就此而言，她同柏拉图和亚里士多德是一致的。

（7）亚里士多德主义伦理学不认可也不可能认可无私与普遍仁慈。

第二章已经谈及新亚里斯多德主义者，还有其他一些当代美德伦理学者对仁慈或慈善等利他主义概念的强调，而本章在关注比较亚里士多德主义伦理学与新亚里士多德主义伦理学时，理应更详细地讨论这一趋势。

赫斯特豪斯说，"例如，慈善或仁慈，并不是亚里士多德主义的美德，但现在，**所有的**美德伦理学家都把它列入美德清单"①。对于强调慈善的这种做法，库普发表了中肯的评论。例如，他指出，当赫斯豪斯写下这些话时，安斯康姆还在世，然而人们发现，在后者的《文集》第三卷（该卷收录了安斯康姆的伦理学论文）的索引中，却并没有提及慈善。库普还注意到，阿奎那所说的慈善似乎不是赫斯特豪斯或斯洛特所考虑的慈善。就此而言，吉奇在《美德》一书中描述的慈善美德也不是赫斯豪斯或斯洛特所说的慈善美德。②库普还提醒我们，没有基督教信仰但试图使用基督教的

---

① *On Virtue Ethics*, 8; 着重号为笔者所加。
② 库普在这个问题上引用了吉奇的话："如果慈善是对在这个世界中至高无上的上帝的爱以及出于

道德特征，尼采对此是颇不待见的。①

在基督教神学中，很少有比慈善更重要的概念。然而，新亚里士多德主义的美德伦理学者所推崇的慈善却是一个彻底世俗化的概念——吉奇称之为"可疑的"美德。对于慈善或仁慈这种世俗化概念，我们可以推断，如同安斯康姆在"道德应当"中发现的一样，它是某个术语的生命延续，而这个术语虽然保有迷人的力量但缺乏基础以证明其使用的合理性。

当然，亚里士多德对爱的重要性并不陌生，实际上，他把被他称作"友爱"的那种爱放在了最重要的位置。阿奎那进一步发展了亚里士多德的友爱概念，使之成为其整个伦理学的来源和顶峰；阿奎那认为，正是上帝与我们的友爱使得所有真正的美德得以可能，而加深这种亲密友爱则是我们的生活目标。②不过，这显然不是美德伦理学家寻求的东西。他们想要的是普遍的仁慈，一种具有世俗化的人道主义关怀的美德，充当统一美德的主宰者。总之，他们想要的是一种普遍施用的利他主义，而不是友爱。

然而，从亚里士多德的观点来看，这样的概念是不融贯的。亚里士多德认为，所有对他人的爱都必然源于自爱，无论我们将爱视为一种情感还是一种美德，它都需要有知觉的对象，即我们直接感受到的其他人。③人

上帝的缘故而对我们邻人的爱，那么，慈善只有在存在上帝的情况下才有价值：否则它就是一种可怜的妄想，就像堂吉诃德对达尔西妮亚的爱一样。'慈善'一词还有其他含义，但就这些意义而言，慈善到底是不是一种美德是值得怀疑的（Geach 1977: 17）"（Christopher Miles Coope, "Modern Virtue Ethics," 36）。参见库普在 33—36 页对慈善的完整讨论。

① 库普对我们指出了尼采在《偶像的黄昏》中的一句话："他们 [英国人，他心里特别想的是乔治·艾略特] 摆脱了基督教的上帝，而现在又觉得有义务更加坚定地坚持基督教的道德……[但是] 当一个人放弃基督教的信仰时，他也就因此剥夺了自己享有基督教道德的权利（尼采 1968：80）"（Ibid., 36）。与此相关的是马克斯·舍勒（Max Scheler）对世俗化基督教道德的缺陷的分析，尽管他在《怨恨》(*Ressentiment*, trans. Lewis B. Coser and William W. Holdheim, Milwaukee, Wis.: Marquette University Press, 1998）中捍卫这种道德，反驳尼采的攻击。

② *ST* II-II, qq. 23–27.

③ *NE* IX 4, 166 a 1–166b 29.

们对那些没有知觉到的人不会有真正的感觉，没有爱，没有仁慈，也没有恨。我们所设想的那种对于遥远和未知之人的爱，其实是对我们关于他人的那种模糊而想象的创造物（即我们的观念）的爱。在这几点上，亚里士多德和阿奎那是一致的，① 与《旧约》和《新约》也是一致的，《利未记》（19:18）和《马太福音》（22:39）都告诉我们，我们要爱邻**如己**——这样，就把对他人的爱建立在对自己的爱的基础上。我们的邻人可能是任何我们接触到的人，但我们需要和他们接触，把他们知觉为邻人。换言之，我们可能愿意去爱任何邻人，但只能去爱特定的邻人。

世俗化的慈善概念如今极为普遍，它不仅存在于当代美德伦理学中，也存在于罗尔斯主义、康德主义和功利主义中，但它并不仅仅是没有被亚里士多德认识到。从亚里士多德的观点来看，这个概念本身不融贯，而从阿奎那和吉奇的基督教亚里士多德主义的观点来看，同样如此，他们强调的是一个迥然不同的慈善概念。

（8）亚里士多德主义伦理学将友爱设为核心主题。

当代美德伦理学拔高这种世俗化且可疑的慈善美德，至少在一定程度上，导致其诸多文本产生一个更令人惊讶的遗漏，即没有将友爱设为核心论题。而另一个原因，我们很快会谈到，则是根深蒂固的个人主义。无论

---

① 在《神学大全》（II-II，问题 27）中，阿奎那认为上帝不仅应该首先被爱，而且应该直接被爱（回答4），完全被爱（回答5），而且没有限度（回答6）。然而，在问题 26—27 中，阿奎那小心地表明，这种爱并不止于上帝，而是延伸到其他三个对象：我们自己、我们的邻人、我们的身体，并且，它们的优先性也按此顺序。爱自己先于爱邻居的原因既有圣经上的，也有哲学上的。《利未记》（19:18）和《马太福音》（22:39）告诫我们要爱邻如己。圣经的训诫把我们对自己的爱清楚地当作我们应该对朋友的爱的范本。除了《圣经》，阿奎那还提出理由论证说，人是与自我的统一体，这是一个比与朋友的联合更加强大的国家，而这种爱（amor），严格地说不是友爱（amicitia），因为它是对自我统一的表达，而不仅仅是共同体的联合，它为我们提供了基础，能够将我们的朋友纳入到我们对上帝的友爱之中。因此，我们看到，阿奎那认可亚里士多德关于共同体的看法，以及"自爱是友谊的起源"这一观点。

第5章　亚里士多德伦理学与当代美德伦理学

出于何种原因，只要我们通读亚里士多德的《尼各马可伦理学》，我们就不得不被如下事实所触动，那就是，亚里士多德用了整整五分之一的篇幅来论述友爱——这是他谈论正义或全部五种理智美德的篇幅的两倍还多。也许，更令人惊讶的是，在当代复兴的亚里士多德主义伦理学中，友爱获得的关注相当少。如果我们仅仅能够开始理解友爱这一主题在亚里士多德伦理学中的重要性，那么，或许我们就能比在任何其他方面都更清楚地看到，亚里士多德伦理学与当代道德哲学之间的分歧。

我并没有说，新亚里士多德主义的美德伦理学家完全忽略了友爱。加布里埃尔·泰勒（Gabrielle Taylor）就对友爱作了一定论述，① 而赫斯特豪斯也认识到，友爱是道德哲学的不应被忽视的特征之一，并且在一些地方提到了它，② 只是没有做什么重大推进，茱莉亚·安娜斯也写了几篇关于这个主题的文章。③ 然而，我们没有发现关于友爱的比较系统的论述，而这样的论述恰恰是我们希望从那些力图复兴亚里士多德主义伦理学的人那里看到的。④

亚里士多德强调友爱是一种无法计算的善，没有人愿意缺少它。它让生活有价值，它在帮助我们进一步培育和滋养美德方面扮演着核心角色，

---

① Taylor, *Deadly Vices*, 130–32.

② Hursthouse, *On Virtue Ethics*, 4.

③ Julia Annas, "Self-Love in Aristotle," *Southern Journal of Philosophy*, supplement 27 (1988): 1–18; "Plato and Aristotle on Friendship and Altruism," *Mind* 86 (1977): 532–554.

④ 这种说法的一个例外，我们也许可以在塔尔博特·布鲁尔的作品中发现，比如，论文《我们可以分享的美德：亚里士多德伦理理论中的友爱》（"Virtues We Can Share: Friendship in Aristotle's Ethical Theory," *Ethics* 115 (2005): 721–758），以及，他的著作《伦理学的复归》（*The Retrieval of Ethics*）的第七章《美德与其他的自我》（"Virtue and Other Selves"）。然而，布鲁尔对常规美德伦理学的进路抱以严厉的批评："随着它在英美哲学系爬升到一个显赫的位置，美德伦理学的核心思想却已经后退到一种越来越常规的观念上"（*The Retrieval of Ethics*, 3）。他认为，在一定程度上，这种后退是因为提出实质性的善的主张会面临尴尬："在某种盛行的学术礼仪感的伪装之下的当代学界，这种自由主义的风气四处弥漫。人们觉得，在哲学的旗帜下提出某些实质性的人类善观念，是有些尴尬的。"（Ibid., 6-7）在这部雄心勃勃的著作中，布鲁尔的目标是这样的："本书主要关注的，不是解释由安斯康姆和麦金太尔的作品所引发的那种一开始很激进的哲学运动如何以变得日益常规，而是发展和扩展这些作品中听起来更加激进的主题。"（Ibid., 8）由于这些以及其他一些原因，布鲁尔不属于主流的新亚里士多德主义的当代美德伦理学阵营。

它为我们进入沉思这一最深层次的人类最高活动做了准备：

> 如果幸福在于生活和实现活动，并且一个好人的活动，如我们开始说过那样，本身就是好的和令人愉悦的，如果一个事物属于人本身就使得该事物令人愉悦，如果我们更能够沉思邻人而非我们自己，更能够沉思邻人的行为而非我们自己的行为，如果好人以沉思他的好人朋友的行为而感到愉快……那么，有福的人就需要这样的朋友，因为他选择沉思好的行为和属于他自身的行为，而他的好人朋友的行为具有这两种特性。①

亚里士多德主张，好友之间的相互沉思是一种深沉而自然的欲望满足，因为它触及生命的本质。② 朋友们一起生活、一起进行哲学思考，在此过程中，实现他们的生命和人的本质：

> 如果一个好人如何对待自己便会如何对待朋友（因为朋友就是另

---

① 这种说法的一个例外，我们也许可以在塔尔博特·布鲁尔的作品中发现，比如，论文《我们可以分享的美德：亚里士多德伦理理论中的友爱》("Virtues We Can Share: Friendship in Aristotle's Ethical Theory," Ethics 115 (2005): 721–758)，以及，他的著作《伦理学的复归》(The Retrieval of Ethics) 的第七章《美德与其他的自我》("Virtue and Other Selves")。然而，布鲁尔对常规美德伦理学的进路抱以严厉的批评："随着它在英美哲学系爬升到一个显赫的位置，美德伦理学的核心思想却已经后退到一种越来越常规的观念上"(The Retrieval of Ethics, 3)。他认为，在一定程度上，这种后退是因为提出实质性的善的主张会面临尴尬："在某种盛行的学术礼仪感的伪装之下的当代学界，这种自由主义的风气四处弥漫。人们觉得，在哲学的旗帜下提出某些实质性的人类善观念，是有些尴尬的。"(Ibid., 6-7) 在这部雄心勃勃的著作中，布鲁尔的目标是这样的："本书主要关注的，不是解释由安斯康姆和麦金太尔的作品所引发的那种一开始很激进的哲学运动何以变得日益常规，而是发展和扩展这些作品中听起来更加激进的主题。"(Ibid., 8) 由于这些以及其他一些原因，布鲁尔不属于主流的新亚里士多德主义的当代美德伦理学阵营。NE IX 9, 1169b31–1170a3

② "动物的生命是由感觉能力定义的，而人类的生命是由感觉或思维能力定义的；能力指的是相应的活动，是本质的东西；因此生命的本质就是感觉或思考。"(NE IX 9, 1170a15–19)

一个自己)——那么，正如每个人都欲求自己的存在，他也同样或差不多会欲求朋友的存在。他的存在之所以被认为值得欲求，是因为他感觉到自己的好，是因为这种感觉本身就令人愉悦。因此，他也需要感觉到他朋友的存在，而这种感觉会在他们的共同生活和共同讨论及思考中实现；因为，这就是所谓人的共同生活，而不是像牲畜那样在一起拴养。①

牲畜在同一食槽进食，但这并不能使它们成为朋友；当然，朋友也会在一起共餐，但他们之间的交谈、相互欣赏和共同的美德才是最佳人类生活的特征。

将友爱作为伦理学的核心主题并非没有代价，为居于理论核心位置的友爱提供某种亚里士多德主义的解释，新亚里士多德主义的美德伦理学者会感到非常棘手。我们可以发现亚里士多德理论中的精英主义要素——只有真正有美德的人才能如此分享他们的生活；这是一种将广义的理性概念同人类生活的本质相联系的人类学观点——它使得亚里士多德与功利主义者和各式各样的自然主义者相去甚远；而对于人类顶层的沉思活动的高度强调，我们已经说过，也让很多美德伦理学者不是感到棘手难办，就是置之不理。持有这些立场的人无疑会被视为当代道德哲学家的异类，而且，对于许多寻求复兴亚里士多德主义美德伦理学的人来说，这样的代价可能太高了。然而，没有把友爱设为核心主题并抛弃了亚里士多德的独特信念（只有极少数人才有资格享有真正的友爱并且实质性地从事最好的友爱活动），这一代价却会更大，因为，它削弱了我们想要充分享受群体生活的自然欲求。

---

① NE IX 9, 1170b 5–13.

（9）亚里士多德主义伦理学坚持主张，正义的美德是可理解的，具有不可或缺的重要性。

亚里士多德告诉我们，友爱可以被认为是一种完善的正义。[①] 与友爱一样，正义着眼于他人的利益；但与友爱不同，正义不需要亲密关系。正是正义确保我们无论是否把他人视为朋友都会善待他们，而一旦正义因为友爱而增添了亲密关系，那么，善待他人将更臻完善。尽管亲密关系不是一定需要的，但是，亚里士多德依然毫不犹豫地将总体的正义——不同于它的两种具体类型，"矫正正义"和"分配正义"——列为人类的关键美德：

> 就其最充分的意义上，正义是完整的美德，因为，它是对完整美德的实际运用。它之所以是完整的，是因为拥有它的人也可以向他人运用他的美德，而不仅仅是对自身运用其美德；……出于同样的原因，有人认为，在所有的美德中，唯有正义才是"对于他人的善"，因为它与他人相关；因为它所做的，无论是对治理者还是伙伴，都是有利的……因此，在这个意义上，正义不是美德的一部分，而是美德的总体，与之相反的不公正也不是恶德的一部分，而是恶德的总体。[②]

伦理美德是服务于他人的，就此而言，正义是全部的伦理美德。相对于其他的伦理美德，正义的独特标志就在于它的他者相关性。正是聚焦于共同的善（即共同体所有成员共享之善），赋予正义特殊的光辉：我们作为个体的繁荣固然很好，但与我们作为共同体成员的繁荣相比就相形见绌了。正义美德使共同体的繁荣成为可能，而以正义的方式行动就是共同体

[①] *NE* IX 9, 1170b 5–13. *NE* VIII 1, 1155a 21–28.

[②] *NE* V 1, 1129b 30–33, 1130a 3–5, 9–11.

的繁荣。

新亚里士多德主义的美德伦理学者一直努力在他们的理论中为正义寻找重要位置。桑塔斯、辛普森和库珀都十分恰当地抱怨说，这一点尚未得到足够的关注。在库普和索贝尔针对近期美德伦理学文献的重要考察中，他们实际上没有提到正义或不正义。① 而赫斯特豪斯在《美德伦理学》中则为自己对正义的降格处理做出如下辩护：

> 同几乎所有其他现存的美德伦理学文献一样，我认为，"正义是一种个人美德"乃是显而易见的，而且我也乐于偶尔将正义用作例证，但我常常发现，其他的美德更适合用作细节描述。本书篇幅有限，我不认为这有什么不妥。我写的是规范伦理学，不是政治哲学，即便正义仅被视作一种个人美德（如果可以的话），它也是一个极具争议和（我想说）侵蚀性的话题，需要专门的著作来论述。②

赫斯特豪斯声称，对正义的处理需要的是政治哲学而不是规范伦理学，这似乎没有理解亚里士多德主义伦理学就是政治哲学，尽管它不是全部的政治哲学。③

她声称正义是一种侵蚀性的美德，这需要进一步解释，紧接着上段引文的后续文字中有几点需要注意：

> 我之所以说"侵蚀性"，是因为该话题已经太普遍了，它使得含

---

① Coope, "Modern Virtue Ethics," 41, 参见 Copp and Sobel, "Morality and Virtue." 该文考察了赫斯特豪斯、富特和斯洛特的近期成果。
② Hursthouse, *On Virtue Ethics*, 5.
③ *NE* I 2, 1094a25–1094b13; X 9, 1179a33–35, 1181b12–15.

糊不清的正义与权利概念涵盖了大片的道德领域，而美德伦理学者相信，这些领域通过另一些更加具体的美德术语可以处理得更好。根据美德伦理学——以及本书中的美德伦理学——"撒谎为何错误"、"撒谎何时错误"，并不在于它不正义……而在于它不诚实，而不诚实是一种恶。"杀人为何错误"、"杀人何时错误"，也许同样不是因为它不正义（侵犯了生命权），而常常是因为它冷酷无情，与仁慈的美德背道而驰。①

这个段落特别重要，因为，它揭示了主流美德伦理学的一些基本假设。第一，赫斯特豪斯抱怨正义是含糊不清的，而不是一种具体的美德。她这么说究竟是什么意思呢？尤其是，她说的"具体的"是什么意思？考虑到伦理学这方面主题的不精确性，是不是所有美德都在一定程度上含糊不清呢？正义似乎被不公平地边缘化了。第二，赫斯特豪斯谈到"根据美德伦理学"，这里似乎有一套学说被称为"美德伦理学"，其主张是，说谎不是违反正义，而只是违反了诚实。我们不妨回想一下，安斯康姆在《现代道德哲学》等文献中对正义重要意义的强调，吉奇在《美德》一书中用强有力的一章对正义的论述，而麦金太尔不仅在《追寻美德》里对正义给予重要关注，而且后来还撰写了涉及这一主题的著作《谁之正义？何种合理性》。也许，赫斯特豪斯很乐意摆脱自己与麦金太尔之间的联系，可是，她却是把《美德伦理学》献给了安斯康姆。事实上，安斯康姆认为，说谎就是一种违背正义的罪行。因此，赫斯特豪斯要么表现出对其他美德伦理学家的观点不够敏感，要么是在狭隘地界定美德伦理学。第三，请注意上述两个"何时错误"的限定条件，它们清楚地表明，对赫斯特豪斯来说，

---

① Hursthouse, *On Virtue Ethics*, 6.

撒谎和杀人并不永远都是错误的。这些内容应该足以告诫我们，赫斯特豪斯并不赞同无条件的道德绝对原则，正因如此，她也落入了安斯康姆所谴责的后果主义形式。第四，在她看来，杀人之所以错误，其根据在于仁慈，而非正义。但赫斯特豪斯为什么不认为杀人是对正义的侵犯，她却没有加以解释。对赫斯特豪斯来说，正义的主要困难之一，也许是它不那么容易被编入美德规则（V-rule）；如果是这样的话，那么，这理应成为重新评估美德规则是否完成了它们想要完成的全部工作的理由，而不是削弱正义作用的理由。无论如何，按赫斯特豪斯的理解，正义已不再像亚里士多德所宣称的那样是一个总体的伦理美德。这是显而易见的，因为她声称，用以判断说谎是错误的根据是不诚实而不是不正义，杀人行为违犯的也不是正义，而是仁慈。

将政治哲学与规范伦理学分离开来，无疑是赫斯特豪斯以及其他将她的作品视为典范的主流美德伦理学者低估和矮化正义的一种重要表现。而另一种重要表现则是现代道德哲学对正义的处理，主要包括休谟主义的（人为美德）、功利主义的（最大化程序）、康德主义的（普遍要求）和罗尔斯主义的（保证公平的程序）等版本。一方面，由于主流美德伦理学家接受了这些正义理论的基本特征，因而使得亚里士多德的那种独特的作为美德的正义概念失去了意义和力量。另一方面，当代美德伦理学为了区别于它的道德哲学竞争者，又用一种全新版本的仁慈美德取代了对正义美德的经典理解。世俗化的仁慈，这种全新的美德在很大程度上扮演了正义在亚里士多德主义那里扮演的角色。在赫斯特豪斯那里，仁慈取代正义得到了证实，她紧接着上一段引文写道："从美德伦理学的视野出发，虽然可以说，当看到受伤的陌生人躺在路边，一个人不'漠然置之'是'绝对需要'的，但这种要求与其说是源于正义，不如说是源于仁慈。"① 而人们会认为，亚里士多德主义者想要说的是，善良的撒玛利亚人确实也是正义的，因为，他做了他的利他美德所要求的事情。如果他是一个特别善良的撒玛利亚人，那么，他这样做就不仅出于正义，而且是出于完善的正义，即友爱——阿奎那称之为博爱。但赫斯特豪斯试图反对正义和博爱，这在亚里士多德主义的传统中是没有先例的。

（10）亚里士多德主义伦理学坚持认为人具有群体性。

为什么亚里士多德如此珍视正义和友爱？为什么亚里士多德将其伦理学视为政治理论的一部分？为什么亚里士多德认为，我们只有在与他人的交流中——在真正友爱的共同的反思生活中，以及在与神的沉思联结中，才能获得完满的幸福？他的伦理学或政治哲学的核心在于坚信，人是群体性的存在者："当然，认为享福祉的人是一个孤独的人，也很奇怪；没有人会愿意在孤独的条件下拥有所有的善，因为人是政治动物，人的本性就是与他人生活在一起。"② 当然，亚里士多德所说的"政治动物"是指，人是一种想要生活在城邦、城市或共同体中的生物。③ 也许，"想要生活"不足以强烈地表达这一点；一个存在者只有存在于共同体中时，他或她才是人。而在共同体之外，要么是兽，要么是神。

人的标志是语言能力，这是一种与他人商议如何共同生活的能力，而它只有在共同体中才能得到培养，并达到完善：

---

① Ibid.
② *NE* IX 9, 1169b 17–19.
③ *Politics* I 1, 1252a 1–2. "每个城邦都是某种共同体，而每个共同体的建立都是为了某种善。"（引自普林斯顿丛书乔伊特译本，下同）.

显然，与蜜蜂或其他群居动物相比，人更是政治动物。正如我们常说的，自然从不会让任何事物一无所获，而人类是唯一被赋予语言能力的动物……拥有语言能力是为了说明利与害，从而说明正义和不正义。人的特征之一是，唯独人有善与恶、正义与不正义之类的感觉，而这种感觉使得他们联合起来，组成家庭和城邦。①

语言能力不单蕴含着思考能力，反之亦然。与霍布斯、卢梭及其各种带有伪装的现代继承者的看法相反，这个世界上并没有真正孤立的理性人：

但那些不能生活在社会中的人，或者，那些因为自足而没有这种需要的人，要么是兽，要么是神：这样的人不在城邦之中。所有人的天性中都存在一种社会性的本能，但第一个建立城邦的人却是最大的施恩者。因为，人在臻于完善时是最好的动物，可一旦脱离法律和正义，他就是最坏的动物：被武装起来的不正义更加危险，而人生来就装备着武器，即理智和卓越，他可以利用这些武器来达到最坏目的。这就是为什么如果一个人缺乏美德，他就是最邪恶、最野蛮的动物，也是最贪婪、最饕餮的动物。而正义才是城邦之人的纽带。②

共同体有不同的形状和大小，由共同体聚合而成的城邦或多或少有助于培养有美德的共同生活。这就是为什么亚里士多德会把探索以何种方式过我们的政治生活，或者说，何种人类的生活最有益于我们实现繁荣作为他的任务。《尼各马可伦理学》探讨幸福并将其解释为美德的活动；而

---

① *Politics* I 2, 1253a 8–10, 14–18.
② Ibid., 1253a 28–38.

《政治学》则探讨了培养美德生活所需的条件。

值得指出,尽管相对于17世纪以来就占据主导地位的个体主义而言,亚里士多德主义关于人类具有群体性本质的观点是颇为革命的,但是,这种观点也并不像人们有时认为的那样怪异。它不是什么神秘的东西。它完全不同于新时代的生态学、神秘主义或社会学用以消解人格同一性的那些努力。更确切地说,它就是一个生物性的鲜活观念,它始于这样的认知:我们来到这个世界,是因为我们全然依赖父母;我们之所以能够开始获得实现个体繁荣所需的各种技能,正是因为他人的不断培养和支持。它意味着,我们只有在依赖他人的过程中接受教诲才能实现繁荣,它还试图公正对待我们人格的社会性。我们不是自然的野生动物,而是出生于家庭的人类,如果我们想要获得人的繁荣,那么,我们的成年生活就必须承担那些面向我们养育者的非自愿获得义务(involuntarily acquired obligations),以及,那些在我们的生活过程中发展起来的自愿获得义务(voluntarily acquired obligations)。

新亚里士多德主义美德伦理学者表明,他们似乎无法理解亚里士多德主义的伦理学关于我们政治本性的看法。同现今活跃的大多数道德哲学家一样,他们的出发点是把人理解为独立行动的人类行为者。当然,奇怪的是,这一出发点不仅是虚构的,而且是危险的,因为,它使我们的理论无法觉察我们本来全都知道的生活内核:我们深深地依赖着我们自身特定的家庭网络、朋友、同事、合作者,还有其他人。也有个别人没有忽视我们的政治本性,比如,劳伦斯·布鲁姆(Lawrence Blum)就探索过美德与共同体之间的联系。① 但是,即使是在他那令人耳目一新的探索性文章中,

---

① 比如,参见 Lawrence Blum, "Compassion," in *Explaining Emotions*, ed. Amélie O. Rorty (Berkeley: University of California Press, 1980): 507–518; "Moral Exemplars: Reflections on Schindler, the Trocmes, and Others," *Midwest Studies in Philosophy* 13 (1988): 196–221; "Community and Virtue," in *How Should One Live?* ed. Roger Crisp (Oxford: Oxford University Press, 1996): 231–250.

我们似乎也发现，他试图去做的是将个人与群体的关注点联系起来，而不是注意到首先使我们成为人类个体的正是我们的共同体。后者当然是麦金太尔《依赖性的理性动物》一书的主题，但麦金太尔的这本书，我们很快就会回头讲到，乃是一部亚里士多德主义的作品，而不是新亚里士多德主义的当代美德伦理学作品。

"个体主义的理性的道德行动者"的现代视角仍然主宰着现代道德哲学。有些不同流派的亚里士多德主义者曾与这种占据主导地位的人类学观点展开斗争，然而，新亚里士多德主义的主流的当代美德伦理学者却没有将亚里士多德人类学的群体维度作为其筹划核心。至多，我们只能发现他们探究共同体中的理性个体及其努力，但这种努力未能认识到我们的群体性存在这一绝对的根本特征，也未能满足使某种伦理学充分地符合亚里士多德主义伦理学的必然要求。

亚里士多德伦理学不是美德伦理学

在新亚里士多德主义伦理学者的著作中，上文阐述和证明的这些亚里士多德主义伦理学的核心问题在很大程度上被忽略了，从而，亚里士多德主义伦理学的一些最重要特征也被彻底忽略了。对上述任一重要方面缺乏充分关注却足以使某种理论成为亚里士多德主义的理论，这是可疑的，即便它还被算作是亚里士多德主义。对亚里士多德伦理学来说，它们具有核心重要性，而完全忽视其中的任何一个，都不能使之成为严格意义上的亚里士多德主义伦理学。事实上，大多数主流的新亚里士多德主义美德伦理学家都忽视或模糊了亚里士多德伦理学中的诸多重要方面。至少，在大多数情况下，我们发现的只是名义上而不是实质的亚里士多德主义。

如果新亚里士多德主义的当代美德伦理学实质上不属于亚里士多德主义，那么，亚里士多德还可能是一个美德伦理学家吗？似乎不是。在亚里士多德的方法中，我们根本找不到任何主流美德伦理学的基本要素。当然，亚里士多德关注美德在我们生活中的核心作用并提供了强有力的美德理论。但是，这很难使得他的伦理学成为美德伦理学。在亚里士多德的伦理学中，与品格有关的问题尽管非常醒目，但它们并非亚里士多德构建其全部理论的出发点或基始点。他也从不关心赫斯特豪斯所说的正当性问题，即通过一些更原初的概念来辩护，以证明他所认为的美德是美德。在他的著作中，我们能够发现的也不是当代规范理论所特有的对于特定动机的关注，而是对于人类行为及其共同终极目的本身的全面关注。况且亚里士多德的作品是精英主义的，他对那些缺乏良好教育的人说，他们将从他的作品中一无所获。这些缺乏良好教育的人最好选择听从立法者的指示，而不是为理论和决疑的问题烦恼。最终，他鼓励我们转向一种以实践智慧为标志的、经过反复训练的实践理性观点，而不是从伦理典范的探究中得出一套规则来寻求行为指南。

最后，亚里士多德主义伦理学最终强调的也不是美德品格的获得，而是有美德的活动。而这类活动中最好的一种，只有和朋友一道，在永生的神面前，才有可能。亚里士多德的伦理学虽然是一种关于美德的伦理学（ethics of virtue），但它并不主张，品格具有首要的重要性而行为源于对品格的反思，而是主张，品格的发展要服务于人的实践活动和思辨活动——这些活动分别构成了我们次好的幸福和最好的幸福。人们发现，亚里士多德首要关注的不是现代道德哲学的核心方法和问题，而是更广阔、更深层和更丰富的关切。

前行之路

许多自称亚里士多德主义的当代美德伦理学其实不是亚里士多德主义的，这种说法本身并不是针对美德伦理学的严重批判。它当然是一种批评，但有人可以很轻巧地摆脱这种批评，他可以说："好吧，也许我的美德伦理学不是充分的亚里士多德主义。那又怎样？我完全可以用别的方式来描述它。但是，我的核心主张仍然不会受到影响。谁说亚里士多德或者你所假定的'亚里士多德主义伦理学'就一定是好的道德哲学？不要打着权威的旗号做论证。"而我的回应是，我并不是在诉诸权威做论证——这不是说，我认为诉诸合法权威的论证就是无效的。它们通常有效，前提是，双方都认可某个既定的权威。坦率地说，一些美德伦理学者声称他们的美德伦理学是受亚里士多德主义影响的美德伦理学，而他们之所以这么说，似乎正是为了借助亚里士多德的权威来做论证。因此，事实上，支撑他们的一个前提似乎已经被消解了。

尽管如此，我赞成这样的指责，即诉诸权威的论证是不充分的。这里我们要看到，如果所谓的亚里士多德主义美德伦理学实质上并不是亚里士多德主义的，而且，我想我们已经发现了，当代美德伦理学运动试图提供一种替代性道德理论，但这场运动的中心却又存在着缺乏聚合性、连贯性和全面性等重大缺陷，那么，亚里士多德的伦理学或某种更具实质性的亚里士多德主义的延展方案，就仍然有可能避免这些重大缺陷。当然，这并不等于说亚里士多德伦理学就没有重大缺陷，但确实意味着，是否存在这些缺陷还有待确定。亚里士多德伦理学与当代美德伦理学并不是命运与共的。

182

第 6 章

亚里士多德主义伦理学的人类学
所有美德都需要家

> 现在，如果人的功能是灵魂合乎或者包含理性原则的活动……那么，人的善就是灵魂合乎美德的活动，如果有不止一种美德，那就是合乎最好和最完善的美德的活动。
> ——亚里士多德：《尼各马可伦理学》第 1 卷第 7 节，1098a7-8,16-18

本书的论证已经来到了一个重大的转折点。有证据表明，被安斯康姆的那篇具有分水岭意义的作品《现代道德哲学》赋予生命的这场运动，在许多方面都背叛了这位创始者的建议。在产生一种全面而融贯的哲学心理学之前，一般意义的伦理学并未停下脚步，相反，我们看到，在所谓的美德伦理学和现代道德哲学的其他领域却涌现出大量以规则为基础的伦理学。① 最初的美德伦理学作品花了大量时间考察现代道德哲学的一些显著缺陷，此后，自 20 世纪 90 年代初以来，逐步占据主导地位的却是各种同样接受了现代道德哲学基本预设的美德伦理学，所罗门称之为"常规的美德伦理学"。这种主流的当代美德伦理学带来了某些大发展（如果有的话），它们在名义上一般是亚里士多德主义的，但往往又不是按安斯康姆

---

① "但同时，存在一些需要仅仅作为心理哲学的部分而加以探究的概念，并且它们——正如我应当建议的那样——需要把伦理学从我们的心灵中完全驱除出去，这难道还不清楚吗？也就是说——我们从'行动''意图''快乐''想要'出发。如果我们从这些概念开始，那么，我们可能会有更多发现。最终，我们可能推进到对于美德的考虑；我想，凭借美德概念，我们应该正在开启某种伦理学的研究。"（Anscombe, "Modern Moral Philosophy," 40）

所设想的那种方式来复兴亚里士多德主义伦理学。由此，产生了一种主流的美德伦理学进路，它与那些较早的"非常规的美德伦理学"并无多少相似之处，而且也无法证明自己是一个聚合的、全面的、连贯的道德理论。

但是，如果像我认为的那样，安斯康姆对于现代道德哲学的分析即使不在每个细节上、至少在总体上是深刻而正确的；如果像我所认为的那样，安斯康姆呼吁我们按照亚里士多德以某种重要的方式所勾勒的思路开始思考，从而为现代道德哲学的那些特有的问题提供一个有希望的替代方案；最后，如果当代美德伦理学一方面不能充分接受安斯康姆针对现代道德筹划指出的问题，另一方面又不能充分地、实质性地诉诸亚里士多德主义伦理学，那么，这并不意味着亚里士多德主义伦理学的失败或是安斯康姆不应鼓励其复兴，我们仍有希望去建立安斯康姆所呼吁的那种道德理论化方法。简言之，安斯康姆提出来的那种诉诸亚里士多德主义伦理学的建议依然是一个可行的选择。

可是，我们要从什么地方开始证明，诉诸亚里士多德主义伦理学实际上不仅是可能的，而且有希望缓解现代道德哲学（我们通常所说的当代美德伦理学是其中的一个分支）的病症呢？安斯康姆已经为我们指明了方向，她告诫我们需要一种充足的哲学心理学。而充足的哲学心理学的要求之一是，聚焦于我在第一章中提到的那些作为一切道德哲学之基础的问题：什么是人性？人生的目的是什么？用什么标准来评估我们在追求人类生活目的方面所取得的进展？

有一种描述亚里士多德主义伦理学优点的方式是，我们可以观察，正是在亚里士多德伦理学的传统中，人们发现这些问题构成了研究的核心。我已表明，每种道德哲学都或明或暗地回答上述问题。而亚里士多德主义伦理学的区别在于，它对这些问题给予了极大关注，并在研究中对这些问题作出了明确回答。因而，既然这些基本问题得到了哲学的审视，那么，这就至少给亚里士多德主义伦理学一个明显更好的机会，发现缜密而正确的答案。更重要的是，亚里士多德主义伦理学对于这些问题的回答虽然似有专断之嫌，但内容却是正确的，我的意思是，这些答案合乎这个世界，合乎人类生活的本质，合乎人类的理性和行为；也就是说，我认为亚里士多德主义传统对这些问题的回答，至少在多数情况下是正确的。

而在接下来的三章中，我试图概述用以捍卫这种主张的论证。这些论证比较简短和概略，只是尝试性的，不能被看作对亚里士多德主义伦理学的全面辩护。尽管如此，余下的篇幅还是可以起个头。在本书的后续部分，我的目的不是为亚里士多德主义伦理学提供完整的辩护，而是着眼处理一些问题，它们对于完成我围绕当代美德伦理学运动而展开的批评性评价非常重要，我要通过展现亚里士多德主义对伦理学根本问题的回答的某些显著特征，从而为它提供适度的辩护。如果我成功了，那么，一种与当代美德伦理学有着许多相似之处、但又能避免我上面所说的这场运动的诸多弱点的进路，至少可以被看作哲学研究中一个值得推进的有前途的领域。

努力寻找伦理学基本问题的答案，是为了促进安斯康姆所说的哲学心理学的发展。这样的心理学应该是统一的，因为它的主题对象是一个统一体，只不过，这个统一体又由各部分组成。在亚里士多德主义伦理学中，我们最终要理解生活的真谛是什么，从而弄清楚我们最好该如何生活。人是一个统一整体，然而，知道人是一个怎样的统一整体，这本身并不会带来对于人类整体生活的解释。为此，我们需要理解人的行为的本质；我们需要一种解释，可以将人的各种基本倾向同其目的论意义上的对象联结起来；我们进而需要一种解释，能够使我们把任何一个人的诸多行为汇集于同一种描述下——麦金太尔通过运用"叙事"概念而理解人的生活的统一性，证明了这是一项最有助益的工作；最后，我们还需要一种针对人类理性的描述，公正地对待我们关于目的的反思能力，组织我们围绕这些反思性目的而展开的生活，从而确定和运用行动原则，通过它们，我们可以指引自己迈向恰当的目的。

这些工作表明的是，尽管我所指定的三个问题各不相同，但回答其中任何一个问题都会显示出它对其他问题的依赖性。它们是相互联系的问题。虽然我将从某些方面分别反思亚里士多德主义对每一问题的回答，但是，这些分别进行的反思都引入了亚里士多德主义对其他问题的回答，并且，这三种反思（以一种对新的洞见、阐明、强调以及其他修正仍然保持开放性的方式）收敛于一个统一的关于人类生活的说明。

美德是人的完善

亚里士多德告诉我们，美德取决于卓越（arête）和功能（ergon）的联结，这一联结是由柏拉图建立的，[①]美德使得任何有功能的东西都能够很好地履行其功能。[②]"美德"是一个宽泛到足以让人感到平凡的词。刀切得好，眼看得清楚，手握得好，都是因为它们有美德。因此，一些与人有关的美德，与人的行为没有直接（但肯定有间接）关系：我们的感觉、外貌和健康都很容易被描述为美德或（损害正常机能的）恶德在起作用。这种针对美德与恶德的更一般的说明，如何在伦理论述中承载其特定的意义呢？

"美德"与"恶德"之所以成为伦理学和政治哲学的关键术语，是因为它们被用作描述人类活动的基本范畴的名称，而人类活动是伦理学和政治哲学的主题。这样的名称并不意味着，人的行为要么是有美德的，要么是有恶德的——例如，有些行为可能是节制的，而另一些可能是不节制

---

① Plato, *Republic* I, 352d–354a.

② Aristotle, *NE* I 7, 1098a 10–12.

的——但它们确实意味着，人的每个行为都可以被判定为，在一定程度上有美德，或在一定程度上有恶德。此外，这种名称还意味着，在对人类活动进行解释时，首要关注的是完成行动的方式，即知识、激情、动机、选择以及一般情况下行为者的状态，而不是仅仅关注完成的行动的类型。对现代道德哲学来说，把这些术语的内涵缩小到人类活动的主题之上，这仍然太宽泛了。亚里士多德在他的伦理学和政治哲学中所探究的美德和恶德，包括了一些与现代道德哲学的目标和焦点似乎无关的东西——技艺知识、直觉性理解、科学证明等——而且，哲学智慧才是亚里士多德伦理学的核心，但这又似乎不符合当代的伦理理论内容，在后者那里，与美德和恶德相关的"道德的"一词往往使其意义范围缩小至人类行为的一个很小部分，而且，它通常主要甚至仅仅关注行动的类型而不是完成行动的方式。

如果要确定我们对于道德哲学和政治哲学中所使用的美德和恶德的理解是否更多来自亚里士多德，而不是现代道德哲学，可以通过以下方法来检验：如果在听到科学知识和技艺能力被描述为"美德"（不仅仅是把它们描述成为了在学习技艺能力时避免分心的"节制"或是为了获得科学知识的"勤勉"等其他美德品质，而是将它们本身就描述为美德）时会觉得很奇怪，那么，这就可以被看作是现代道德哲学对于我们理解人类活动方式的某种把握。认为人的情感、行为、选择和习惯与道德哲学的探究没有关系，这不是亚里士多德的观点。①

---

① 正如皮埃尔·哈多（Pierre Hadot）反复表明的那样，与亚里士多德乃至整个古代哲学相比，当代的道德哲学（以及一般的哲学）观是很贫乏的。特别参见，他的《作为生活方式的哲学：从苏格拉底到福柯的精神修炼》(*Philosophy as a Way of Life: Spiritual Exercises from Socrates to Foucault*, ed. Arnold I. Davidson, trans. Michael Chase(Oxford: Blackwell Publishing, 1995)）以及《什么是古代哲学》(*What Is Ancient Philosophy?* trans. Michael Chase (Cambridge, Mass.: Harvard University Press, 2002)）。

让亚里士多德能够创制出一系列伦理和政治方面的美德和恶德的，不仅仅是功能、卓越和美德之间的关系，也根本不是把人的道德行为同非道德行为分开的某种特殊动机，而是他的理性观念。亚里士多德对理性的解释既非常狭窄，足以让我们从自身与其他动物的共同所属中找出具有差异性的逻辑规定原则，又足够广泛，包括了所有直接来自理性的力量以及理性对之施加某种治理的力量。每种力量都有其特定的任务和特定的功能；当运作良好时，每一种力量都能通过其美德的完善而发挥作用。

人是理性的，我们拥有的那些力量，不论是理性力量本身，还是理性加诸影响的那些力量，本身并不决定它们的适当行为。也就是说，理性的力量各有其独特的功能，但它们并非自动运作良好。和某些其他事物一样，理性也蕴含着不确定性。① 这就是为什么阿奎那沿着亚里士多德的思路而作出这样的解释：

> 美德意味着一种力量的完善。一个事物的完善现在被认为主要跟它的目的有关。但，力量的目的是行动。因此，力量之所以被说成是完善的，是因为它决定它的行为。有些力量本身决定了它们的行为；例如，活跃的自然力量。因而这些自然力量本身就被称为美德。但是，人所特有的理性力量，并不决定某一特定的行为，而是无立场地倾向许多行为，并且它们是通过习惯决定行为，这一点我们在上面已经说过（问题49，回答4）。因此，人的美德是习惯。②

---

① "在灵魂和灵魂的理性部分，显然有些潜能将是非理性的，有些将伴随着理性……每一种与理性相伴随的力量都能产生彼此相反的效果，但每一种非理性的力量只能产生一种效果；例如，热只能加热，但医学可以产生疾病和健康。"（Aristotle, *Metaphysics* IX 2, 1046b 1–2, 5–7）。

② Aquinas, *Summa theologiae* I-II, q. 55, a. 1, respondeo。

亚里士多德主义伦理学所特别关注的美德，使得那些不确定的理性力量以及分有理性的力量能够实现它们的目的，也就是，使得它们能够很好地发挥它们特有的功能，从而臻于完善。习惯协调人的理性力量，引导他们确定地行动。而那些引导人走向自我完善的目的的习惯，就被称为"美德"。

以这样的方式来描述美德的结构特征，可能会让我们遗忘它的源初根基。正如柏拉图，我们可以寻找每种美德的结构要素。正义是什么？勇敢是什么？虔敬是什么？柏拉图引导我们在不同的对话中分析这些美德，他似乎是在寻找某种充分必要条件以满足普遍定义的要求。这些努力是值得的，足以引导我们忘记了这些完善的东西本身并非实体。它们其实并不是我们在自己身上通过某种方式而实现的独立自在的善；毋宁说，它们总是理性的存在者、我们自己（希望如此）以及我们钦佩的人养成的习惯。当然，是柏拉图自己首先把功能与美德结合起来，而我们应该提防对柏拉图主义的伦理学进行过度理想化的解释（只有当美德是理念时，它们才可以被视为最真实的）。对亚里士多德来说，不论是出于形而上学的理由（亚里士多德尖锐地批评柏拉图的理念论，认为它未能充分区分理智形式的存在和现实形式的存在），还是出于人类学的理由，这种理想化的解释都是站不住脚的。

关于人的基本观点

那么，刚才提到的人的力量有哪些呢？亚里士多德极力劝告他的学生至少要对灵魂进行总体的研究①，他提供了一个图式，即他对灵魂的划分，我们可以由之开始列出这些力量。当然，尽管《论灵魂》（*De Anima*）才

---

① Aristotle, *NE* I 13, 1102a 16–25.

是亚里士多德文集中更为完整的研究灵魂的著作,但是,就伦理学和政治学的探究目的而言,如此彻底的考察却是不必要的。亚里士多德在《尼各马可伦理学》第一卷的结尾处告诉我们,只需注意如下几点就足够了:灵魂,这个使我们拥有生命力的原则,既有理性的力量也有非理性的力量。灵魂的非理性部分负责亚里士多德所说的灵魂的植物性活动,即那些指向营养、生长和养育后代的活动。灵魂的这个部分并不直接服从理性;例如,虽然我们能够也应该理性地思考我们为消化力量提供了什么,但是,理性无法影响消化力量。

灵魂的另一个部分既含有非理性的、也含有理性的性质。这种灵魂力量负责身体的运动、欲望或欲求的力量,阿奎那称之为"激情"。在不自制的情形中,激情反抗理性;在自制状态下,激情服从理性;而在美德状态下,激情用理性本身的声音说话。① 理性与激情的结合方式表明,理性在它的基本运作中也是双重性的。灵魂的理性部分的一项基本力量,涉及对激情、生产和行动的治理。另一项则是严格意义上的理性和理性本身(*to men kuriōs kai en autō*),在这里,理性的完善可以被恰当地称为"理智美德"(*tēs arête dianoētikēs*)。② 在《尼各马可伦理学》的第六卷中,后者得到了特别的关注。习惯性的激情和行动会带有理性说服的印记,在这个意义上,它们就是"道德或伦理美德"(*tēs arêtes ethikēs*),这尤其是在第二至五卷中得到了研究。

亚里士多德主义伦理学的一个特点是,强调激情是可教育的。当然,它们也可能是叛逆的,而且经常如此。但它们却不必如此;人可以建立一种主从控制,就像亚里士多德在《尼各马可伦理学》第七卷中探讨的那样,或者,最理想的是,通过获得特定的道德美德而使它们臻于完善。这

---

① Aristotle, *NE* I 13, 1102 b 27–28.
② Aristotle, *NE* II 1, 1103a 14–19.

之所以可能，只是因为就像通常在当代的解释中激情并不与信念对立一样，①激情本身也不仅仅如同我们在斯多亚学派思想中所发现的那些信念。更确切地说：

> 激情［或情绪］是那些［罗伯茨在这里添加了"感受"（feelings）］能够改变人从而影响其判断［或信念］的东西，同时，它们也是伴随着痛苦或快乐的东西。它们包括愤怒、怜悯、恐惧等，也包括与它们相反的激情。我们必须通过三个主题来谈论我们对每种激情的看法。以愤怒的情绪为例：在这里，我们必须发现：愤怒之人的心灵状态是怎样的，他们对谁发怒，以及，他们发怒的根据是什么。②

激情或情绪是人的内心变化——我不想把它们称为"感受"，因为这个词的语义不明确——但这种变化不仅会影响判断，而且它本身也表达了判断。在亚里士多德关于激情的研究中，这很明显。我们在任何激情中都可以发现一个三重结构：一个人的"心灵状态"，比如"我感到愤怒"；激情的对象，"蒂姆"；诱发激情的原因，"因为他冒犯了我"。情感影响判断，主要是指它们使得我们往往会以某种方式针对那些激发它们的对象作出反应。如果我对蒂姆很生气，我会寻求（如果我是勇敢而公正的）正确的方法来纠正他对我做的错事。如果我被杰西卡吸引，而她不是我的妻子，我会努力（如果我是节制和忠贞的）确保自己以端庄和尊重对待她，防止自己对她想入非非。

人们早就注意到，读者必须转向亚里士多德的修辞学，从而可以发现

---

① 参见塔尔伯特·布鲁尔在讨论目前有关欲望、信仰和命题态度的主流理论时，对于"欲望的三条定理"（three dogmas of desire）的处理。（参见 *The Retrieval of Ethics*, 12–36.）

② Aristotle, *Rhetoric* II 1, 1378 a 21–26.

第 6 章 亚里士多德主义伦理学的人类学

亚里士多德已经拓展了他在政治学和伦理学著作中对于激情的简单处理。相对而言，阿奎那在这方面比亚里士多德更系统，因为，阿奎那在其伦理探究的总体结构中详尽而细致地讨论了激情，① 他在论述美德和自然法之前，列出了 25 个密集而微妙的有关激情的问题。② 在那里，他提出的观点是，这些激情都是人类两类基本欲望之一的变种，贪欲使我们偏爱某些人和事，易怒使我们想要保护我们所爱的人和事。爱与恨是基本的欲望，但爱是两者之中更基本的：

> 爱是施爱者与被爱者的某种一致，而恨则是某种不一致或不和谐。现在我们应该在每件事情中，先考虑什么与它一致，然后再考虑什么与它不一致：因为，一个事物与另一个事物不一致，是通过破坏或阻碍了与它一致者所造成的。因此，爱必须先于恨；没有什么是被恨的，除非是与所爱的合适之物相反。因此，每一种恨都是由爱引起的。③

泛言之，爱主要是这样的东西，我们通过它而感到一种亲密关系、一

---

① 最近，对阿奎那的激情思想的研究不断升温。值得注意的成果包括，罗伯特·迈纳（Robert Miner）的《托马斯·阿奎那论激情：对〈神学大全〉的研究》（*Thomas Aquinas on the Passions: A Study of Summa Theologiae*, Cambridge: Cambridge University Press, 2009）；戴安娜·弗里茨-凯茨（Diana Fritz-Cates）的《阿奎那论情感：一种宗教伦理学的探究》（*Aquinas on the Emotions: A Religious-Ethical Inquiry*, Washington, D.C.: Georgetown University Press, 2009）；以及，尼古拉斯·E. 隆巴多（Nicholas E. Lombardo）的《欲望的逻辑：阿奎那情感》（*The Logic of Desire: Aquinas on Emotion*, Washington, D.C.: The Catholic University of America Press, 2010).）

② 在阐述其道德哲学时，阿奎那对激情的处理常常被忽视。在《神学大全》第二卷第一节的前五题论述了幸福之后，他在第 6—17 题说明了我们的理性和自由本性的结构，然后，在第 18—21 题处理了善恶行为，在第 22—48 题提供了他对激情的解释，随后，在第 49—54 题处理了习惯问题，在第 55—70 题论述了一般的美德和各种具体的美德，接着在第 71—89 题讨论了恶与罪，最后在第 90—108 题论述了律法。虽然这种处理发生在神学研究的整体背景下，但它并不是以神学教义为原则对人性、行为和完善展开的研究。他对神学美德的处理，对我们的本性以及那些使得我们的本性臻于完善的美德所带来的影响的处理，贯穿《神学大全》的第二卷第二节。

③ Aquina, *ST* I-II, q. 29, a. 1, respondeo.

种亲近感、一种同其他事物或人相结合从而达到圆满的吸引力。一般来说，恨则是一种体验到的厌恶或极度反感，它针对的是处于我们和我们所爱事物之间的阻碍者。

伦理美德与激情有关，是确保激情朝向恰当目标的品格特征——它们使我们在正确的时间，对正确的人，以正确的方式去感受激情。它们与行动相关，引导我们做那些合乎正确理性的行动："每一种美德都使拥有它的事物处于良好的状态，并使该事物的功能发挥得好。"① 无论我们认为美德和恶德是品格特征还是行为倾向，我们看到，每一种美德或恶德，打个比方，都需要一个家。这样的一个家，正如我这里比喻的，就像你的家一样，是一个休息和萌发新念头的地方；它有些定居者，同时也会跟外来者热情互动。在人的内部，人们发现，每一种美德作为对各种力量的具体协调不仅代表某种程度的稳定性，而且也会受到经过自我反思和重复行动而获得的新经验的修正。理性是自我的共同统治者，而自我如今又被设想为许多家的有序集合（即城邦），正是每种美德对理性的分有，使得习惯性的活动（无论它们是美德导向的或恶德导向的行为，还是居于两者之间的行为）以及对这些习惯本身的修正成为了有意图的行为。

理智美德，虽然它们不是与激情共享同一个家的"习惯"因而不同于伦理美德，但它们却是人的某些力量的完善，在结构上，与伦理美德有相似之处。打个比方，理智美德所处的街区是理智，每种理智美德都有一个独特的家，每个家的特征就是其独特的理智功能。就像伦理美德一样，理智美德使我们擅长某些行为——"技艺"使我们能够制作东西，"实践智慧"使我们能够很好地行为，"直觉"使我们能够领悟第一原理，"科学"使我们能够获得可表达的知识，"智慧"使我们能够沉思。

---

① Aristotle, *NE* II 6, 1106a 15–17.

亚里士多德阐述了 11 种伦理美德和 5 种理智美德。继续我的比喻，这意味着人作为一个城邦，有 16 个不同的家。而这是否意味着，我们有 11 种基本方式可以很好地驯化我们的激情，而我们心灵只有 5 种基本的运作方面呢？我想我们有理由认为，亚里士多德确实觉得自己提供了一份与伦理和政治探究有关的详尽的美德清单，至少涉及到其中最具代表性的方面。然而，阿奎那却表明，亚里士多德主义者可以处理更多的美德。只不过，这一扩展并不是通过泛化美德定义而实现的。事实上，我们发现，与亚里士多德相比，阿奎那对美德有更严格的处理，他一开始就削减了美德清单上的美德数量，对美德的描述也更精确。阿奎那认为，每一种伦理美德，都可以归于节制、正义或者勇敢；而理智美德则被划分到凭借它们而成为可能的实践活动与思辨活动两个领域，尽管在亚里士多德的作品中同样如此，但阿奎那的划分更严格。这样的归类，就像修剪果树一样，能够使得收成更丰硕。

阿奎那和亚里士多德都将道德哲学建立在某种行为理论上，根据这种理论，每一个行为都是一种潜能的实现。正是行为和潜能之间的这种关系，为美德（和恶德）的不同种类划分提供了依据。这就如同是说，他们顺着活动留下的痕迹而回溯到活动的生成点，从表现出来的活动推出潜能。而同样的推论也适用于被视为整体的人。亚里士多德强调，人是行为的源泉，"因为好的行为是目的，是欲求的对象。因此，选择要么是欲求的思考，要么是理智的欲求，而行为的始点就是人"[①]。虽然一个人具有多种不同的力量，但是，他或她却是作为一个统一体而行动。这种统一体体现在我们的行动之中，对此，日常的语言就能表明这一点。吃东西的是我，而不是我的嘴。诚然，是我的手臂在抡锤子，但我才是那个施加锤击

---

① Aristotle, *NE* VI 2, 1139b 3—5.

的人。确实，我是用我的理智在思考，但正在思考的是我。作为一个统一的整体，我是这些行动的始点，而不仅仅是我的力量（它们最直接地参与完成这些行动）的始点。

受亚里士多德的启发，阿奎那反思了潜能和人在具体活动层面的行动之间的相互作用，并将人视为某个统一的行为原则，而这两种考量都把人解释成现实的、有条理的理智存在物，他雄辩地将这些反思融合在一起：

> 只有在现实中，才有事物在行动；因此，一个事物根据什么处于现实，它就根据什么而行动。显然，身体赖以存活的首要事物是灵魂。既然生命的显现是通过不同等级的生命物的各种行动，那么，我们借以实施所有这些重要行为的便首先就是灵魂。因为，灵魂是我们的营养、感觉和空间运动的首要原则，也是我们的理解所依凭的首要原则。因此，这个原则乃是我们的理解所首先依据的东西，无论它被称为智力还是理智灵魂，它就是身体的形式。这是亚里士多德在《论灵魂》第二卷第二节中所使用的证明。①

我们凭借灵魂而"行动"，我们的灵魂又是由它的最高级功能——它的理性力量——而命名。② 生命的原则虽然被灵魂的理性原则定义，但并未被它的理性原则所穷尽，因为"理智灵魂"超越并蕴含了我们在生命中可以发现的所有低级的灵魂力量。亚里士多德和阿奎那都极力主张，否认这一点就等于否认是我自己在思考、睡觉或打字。只有行为者实际上是一个统一的存在物，我们才能解释，为什么日常语言会把人说成是行为的原则。我们以不同的方式行动，因为我们是在展现某个统一的原则，它维系

---

① ST I, q. 76, a. 1, respondeo.

② Aristotle, *NE* I 7, 1098a 7–8.

着我们的生物完整性并赋予我们能力。

主导亚里士多德主义者关于人的框架性理解的基本方法论原则相当简单：所有活动都是潜能的实现。① 这条原则的一个推论是，不存在没有原因的活动。否认这点，就等于否认充分理由律：所有现象都有一个解释（尽管这不意味着我们可以认识或充分理解所有的解释）。而这条原则运用于人，则揭示出亚里士多德的自我图式中一个更具吸引力的特征：人类做出统一的理性行动，因此必然存在理性的真实潜能，它是理性行动的能动性来源。有时，我们的理性活动指向永恒不变或大体不变的事物，所以，在人类的理性中，一定存在某种思辨的力量。有时，我们的理性活动也指向那些可以通过额外的行动而改变的事物，包括我们所制造的事物和我们所做的事情，因此，在人类的理性中，一定存在某种实践的力量。人的行为表现出对某些事物和人的吸引力，因此，一定存在某种基本的力量使得这些吸引力成为可能，那就是贪欲。人的行为表现出对某些事物和人的厌恶，所以，肯定还有另一种基本的欲望，使得那些针对我们所爱对象的精心保护的行为成为可能，那就是发怒的欲望。通过模仿我们钦佩之人的类似做法，反思我们该爱什么或恨什么、我们该如何去爱或恨，并且练习那些行为，希望有一天能够轻松地做好，我们认识到，我们的欲望可以通过多种方式被理性说服。多层次的行为模式——每个模式都涉及一种或多种理性力量、激情以及其他生理因素——是在一生之中发展起来的，从我们孩童时期所接受的信息开始，我们就被引向或选择我们所钦佩的榜样、我们所做出的决定，我们所考量的思想以及我

---

① 这条原则是亚里士多德研究所有运动的基础，在《物理学》第三卷中有详细解释，其中的运动，在最广泛的意义上指任何形式的变化，其定义是："因此，潜在事物的实现（或现实化），就其本身而言，就是运动。比如，可改变之物的实现，作为可改变之物，就是改变；可增加和可减少的事物（两者没有共同的名称）的实现，就是增加和减少；能产生的和能消亡的事物的实现，就是产生和消亡；可以移动的东西的实现，就是位移。"（*Physics* III 1, 201a10–14）。

们采取的行动。这些行为模式构成了我们的品格,其中的各种要素在不同程度上是合乎美德的或恶德的。美德是那些使我们产生行为的各种能力臻于完善的特征,使我们能够做出那些行为,并且从事那些对于我们的存在本质而言最为完善的活动。

把美德理解为品格特征,其中,每一种美德都可以说在作为整体的人这里有一个家,还只是故事的一部分。然而,是什么让人有资格宣称美德使得各种力量臻于完善,对此,还有更多的话要说。在我们转向更深入的目的论考虑之前,这种人类学——它支撑着亚里士多德对于那些理应讨论的伦理和政治探究方面的美德的处理方案——还有一点需要关注,它也是对这种人类学的一个重要贡献。

依赖性的理性动物

这种关注和贡献都来自于一位思想家,我们有充分理由认为,他是我们这个时代最重要的道德哲学家之一(如果不是最重要的)。在许多人眼中,他是当代美德伦理学的重要贡献者,[①] 但是,他自己的探究活动与当代美德伦理学(尤其是主流的和常规的美德伦理学)之间的对比却为我们提供了一个很好的出发点,帮助我们理解为何麦金太尔会将自己的努力同当代美德伦理学运动划清界限。如果说有什么不同的话,那就是,麦金太尔更喜欢把自己描述成亚里士多德主义的托马斯主义者。因此,奇怪的是,与麦金太尔自己申明的理论传承相反,我们在许多文本中并未发现人们

---

① 赫斯特豪斯的美德伦理学与麦金太尔的研究没什么关系,但是,就连她也认为,麦金太尔是少数几个帮助将美德伦理学推向世界的人之一;参见 Hursthouse, *On Virtue Ethics*, 3。而纳斯鲍姆在《非相对的美德》("Non-Relative Virtues")和《美德伦理学:一个误导性的范畴?》("Virtue Ethics: A Misleading Category?")等文章中,对麦金太尔之于美德伦理学的重要性也表达了类似观点。

对"麦金太尔是一个美德伦理学家"的论断提出挑战,而是在已出版的文本中,许多内容对他一方面自称为亚里士多德主义者、①另一方面又自称为托马斯主义者提出了挑战。② 一般来说,怀疑他是一个真正的亚里士多德主义者和托马斯主义者,往往来自如下这些批评:他的历史视角和传统视角使其无法给出真理断言,或者至少极大限制了其真理断言的力量。在我看来,麦金太尔对阿奎那的简评作品《第一原则,终极目的和当代哲学问题》(First Principles, Final Ends, and Contemporary Philosophical Issue)可以平息这些批评。③ 在亚里士多德主义者—托马斯主义者之间的这些争论中,大多关注麦金太尔将理性与传统之间的关系理解为相互构成的观点,并对这一观点的意图展开了极其细微的解读。

正是麦金太尔本人在后来的回顾中对自己的名作《追寻美德》提出了一个最重要的批评,而这并非有意表现他在思想上的诚实。他的自我批评

---

① 纳斯鲍姆认为自己是亚里士多德主义者;她在《非相对的美德》中认为,麦金太尔是一个非亚里士多德主义的相对主义的美德伦理学者,而在《美德伦理学:一个误导性的范畴?》中则又认为麦金太尔是一位(特殊的)休谟主义的美德伦理学家。

② Janet Coleman, "MacIntyre and Aquinas," in *After MacIntyre: Critical Perspectives on the Work of Alasdair MacIntyre*, ed. John Horton and Susan Mendus (Notre Dame, Ind.: University of Notre Dame Press, 1994), 65–90; John Haldane, "MacIntyre's Thomist Revival: What Next?" ibid., 91–107; and Robert P. George, "Moral Particularism, Thomism, and Traditions," *Review of Metaphysics* 42 (1989): 593–605. 麦金太尔对科尔曼(Janet Coleman)和霍尔丹(John Haldane)进行的简要回应,参见"A Partial Response to My Critics," in *After MacIntyre: Critical Perspectives on the Work of Alasdair MacIntyre*, 283–304. 克里斯托弗·斯蒂芬·卢茨(Christopher Stephen Lutz)在其著作《麦金太尔伦理学中的传统:相对主义、托马斯主义与哲学》(*Tradition in the Ethics of Alasdair MacIntyre: Relativism, Thomism, and Philosophy*, Lanham, Md.: Lexington Books, 2004)的第四章中,针对上述三位评论者的观点,为麦金太尔进行了辩护。

③ Alasdair MacIntyre, *First Principles, Final Ends, and Contemporary Philosophical Issues* (Milwaukee, Wis.: Marquette University Press, 1990). 另见"Moral Relativism, Truth, and Justification,"最早发表于 *Moral Truth and Moral Tradition: Essays in Honor of Peter Geach and Elizabeth Anscombe*, ed. Luke Gormally (Dublin: Four Courts Press, 1994), 6–24, 后来再版于《麦金太尔选集:哲学的任务》(*Selected Essays: The Tasks of Philosophy*, Cambridge: Cambridge University Press, 2006)第一卷第三章。

所关注的是，在《追寻美德》中，他曾明确拒绝亚里士多德的"形而上学的生物学"（Metaphysical biology），在诸多限定下提出他自己以实践为中心的美德解释，而且注重同亚里士多德的"生物学意义上的目的论解释"（biologically teleological account）相区分。①

麦金太尔在《追寻美德》中针对亚里士多德的生物学基础的否定引出许多问题，这些问题关系到麦金太尔认为亚里士多德的立场是什么以及他为何认为作出这种否定是合理的，而在麦金太尔的回顾性评论中，也并非所有问题都得到了解决。首先，麦金太尔没有给出他否定亚里士多德的原因，也没有解释他所否定的"形而上学"或"生物学"的核心要素究竟是什么。实际上，麦金太尔在自己的否定中所使用的这些语汇是模糊不清的：从一种亚里士多德主义的视角来看，"形而上学的生物学"是一种矛盾修辞法。生物学是物理学的一部分，物理学是第二哲学，而那些出自第二自然（second nature）的原则，对于研究第一原因和第一原理、研究第一哲学或是亚里士多德的继承者（而不是亚里士多德本人）所称的形而上学，乃是必不可少的。麦金太尔实际上只是想要反对亚里士多德生物学的诸多细节吗，比如，后者对于生殖如何发生、妇女的不完全地位、血液循环方式等问题的错误论断（所有这些论断都已被科学发展所否定）？抑或说，他还要反对亚里士多德在生物学研究中采用的基本原则，例如，有机体中的生物统一性是通过生命原则实现的，有机体的形式因蕴含着目的因？麦金太尔所说的"形而上学的"就是指这些原则吗？并不清楚。

针对亚里士多德的"形而上学的生物学"，麦金太尔力图反对的究竟是什么，虽然与之相关的问题从未得到明确的回答，但在后来的著作中，麦金太尔确实使用了亚里士多德的灵魂观念以及形式因和目的因，并强调

---

① MacIntyre, *After Virtue*, 196–197.

自己接受它们，认为它们是产生连贯的美德解释的必要原则。比如，他写道：

> 我之前说过，在亚里士多德主义者（无论他是否托马斯主义者）看来，对于任何人或事，什么是好的或最好的取决于其属于何种存在物，取决于其自身的本质属性以及专门属于这种存在物的繁荣状态。……取消了本质属性的概念，也就取消了与之相对应的对于分享该本质的这类特殊物种的成员来说什么是好的和最好的概念，那么，亚里士多德主义关于想要获得善的自我的构想、关于善的构想、关于快乐的构想就必然都会崩塌。剩下的只有个体的自我及其快乐与痛苦。所以，形而上学的唯名论限制了我们对道德生活的构想。而且，反过来说，某些类型的道德生活构想也排斥这种唯名论。①

如果不承认通过灵魂（它赋予我们每个人本质属性）的理性原则而实现的自我统一性，就不可能确立一种关于自我的连贯解释，也不可能确立那些关于自我完善的善。无论麦金太尔在《追寻美德》中反对亚里士多德的形而上学的生物学意味着什么，他显然在1990年之前就接受了亚里士多德人类学的一些物理学和形而上学特征。

因此，这一发现使得我们有所准备，能够理解麦金太尔在他更晚近的一部作品中对自己早年有关亚里士多德的形而上学生物学的评论所表达的不满：

> 在《追寻美德》中，我试图按照亚里士多德的美德观，对美德在

---

① MacIntyre, *Three Rival Versions of Moral Enquiry*, 138.

社会实践、个体生活和共同体生活中的位置进行说明，并使这一说明不依赖于我所说的亚里士多德的"形而上学的生物学"。虽然我们确实有很好的理由拒斥亚里士多德生物学的某些重要内容，但我现在认为，设想可能存在一种不依赖于生物学的伦理学，乃是错误的……这包含两个不同但相关的原因。首先，如果不对我们说明我们朝向并进入这种生命形式的发展过程（这种发展过程始于我们最初的动物状态）并且由此解释（或者至少是指引我们找到一种解释）这种生命形式如何存在于我们这样的生物，那么，任何针对那些决定着我们道德生活的善、规则和美德的说明都可能是不充分的。其次，如果不能理解这种生物状态，不能通过比较人类和其他智能动物的物种成员而阐明这种状态，那将会模糊上述发展过程的关键特征。①

这一引人瞩目的检讨和转向引发了一部作品，它为麦金太尔正在进行的研究及其整个道德哲学开辟了新天地。

的确，与休谟、康德、密尔等现代杰出人物不同，亚里士多德主义传统向来乐于承认我们的动物性。我们的动物本性不是用来对抗、逃避或征服的，而是用来教育的。这种教育的主要手段便是发展美德。在《依赖性的理性动物》一书中，麦金太尔详细论述了我们的一些动物特征，这些特征以前很少被谈论，即使在亚里士多德主义传统中也是如此。麦金太尔让我们注意到我们诸多共同的脆弱性、缺陷性和依赖性。

在我们成年后的很长一段时间里，如果我们很幸运，不存在某些重要方面的缺陷，那么，我们可以把自己想象成独立自主的行为者。当然，这种自主是虚幻的，想想你对朋友的情感支持、供应充足的杂货店、电力公

---

① MacIntyre, *Dependent Rational Animals: Why Human Beings Need the Virtues*, Paul Carus Lecture Series 20 (Chicago: Open Court, 1999), x.

司和汽车加油站的依赖吧；可是，我们却经常沉迷于这种虚幻之中。无需太多的思索就可以认识到，我们只有通过父母的夫妻生活才能来到世上，我们是在母亲的子宫中被孕育，我们人生的第一年要穿纸尿裤，吮吸母亲的乳房，吧唧吧唧地去吃那些用勺子送到我们嘴边的精加工食品。我们完全依赖于父母、其他家庭成员和老师，才学会了如何走路、说话、阅读和计算。这些早年的依赖性标记构成了我们生活叙事的组成部分，而预计到我们在年老时也会有类似的依赖性，则是同一叙事的可料想的一部分情节。我们人生的开始和结束都托付于他人，那些（但愿是）爱我们的人。认识到我们的这种依赖性，进一步增强了（或至少应该增强）我们打算给他人提供的帮助。

因此，我们不仅仅是理性动物。我们是依赖性的理性动物。麦金太尔所说的那种"承认依赖性"（acknowledged dependency）的美德，构成了我们作为依赖性的理性动物得以实现繁荣的基础。在"承认依赖性"这种美德的结构中，位于底部的是阿奎那所强调的"悲悯"（misericordia）美德，① 它是"仁爱"（charity）美德的一部分，后者要求"我们只是因为把他人的痛苦理解为自己的痛苦，而为别人的痛苦而悲伤"②。正是这种美德提供了将共同体所有成员联结起来的纽带，使他们认识到每个人都是兄弟姐妹和邻居："但承认他人是兄弟或朋友，就是承认自己同他们的关系与自己同所在共同体的其他成员之间的关系是一样的。因此，将悲悯的美德指向他人，就是在扩展自己的群体关系，从而将其他人也包括在这些关系中。"③ 虽然亚里士多德谈到过，认识我们的群体自我很重要，但让亚里士多德的观点真正丰满起来的是阿奎那，后者表明"仁爱"是所有美德的动

---

① Aquina, *ST* II-II, q.30, a.3.

② MacIntyre, *Dependent Rational Animals*, 125.

③ Ibid., 125–126

力因。接下来，麦金太尔特别注意我们同其他智能的社会动物之间的共同特征，从而揭示出这种美德以及其他一些需要从我们承认依赖性出发的美德的重要性。

当然，我们应该注意亚里士多德生物学中的那些错误或夸大的特征。但是，亚里士多德强调对我们的本性进行生物学说明——这种说明关系到我们对美德的理解——的重要性，这无疑是正确的。从亚里士多德以及亚里士多德主义传统中的其他重要人物那里，我们不仅认识到，我们必须说明我们共有的本质属性，从而理解我们应当趋向的善，而且还认识到，这个本质属性不仅仅是逻辑上的，我们可以由它推出关于我们目的的恰当结论，而且，在事实上，它还是我们共同的相互依赖的生活的鲜活现实。

第 7 章
亚里士多德主义伦理学的目的论
所有美德都需要目的

> 有美德的行为是高尚的，而且是出于高尚的目的而施行的。
> ——亚里士多德：《尼各马可伦理学》第 4 卷第 1 节，1120a23

无论是讨论一个实体的一部分，还是讨论一个实体的整体，把握事物的目的对于理解它是何种事物来说，都是至关重要的。我们通过这种洞察力来解释每一种美德何以堪称人的某种力量的完善状态或是力量与激情的协调状态，它又何以有助于塑造作为整体的人的品格。无论研究什么，亚里士多德所持有的"只有知道事物的目的，我们才能了解它"这条原则，都是具有启发性的基本原则。这里的含义之一是，任何事物的形式因（或形式的解释）在逻辑上都依赖于我们对其目的因（或目的的解释）的理解。而有关人类生活的善或目的的洞见，不可避免地会影响到人们对人性的讨论；在关于我们是什么的问题上，无论你是亚里士多德式的自然主义者、物理主义者、二元论主义者，还是任何其他学说的拥护者，都是这样的。当我们关注美德时，同样的逻辑联系也成立：我们之所以能够将某种性格特质命名为美德，是因为它使我们能做什么；在亚里士多德主义伦理学传统中，美德能让人行动得好，也就是说，做那些好的事情。因此，在亚里士多德主义的语境中，"好"呈现了目的、完成某事、使某种具体的力量或力量网络或实际的整体生活臻于完善的本质。

在当代哲学文献中，"目的论"（Teleology）往往不是用来指那种在亚里士多德主义的启发之下对人类善的反思，而更像是某种专门关注行为结果的学说，它并不是把行为作为其自身的目的而予以关注。功利主义和后果论意义上的"目的论"不是本章所关注的对象。这不是说，对后果的反思在亚里士多德主义伦理学中没有位置，而是说，在亚里士多德主义伦理学中，对后果的考虑不像功利主义那样把后果当作决策程序的决定性因素。后果论对"目的"的语义挪用造成了许多混乱，但是，只要我们注意不把密尔解读成亚里士多德，那么，由此产生的不良后果是可以避免的。

对人类生活的目的进行理论化处理，这不仅需要探究人类生活是否存在某个总体目的，以及如果存在，它可能是什么，还必须包括对个体美德的反思，一方面把美德作为目的，另一方面把它作为更高目的的手段。针对人类目的的整体论分析会暴露出针对其进行具体分析的缺陷，反之亦然，因此，两者交织在一起才完整。让我从整体论分析的思路开始。

思考生活的目的

我们这个时代特有的诸多挑战，都与我们思考生活目的问题的方式有关。当我们想到，哲学讨论极少提出"生活的目的是什么？"这个问题时，我们就会发现其中某些挑战。对许多人来说，这个问题就像是对哲学的讽刺，它不是严肃的哲学家会认真提出的那种问题。为什么呢？苏格拉底当然真诚地问过这个问题，然而，他现在的许多继承者却不能这样做。我们之所以对于这个问题及其引发的针对实质性的善进行的反思感到不适，至少部分原因在于塔尔博特·布鲁尔所描述的一种"盛行的学术礼仪感"。布鲁尔接着说道：

第 7 章　亚里士多德主义伦理学的目的论

在哲学中提出关于人类善的实质性概念被认为是有些尴尬的，不仅对于传递这一概念的哲学家来说尴尬，而且对于整个领域来说也尴尬。好的品味以及合理把握什么可能、什么不可能，这些构成了真正的学术专业知识领域的主题，它们要求我们规避好生活的话题，或者约束自己，追求一种放之四海而皆准的、承认任何特殊的文化传统都可能通往好生活的理论。①

我认为，布鲁尔在这段话中明确地指出了两个重点，把它们放在一起应该会让我们看到，让人感到奇怪的是我们对这个问题的典型学术反应，而不是这个问题本身。要认识到这一点，就需要一种自我反思，一种天真、爱开玩笑、善于自嘲的苏格拉底式的反思；而这种反思，如今至少和苏格拉底的时代一样缺乏。

布鲁尔强调的第一点是，如果不能提供坚实或厚重的关于善的说明，就不可能比较充分地回答我们的生活意义或目的等问题。而这样的说明会使其支持者有违一种不仅在哲学中而且在整个学术文化中流行的情绪，即在如此根本的问题上发表立场是品味糟糕的表现。诚然，学界在许多重要问题上仍有分歧，但这些分歧通常局限在坚固惊人的壁垒之中，往往可以回避那些形上层面的最艰深的问题。正如良好的礼仪修养会让人们不要在感恩节的晚餐上提出有争议的政治或宗教问题一样，学术上的良好品味也已经开始考虑，在课堂上或期刊文章中提出涉及人类生活之总体意义的形而上学问题乃是不适合的。

这种学术礼仪方面的情绪似乎伴随着一种信念，即努力提出关于人类好生活的厚概念会让人沉溺于一些可疑的主张：总体上存在着某种最好的

---
① Brewer, *The Retrieval of Ethics*, 6–7.

生活方式；它可以被描述；那些不追求它的人，坦率地说，作为人是失败的。必须承认，围绕如此重大的问题进行争论是令人不适的，而且，它们往往会暴露出对话者之间的深刻分歧。因此，现代哲学家们倾向于认为，即便要描述人类的好生活，也只能是简单地描述。当然，这一规则也存在例外，但我在这里打算支持布鲁尔的观点，它不仅给我的印象在一定程度上是正确的，而且有助于解释为什么安斯康姆、吉奇、麦金太尔以及其他激进地主张重估道德哲学的人仍在被边缘化。

布鲁尔的第二个观点触及到学院派职业哲学家的自然愿望。就跟许多其他学科一样，学院派的哲学已经分裂成许多专业。在某种程度上，这是研究生培养的预期结果，研究生培养就是要教导年轻的哲学家们把注意力集中在学术期刊当前感兴趣的范围极窄的一些主题上，同时避免投入过多时间去研究那些早期哲学和中期哲学所特有的宏大问题。我们学着像研究员一样在边界清晰的问题上合作，像自然科学家建立其学科一样建立我们的学科。正是这种狭隘的专注，让我们在顶级期刊上发表论文。然而，与传统哲学的视野相比，当代哲学的专业化是不寻常的。

传统哲学将自身理解为一种努力把握整体对象观点的生活方式，它是一座人们梦寐以求的巅峰，其残迹仍然受人敬仰，这有事实为证：数学家、生物学家、古典学家、历史学家和社会学家获得的学位都是哲学博士。而追问我们生命的意义，这是一个需要广泛视野的问题，它不是以碎片的形式呈现的，而是要对其他各个学科保持开放态度，最终仍然寻求一个统一的答案。哲学家的任务就是为这种综合性的成就而奋斗。

虽然对古典和中世纪作家的研究如今有时被嘲笑为只是哲学史的研究而不是真正的哲学，但是，如果一个人不花大量的时间进行这种研究，他就不可能进入到哲学传统所涵养的思辨活动之中，它是持续反思一个人的整体生活之善的必要准备。我们不是说，当代哲学家完全回避这样的反思，而是说，对生活目的的反思和为维持这种反思而培养起来的方法不属于当前哲学实践的系统化工作的一部分。结果便是，那些典型的现代哲学家在思考自身的整体生活时并不一定比那些没有接受过哲学训练的人更加适合进行这种探索，甚至可能比他们更糟糕。两者都需要诉诸对其训练而言并非必不可少的那些资源。

在《现代道德哲学》以及其他文章中，安斯康姆以她自己的方式使人们注意到古典哲学与现代哲学之间在关注和实践方面的断裂。① 艾瑞斯·默多克（Iris Murdoch）的小说和哲学作品，以及，麦金太尔的尤其是《追寻美德》首次出版以来的作品，还有皮埃尔·哈多的全部作品，② 也都注意到了古代和现代之间的区分。事实上，早期美德伦理学运动的核心动力就在于，它认识到需要打破当代哲学狭隘的反思模式，更新哲学方法，以适合于对人生目的展开持续的反思。例如，我们可以在富特的《自然的善》和赫斯特豪斯的《美德伦理学》的第三部分看到对这种激励人心的见解的共鸣，只不过，这些作品在提出经典问题的同时，却又避免使用古典的宗教和形而上学策略来处理生活目的的问题。

对安斯康姆和麦金太尔来说，对这个问题的回答，或至少我们所能寻求回答这个问题的方法，大体而言，是可以在亚里士多德主义的传统中找到的。更严格地说，他们的回答所采用的亚里士多德主义是犹太—基督教

---

① 尤其参见安斯康姆的论文《道德权威》（"Authority in Morals"）第五部分，以及她在《坚定的信仰：宗教、哲学和伦理论文集》（*Faith in a Hard Ground: Essays on Religion, Philosophy and Ethics*, ed. Mary Geach and Luke Gormally, Charlottesville, Va.: Imprint Academic, 2008）的第 13 章对"道德"的善展开的更为尖锐的批评。

② 麦金太尔的著作《哲学的任务：论文选集》（*The Tasks of Philosophy, Selected Essays*, vol. 1, Cambridge: Cambridge University Press, 2006）第 7 章《生活的目的，哲学写作的目的》（"The Ends of Life, the Ends of Philosophical Writing"），通过聚焦哲学写作而阐述这些观点。他的《上帝、哲学、大学：天主教哲学传统的历史》（*God, Philosophy, Universities: A Selective History of the Catholic Philosophical Tradition*, Lanham, Md.: Rowman and Littlefield, 2009）则通过不断反思大学制度中的哲学探究和传统，从而处理这些问题。

的宗教和伦理思想、奥古斯丁主义和新柏拉图主义神学，以及，一种被称为托马斯主义的亚里士多德主义哲学的混合体。发生在当代思想家身上的这种综合性影响，并不像它的描述可能让人感到的那样罕见。对这些思想家来说，他们面临的挑战是要处理"我们的生活意义"这样一个广泛的哲学问题，而他们的处理方式既要吸收亚里士多德主义传统中最优秀的代表的回答，还得说明这些接续传统的回答同那些专业或不专业的、如今都关心这个问题但同时可能并不接受托马斯—亚里士多德主义传统的哲学家之间有何关系。

对人而言的好生活

麦金太尔应对上述挑战的第一次也是最著名的尝试是《追寻美德》，该书出版于他明确信奉托马斯主义之前，它也是麦金太尔首次以整本书的形式来明确地呈现亚里士多德主义。在这本书中，他认为，《新约》的美德论述同亚里士多德的美德论述具有"相同的逻辑结构和概念结构"，即使它们存在不同的内容：

> 和亚里士多德相似，《新约》也认为，美德是一种品质，践行它会导致人的目的实现。对人而言的善当然是超自然的善，而不仅仅是自然的善，但超自然救赎并完善着自然。而且，美德作为手段与目的（即人进入来世的神圣王国）之间的关系也是内在的，而非外在的，这在亚里士多德那里同样如此。当然，正是这种相似性使得阿奎那能够把亚里士多德和《新约》综合起来。这种相似性的一个关键特征是，对人而言的好生活概念优先于美德概念，而在荷马的解释中，社会角色概念优先于美德概念，这两种"优先"的意义是完全相同的。

同样，前一概念的运用方式决定了后一概念的运用方式。在这两种情形中，美德都是从属性的次要概念。①

麦金太尔这里提出的人性、人性的完善以及美德所起作用之间的联系尤其值得注意。从思考人性目的的角度看，美德不是实现某种最终回报时所要获得的外在善，它们本身就是内在的善或目的，它们构成了人的终极、完善的目的。无论一个人是否认为，人性在连续的自然生命中（就像亚里士多德经常解释的那样②）或是在通过人性的超自然完善而实现的那种活动中可以臻于完善，人性、目的与美德之间的结构关系都是相同的。

我在第5章中提出的观点是，用美德来定义人类的终极目的是一回事，而将伦理方面的美德定义为"使我们能够实现合乎我们本性的目的的品质特征"则是另一回事。我在第5章中认为，亚里士多德主义伦理学的一个显著特征是，美德在逻辑上和生成上都是优先于对幸福的成熟解释的概念。尽管存在一些相反的现象，但我认为，麦金太尔在《追寻美德》中的方法就包含亚里士多德主义伦理学的这一特征，因为麦金太尔认为，试图提供一个关于人类幸福的完整哲学描述，这必须要对人的善进行更广泛的反思才行。麦金太尔表明，在我们能够充分说明美德之前，我们需要在对人性（包括它的目的）的反思上取得显著的进展，这样一来，麦金太尔就以自己的方式响应了安斯康姆的呼吁，即我们需要一种更加充分的哲学心理学。

---

① MacIntyre, *After Virtue*, 2nd ed., 184-185.
② 我认为，关于亚里士多德是否认为我们的自然生命至少可以在一定程度上通过某些超自然的神性活动而获得延长和完善，从亚里士多德那里，我们得到的证据是不确定的。然而，应该指出的是，我们看到的只是不到一半的亚里士多德文本，而大多数新柏拉图主义和伊斯兰主义的亚里士多德评论者，在灵魂不朽和来世获得灵魂完善的问题上，把他解释为一个明显的超自然主义者。

当然，人性的目的有许多，我指的是任何活动的目的或目标，这些活动至少包含最低程度的理性思考。而美德是那些使我们不仅能够进行这些活动或从事这些实践、而且能够做得很好的品质。无论幸福或繁荣是什么，它都不仅仅是反思那些构成我们积极生活之实质的人的目的，而且必定至少意味着对沉思生活的进一步延展，借此把我们生活的各种目的统合为一个全面的整体。只有当我们理解了美德，我们才能理解幸福，因为，幸福是合乎灵魂的理性原则的活动；然而，只有当我们反思了人性的直接目的以及如何最好地实现这些目的，我们才能理解这些美德。

在亚里士多德主义伦理学的讨论中，人们倾向于将如下几条分析路线合在一起：反思人性，反思作为依赖性的理性动物的存在者所应具有的目的；反思美德，将其视为能使我们达到人性的直接目的、并能通过习惯和学习而形成的性格特征；反思幸福，将其视为人的整体生活的最高善，而它之所以可理解，只是因为它依赖于对美德的理解。把美德定义为实现人的直接目的的手段，并不是依据幸福来界定美德。①

麦金太尔对美德的处理大多集中于第二种分析，特别是，人性的直接目的如何表现为我们的特有目的。正是在这种分析中，我们才能理解他对于"实践"的特别关注。实践是"融贯的、复杂的、社会建构的、协作性的人类活动形式，通过它，在努力达到既适于这种活动形式又在一定程度上决定了这种活动形式的卓越标准的过程中，其内在利益就得以实现，结果，人们追求卓越的能力，以及人们对于相关目的和利益的观念都得到了系统的扩展"。②实践并不代表我们的目的，而是我们的直接目的可以在其中得以实现的活动。这不是说，一个人只能在实践中运用美德，③而是说，

---

① 辛普森在《当代美德伦理学与亚里士多德》中对麦金太尔这种做法的指责是错误的。
② MacIntyre, *After Virtue*, 187.
③ 参见麦金太尔的第一个告诫。Ibid.

正是实践使美德可以得到理解。虽然实践的价值不完全在于它们能够通过实现其内在利益从而提供获取和践行美德的途径,但它们的价值主要源自于此。因此,在某种意义上,实践是嵌在社会中的载体,通过这种载体,美德得以传播。

然而,实践本身并不是自我维系的。它们与我们的个体和集体生活的叙事交织在一起,通常被置于制度之中(它们经常发现自己与这些制度存在分歧),对它们的维系只能依靠"传统"——这是麦金太尔在他的美德理论中烙上自己独特印记的另一个术语:

> 因此,一个活的传统就是一种在历史中延续并在社会中体现的论辩,并且是在一定程度上恰恰有关构成该传统的那些利益的论辩。在一个传统内部,对利益的追寻往往延续几代人,有时甚至延续许多代人。因此,个体对善的追寻,通常地而且典型地,都发生在由个体生活隶属其中的、由那些传统所界定的语境里,这一点无论是对于各种实践的内在利益还是个体生活的利益来说都是真实的。①

通过他的实践概念、传统概念以及关于人类生活的叙事统一体的描述,麦金太尔弥补了亚里士多德本人关于美德解释的一个缺漏,即在没有充分解释甚或描述是什么使得某些习惯成为美德的情况下,就将这些习惯指认为美德。麦金太尔教导我们,亚里士多德主义的美德之所以成其为美德,是因为它们是那种能使我们获得实践的内在利益的品质特征,而这些实践又是借以支持它们的传统而被理解。因此,美德之所以被理解为美德,是因为我们能够通过它们获得人的善,而正是依据实践,人的善才可

---

① Ibid., 222.

以理解，也正是通过实践，人的善才能获得，而且，这些实践又通过它们所属的传统得以存续和理解。

此外，麦金太尔还注重处理一个人的整体生活的总体善问题，而这特别关系到他关于生活叙事的统一性的描述，因为，"人的生活的统一性就是叙事所探寻的统一性"①。而针对人的生活的这种理解方式承认，只有围绕我们的目的形成了一定的概念，我们才能理解自己是什么。然而，在这种探索中，我们究竟在追求什么，对此，我们仍然（而且永远）需要更充分的解释。从这个角度看，美德是支持我们进行这种探索所需要的品质："因此，美德要被理解为这样一些倾向，它们不仅维持实践并使我们能够获得内在于实践的善，而且支持我们能够以适宜的方式追求善，使我们能够克服我们所遭遇的伤害、危险、诱惑和干扰，并给我们提供更多的自我认识和更多的善的知识。"② 美德通过这种方式支持我们，它们可以被看作是我们整体生活的内在善，而这种整体的生活最好被理解为一种扩展的苏格拉底式的自我反思活动："人的好生活就是在追寻好生活中度过的生活，而这种追寻所必需的美德则使我们能够进一步理解人的好生活是什么。"③这是对人的好生活的一个足够"厚重"的描述吗？

麦金太尔本人在后来的著作中对此做出更丰满的解释，但我认为，就目前而言，他在《追寻美德》中关于人类生活目的的回答已经足够了。尽管对亚里士多德关于人的好生活的反思，我们还需稍作补充，但在此之前，我们必须先谈谈美德作为手段和目的的独特作用。

---

① Ibid., 219.
② Ibid.
③ Ibid.

作为目的的美德，作为手段的美德

亚里士多德主义伦理学与我在第五章强调的当代美德伦理学的一个不同之处在于，对亚里士多德来说，劝诫的重点是合乎美德的活动，而不是仅仅获得美德和形成公正高尚的品格。[①] 也许，在一定程度上，亚里士多德需要为人们经常忽视这一点而负责，因为，他确实强调"因其本身而获得美德"的意义。之所以如此，是因为任何美德的获得都意味着一个人的某种能力的完善，从而，也是这个人生活中的某种内在善的实现。因此，美德既是目的，也是手段。美德作为目的和手段的双重作用，在亚里士多德关于实践智慧和哲学智慧的效用的讨论中，得到了（或许是最清楚的）阐明。亚里士多德认为，我们应该努力获得美德，即使它们没有带来更多的善："现在我们首先可以说，这些状态本身必定是值得选择的，因为它们分别是灵魂的两个部分的美德，即使它们都不产生任何东西。"[②] 就其本身而言，实践智慧、哲学智慧以及其他所有伦理美德都值得拥有，因为，每种美德都以其独特的方式有助于人的完善。不过，这些美德又全都有助于实现更高的善："其次，它们实际上产生了某些东西，但不是像医术产生健康，而是像健康产生健康那样；智慧也是这样产生幸福；因为智慧是美德

[①] 塔尔博特·布鲁尔提出过类似观点，他写道："亚里士多德的观点终究是，人的最高善在于持续的实现活动（特别是构成幸福活动的那种生活），而不是消极的体验，也不是已达到的品格状态。虽然亚里士多德通常被称为美德伦理学家，但他并不以品格美德本身作为价值基础，而是以美德在最低有利条件下产生的具有内在价值的活动作为价值基础。因此，如果我们要把握亚里士多德主义美德的本质和价值，进而得到一种可以替代康德主义和功利主义道德理论的亚里士多德主义方案，我们就必须复兴一种广义的亚里士多德主义的内在价值活动（intrinsically value activity）概念"。（*The Retrieval of Ethics*，92）

[②] Aristotle, *NE* VI 12, 1144a 1–3.

总体的一部分，一个人通过拥有和践行它，就会幸福。"① 亚里士多德接着说，哲学智慧对于一个人的最高幸福所作出的贡献要比其他的美德更多，②但是，一种美德的具体地位并不妨碍上述引文所表明的同样逻辑可以被运用于其他的每一种美德。③ 每种美德不仅是一个人的某种具体力量的完善，而且它有助于实现最高善，即完满的繁荣生活。④

在某种意义上，拥有美德代表着静止状态，只要你愿意，就会保持某种指向目标行动的准备状态（standing-readiness-for-focused-action）。然而，即便我们从这个视角来看，从"此时此刻"来看美德，每一种美德也仍然包含一系列深层次的活动：反复行动的历史（这些行动形成了这种美德，造就了它的过去），以及，关于如何最好地运用这一美德的积极预期

---

① Ibid., 1144a 4–6.
② "但理智的活动，即沉思……人的完善的幸福——就人可以享用一生而言，因为幸福之中不存在不完善的东西——就在于这种活动。"（NE X 7, 1177b 17–18, 24–25）.
③ "合乎其他美德的生活只是次好的；因为，合乎这些德性的实现活动都是人的实现活动。正义的、勇敢的以及其他有美德的行为，都是我们在与他人的相互关系中做出的，都是在遵守契约和需要方面适合各个场合的实践与感情；而所有这些实践与感情都是属人的。其中一些甚至还似乎产生于肉体，而品格方面的美德在许多方面与感情紧密相关。而且，实践智慧离不开道德美德，而道德美德也离不开实践智慧，因为实践智慧的原则与道德美德一致，而道德美德的恰当性也跟实践智慧一致。道德美德涉及感情，必定都与我们混合的本性相关；而我们混合本性的美德是属人的；因此，合乎这种美德的生活和幸福也是属人的"。（NE X 8, 1178a 9–22）.
④ 上述两则注释所引用的段落，构成了亚里士多德的幸福概念是理智论（存在于最好的理智活动）还是涵盖论（包含所有的美德活动）的核心文本。这场争论的主要参与者至少包括：W. F. R. Hardie, "The Final Good in Aristotle's Ethics," *Philosophy* 40 (1965): 277–295; J. L. Ackrill, "Aristotle on Eudaimonia," in *Essays on Aristotle's Ethics*, ed. A. Rorty (Berkeley: University of California Press, 1980): 15–33; John Cooper, *Reason and Human Good in Aristotle* (Cambridge, Mass.: Harvard University Press, 1975); Anthony Kenny, *The Aristotelian Ethics* (Oxford: Clarendon Press, 1978); Stephen L. Clark, *Aristotle's Man* (Oxford: Oxford University Press, 1984); John Cooper, "Contemplation and Happiness: A Reconsideration," *Synthese* 72 (1987): 187–216; Richard Kraut, *Aristotle on the Human Good* (Princeton, N.J.: Princeton University Press, 1989); Anthony Kenny, *Aristotle on the Perfect Life* (Oxford: Oxford University Press, 1992); and Jeffrey S. Purinton, "Aristotle's Definition of Happiness (NE I, 7, 1098a 16–18)," *Oxford Studies in Ancient Philosophy* 16 (1998): 259–297.

（这种预期产生了它的未来）。可以说，美德就是一种积极的状态，它们指向美德行为的那种目标定向使其被理解为美德。亚里士多德一再强调美德的这种前瞻性（forward-lookingness）的重要价值，因为，它们的意义就在于它们对于完善我们生活的那些活动的贡献程度。

亚里士多德多次强调为了合乎美德的活动而拥有美德，这证明，他认识到我们人类恰恰容易忽视这一点。就像亚里士多德同时代的人一样，我们倾向于通过实现被欲求的目标来衡量成就。辛劳一天换来一夜安眠。紧张一阵应该放个假。明智的投资策略能让我们拥有一个舒适的家。我们通常给自己的报偿，恰恰与这些活动相反；我们真正想要的是休息（问问孩子们的父母就知道了）。我们每个人心里都想要吃颗忘忧果，当我们在从事紧张的活动时，尤其渴望吃到它。究竟为什么会有人认为，我们的幸福在于更多的活动呢？

亚里士多德对生活及其目的的观点相悖于这种关于成功的日常看法，但是，亚里士多德的立场同这种日常态度之间的对比显然是矛盾的。亚里士多德所揭示的是我们围绕拥有和行动而做出的另一些常见判断。哪种被我们欲求且我们只是为了拥有它而拥有它的善不会带来失望呢？一部好的电影当然能让我们得到休息，但判断它好不好的标准在于，它在何种程度上引导我们以新的眼光来看待某些现实特征。我们当然想有一个好的家，但决定其价值的是它对想要来拜访我们的朋友和家人的吸引力。我们当然想要夜里有一个好的睡眠，但它的价值是通过它更能够使我们完成第二天摆在我们面前的任务来衡量的。我们想要拥有善，是为了享受它们，除非我们是邪恶的守财奴。生活是活动，活动得好就是生活得好。想要终结一切活动，就是对生活的否定，就是有悖常理地颂扬绝望，并将我们引向繁荣兴旺的谷底。盲目、无方向的焦虑和缺乏专注力是那些不快乐的灵魂的一些症状，我们称之为抑郁。而目标驱动型的人，那些追求好生活的人以及在追求中得到适宜的美德支持的人，在他们自己和他人看来，都是繁荣兴旺的人。亚里士多德也许没有注意到这一点，但亚里士多德却围绕这一点构建了一种整全的伦理学。

因此，每一种美德都是一个目的，这意味着它们具有内在价值，也就是美和高贵（kalon）。而拥有它们的人也是美的、高贵的，其行为同样如此："一个人之所以是高尚的（和/或美的）、善的，是因为他为了高尚的善本身而拥有它们，是因为他践行高尚并且因其自身之故，高尚是卓越以及源于卓越的行为。"① 虽然人及其美德都可以视为有价值的东西，但使得他们如此的却是高尚的活动："这样，卓越的行动就是高尚的，并且是因高尚自身之故做出的行动。"② 最美、最高尚的活动是神的活动，对神的活动的效仿提供了一种衡量有意义生活的终极标准：

> 因此，哪一种对自然的善（无论是身体的善、财富、朋友，还是其他东西）的选择或拥有最能引起对神的沉思，这种选择或拥有就是最好的；这是最高尚的标准，而任何因缺乏或过度而妨碍一个人沉思和侍奉神的那些选择和占有则是坏的；这就是一个人的灵魂所拥有的东西，是灵魂的最佳标准，照此标准，灵魂要尽可能少地感知其非理性的部分。③

亚里斯多德对高贵（to kalon）有不同用法，但在这里，他把它作为人类活动的一种形而上学的审美标准来使用，而这种标准反过来又被用于衡

---

① *Eudemian Ethics* VII 15, 1248b 34–36.
② *NE* IV 1, 1120a 23.
③ *Eudemian Ethics* VII 15, 1249b 21.

量神自身的活动。①

亚里士多德的逻辑（《欧台谟伦理学》结尾部分的这段文字只是明确地表达了其中的一部分）似乎是这样的：神是最有活力的、最活跃的，而思想的活动既是生活②，也是神③。一种活动越完善，就越像神；它越高尚越美，就越像神。每一种伦理美德都需要灵魂的理性活动的参与，就此而言，它分有了神的活动，它的高尚与美就来源于此。神的活动是我们的最好活动的标准（神的沉思），而最好活动又是我们其他好的活动的标准（所有其他合乎美德的活动），这些活动又成为我们良好的品质特征的标准（所有与伦理相关的美德）。美德的等级关系源自于最好活动的等级关系，而每一种美德自身都是目的，既因为它们积极参与了理性活动，也因为它

---

① 一些学者试图厘清亚里士多德究竟如何使用 to kalon。凯利·罗杰斯（Kelly Rogers）在《亚里士多德的 TòKαλóν 概念》（"Aristotle's Conception of TòKαλóν," *Ancient Philosophy* 13 (1993): 355–371;）与《亚里士多德论勇敢的动机》（"Aristotle on the Motive of Courage," *Southern Journal of Philosophy* 32 (1994): 303–313）中，研究了亚里士多德将这个词与适当性（to prepon）联系起来使用以及它与赞扬和自尊之间关系；约翰·米利肯（John Milliken）借鉴了罗杰斯的研究，并在《亚里士多德的美学伦理学》（"Aristotle's Aesthetic Ethics," *Southern Journal of Philosophy* 44 (2006): 319–39.）中论证了 to kalon 标准相对于康德主义和功利主义标准的优势。特伦斯·欧文（Terence Irwin）在《亚里士多德的道德观念》（"Aristotle's Conception of Morality," in *Proceedings of the Boston Area Colloquium in Ancient Philosophy*, vol. 1, ed. John J. Cleary (Lanham, Md.: University Press of America, 1986), 115–143.）中将 to kalon 与利他行为联系起来。托马斯·图佐（Thomas Tuozzo）在《沉思、高尚与中道：亚里士多德伦理学中的道德美德的标准》（"Contemplation, the Noble, and the Mean: The Standard for Moral Virtue in Aristotle's Ethics," in *Aristotle, Virtue and the Mean*, ed. John Bosley (Edmonton, Canada: Academic Printing and Publishing, 1996), 129–154.）中探讨了 to kalon 和沉思之间的联系。约翰·库珀（John Cooper）在他的《理性与情感：古代道德心理学和伦理理论文集》（*Reason and Emotion: Essays on Ancient Moral Psychology and Ethical Theory* (Princeton N.J.:Princeton University Press, 1999), 253–80.）第 11 章《理性、道德美德与道德价值》中探讨了 to kalon 与两种非理性欲望之一的"意气"（thumos）之间的联系。而我尤其受到约瑟夫·欧文斯（Joseph Owens）在《亚里士多德主义伦理学中的 KAΛON》（"The KAΛON in the Aristotelian Ethics," in *Studies in Aristotle*, ed. D. J.O'Meara (Washington, D.C.: The Catholic University of America Press, 1981), 261–77.）一文观点的启发。

② *NE* IX 9, 1170a 15–19.

③ Metaphysics XII 7, 1072b 14–31.

们有助于好的活动。

从我们的完善目的的角度来看，或者说，从美和高尚的标准来看，仅仅做出有美德的活动是不够的。为了促进实现我们的生活目的，那些有美德的活动需要以合乎美德的方式进行。① 这一洞见是亚里士多德主义伦理学针对美德和美德活动的目的论反思的两条主线的联结中心：美德是目的，同时也是成功完成美德活动的手段。

没有哪种活动本身一定会以有美德的方式进行。举两个例子，打篮球和带领祷告。打篮球这种活动可能以美德的方式进行，也可能以恶德的方式进行。有的人篮球打得非常好，但他打篮球的目的是为了推迟做更重要的事情，或是为了炫耀自己的技术而让别人难堪。相反，有的人可以选择在适当的时间（不会耽误自己的工作），出于适当的理由（放松和社交），以适当的方式（尽自己最大的努力，但不努力炫耀自己的能力）打篮球。同样的道理也适用于另一个活动——带领祷告。有人可能是在他应该做其他事情的时候去祷告。他祷告可能是为了向神提出过分的要求，或是为了显得比别人更圣洁。但有的人参与这种活动则是带领他人在恰当的时间，以恰当的方式，出于恰当的理由来祷告。值得我们注意的是，这些活动本身不是中性的。两者都有内在价值，都是有价值的活动，其价值是由它们为那些有美德地践行这类活动的人们提供的内在善来衡量。只不过，即使一个人做这些事情做得不好，这些事情还是能够好好做的（在这个意义上，一个人可以很好地打篮球或者很好地带领别人祷告，即使打篮球的人寻求的是自我荣耀，而祷告是为了利益而进行的表演）。所以，要构成充

---

① 尤金·加弗（Eugene Garve）的著作《面对亚里士多德伦理学：古代与现代道德》(*Confronting Aristotle's Ethics: Ancient and Modern Morality*, Chicago: University of Chicago Press, 2006.) 尤其是其中第二章，强调了这一点。而该书的优点之一是它不仅试图解释亚里士多德的伦理学，而且试图以亚里士多德伦理学的观点来处理当代伦理学的讨论。

分的美德行为，需要的不仅仅是好的表现。最好的行为，要求实施该行为的行为者是为了它们的内在美而做得好，也就是，为了麦金太尔所说的实践的内在善。

这是在重申，即使没有哪种活动本身必定是以有美德的方式进行，但就其提供了能够让人以有美德的方式来践行它们的机会而言，也只有某些活动才具备内在价值。① 殴打孩子不可能是有美德的，谋杀不可能是有美德的，通奸不可能是有美德的，通过庞氏骗局从别人那里骗取钱财也不可能是有美德的。但是，惩罚孩子、弥补错误、与配偶之外的人交往以及投资金钱，这些行为却都是能够以有美德的方式来进行的。

幸福

亚里士多德主义伦理学研究的主要目标之一便是阐明幸福，而且，该研究一开始就预设了对幸福的某种解释。在亚里士多德主义伦理学中，针对美德的本质以及任何具体美德的说明，都必须通过一个目的论的框架才能获得理解，而这个框架至少考虑到某种模糊的实现（fulfillment）概念，在这个意义上，亚里士多德伦理学就预设了某种幸福观念。然而，亚里士多德在《尼各马可伦理学》第1卷第13节关于幸福的界定，又预设了对美德的某种理解（如果不是对美德的明确解释的话）。所以，一方面，"连贯而全面地解释幸福"的愿望会激发我们对美德的探究，另一方面，对美德的理解又预设了有关幸福的完满解释的某些核心特征。然而，亚里士多德的方法避免了循环论证的指控，因为，它充分利用了对于幸福与美德的

---

① 参见 Kevin L. Flannery, SJ's *Acts amid Precepts: The Aristotelian Logical Structure of Thomas Aquinas' Moral Theory* (Washington, D.C.: The Catholic University of America Press, 2001)。该书为亚里士多德伦理学承认道德绝对物的约束力，以及阿奎那的道德理论在结构上属于亚里士多德主义立场进行了辩护。

更整全的解释和不那么整全的解释之间的区别：认识到每个行动和探究都指向某种目的是一回事，而阐释这一目的的内容是另一回事，正如注意到儿童甚至非动物可以模仿自然美德并不意味着他（它）们身上就有完全意义上的美德一样。亚里士多德从一个模模糊糊的关于人的实现（human fulfillment）的概念出发，当他在其他方面的目的论探究（探究人的行为以及使得我们能够很好做出这些行为的美德的本质和结构）取得了进展时，他对幸福的解释就不断发展出更明确的内容。

幸福和美德之间的一个区别是，美德既是目的也是手段，但幸福不是这样。实际上，这种"不为更高目的而被追求"的特征被认为是幸福的一个决定性特征。在其研究前期，亚里士多德告诉我们，如果我们能够理解最高善，这种知识将为我们服务，就像箭靶为弓箭手服务一样，我们将知道我们的目标是什么。① 我们都把亚里士多德认为必要的、自足的善作为目的；而我们要做的正是构思这种善。虽然亚里士多德在《尼各马可伦理学》中对此有大量的论述，但他一开始就强调，《尼各马可伦理学》的思考是为他的政治学做准备，而且实际上，如果我们不把该作品最后一章视为亚里士多德政治哲学的一部分，那么，这一章就是不连贯的。②

在更宏大的政治学探究中，核心问题变成了：如何构建一个政体，使其公民能够实现繁荣兴旺，而这种繁荣兴旺再次意味着，以有美德的方式做出有美德的行为。这表明，幸福不是个人的事情，它关乎共同体的成就，关乎相互依赖的理性动物之间的相互促进的活动：

---

① *NE* I 2, 1094a23—25.
② 彼得·辛普森（Peter Simpson）在《亚里士多德政治哲学评论》（*A Philosophical Commentary on the Politics of Aristotle*, Chapel Hill: University of North Carolina Press, 1998.）的第 1 章《政治导论：〈尼各马可伦理学〉第 10 章第 9 节》（"Introduction to the Politics: Nicomachean Ethics 10.9"）对此做出了令人信服的解释。

显然，城邦不仅是一个拥有共同空间、为了交流和防止互侵而建立的社会。这些条件虽是城邦存续不可或缺的东西，但所有这些条件合起来仍不足以形成一个城邦，城邦是家庭共同体和家庭福祉的聚合，目的在于追求完善和自足的生活。这样的共同体只能建立在那些共同生活、内部通婚的人之间。因此，城市里出现了家庭纽带、兄弟情谊、共同的祭祀和娱乐活动，把人们团结起来。但这些都由友爱创造，因为选择共同生活就是友爱。城邦的目的在于好的生活，而上述这些都是实现它的手段。城邦乃是家庭和村庄在完善而自足的生活——即幸福和光荣的生活——中的联合。①

当然，作为地方性政体的概念，城邦长期以来一直被更大的拥有强大中央威权的集团所吞噬。事实上，亚里士多德所设想的地方性的统一的城邦，即使在他那个时代，也只是一种理想，必定与他的马其顿同胞所经历的东西相反。但是，无论亚里士多德推崇的地方性政体有多大可能性，他认为人只能在城邦中获得兴旺的主张都值得认真考虑。我还认为，亚里士多德有关城邦实现共同善的观点，对不那么全面的共同体而言，也是有意义的。

亚里士多德已经很好地描述了一个繁荣的地方性共同体需要什么，如果他是对的，那么，只有在这样的共同体中，我们才能同朋友和家人一起实现自己的幸福。这些共同体可以采取多种形式，比如社区、大学、教区等，而且经验表明，它们确实可以成功，打个比方说，就像花园一样，有美德的活动可以在其中扎根生长，尽管它会持续面临着被无面孔的集中管理组织同化的压力。如果亚里士多德是对的，我们作为群体生物走向繁

---

① *Politics* III 9, 1280b29–1281a2.

荣的唯一道路就在政治友爱的共同体中，那么，努力维持这样的地方共同体，便给我们带来了生活中的一个主要挑战。

亚里士多德在《尼各马可伦理学》第10卷7—8节所揭示的"作为沉思活动的幸福"和"作为充分参与的有美德的共同活动的幸福"之间的张力，似乎不可消除。在亚里士多德主义的托马斯主义传统中，由于阿奎那坚持认为完满的幸福只有在我们的自然生活之外才有可能，因而情况就变得更复杂。和亚里士多德一样，阿奎那认为，最高的幸福是一种沉思活动，① 对神的沉思，② 但我们只有在天堂才能"看见"神并这样直接地沉思祂。③ 阿奎那在《神学大全》中关于"爱"的讨论不仅为看似冷漠的沉思活动赋予了更多内容，也指明了一条道路，帮助我们更好地理解我们的幸福何以等同于一种特殊类型的友爱，即与上帝的友爱，而所有其他的友爱均源于此。不过，即使我们接受了阿奎那对亚里士多德幸福观的补充，我们也仍有一些基本问题，涉及如何组织我们当下的生活。

我们该怎样安排自己的生活，从而创造机会以获得最好的幸福和次好的幸福呢？如果我们处于无知之幕后，或者，认为自己是自主的个体或处于自然状态或其他虚构状态之中，那么，我们在回答这个问题时就会完全不知所措。但我们并非如此，而且，正是在这里，我们感受到了亚里士多德主义伦理学的智慧。因为亚里士多德及其追随者知道，我们不会从一个虚构的原点开始。当我们在思考如何最好地安排我们的生活，如何最好地实现我们自己的繁荣兴旺时，我们就已经受到了有关美德的教育。用麦金太尔的话来说，我们开始叙事了。我们已经知道了，谁是英雄，谁是混蛋，谁是罪人，谁是圣贤，什么样的行为是美且高尚的，什么样的行为是

---

① *ST* I-II, q. 3, a. 5, respondeo.
② Ibid., q. 3, a. 8, respondeo.
③ *ST* I, q. 12, a. 11, respondeo.

丑且卑鄙的。我们从出生、成长和经历生活中就知道了这一切，然后才开始哲学探究。作为具有反思能力的成年人，我们开始在追求幸福的过程中取得更大的进步，而这种幸福就在于我们对人的好生活的不断反思，我们的故事已经被无数其他人的故事所塑造。当然，故事的其余部分仍由我们书写，但我们的处境更像是在生活的地图上选择一条错综复杂的道路，而不是盯着空白的页面。因此，关于我们人类可以获得的幸福，尽管我这里谈论的还远远不够，我们能够也应该谈论更多，但我们无法满心期待任何深入详尽解释的具体细节。我们所能期待的只是幸福生活的大致轮廓。不论我们是否会对此感到不爽，我们都能够着手开始这个涉及我们生活总体目的的问题，并且尝试提供实质性的回答。如果我们想要幸福，我们就必须这么做。

226

第8章
亚里士多德主义伦理学的自然法
所有美德行为都需要理由

> 政治的正义部分是自然的，部分是法定的——自然的正义对任何人都有效力，它的存在不依赖于人们的想法；而法定的正义最初是无关紧要的，但一旦确立下来，它就不是无关紧要的了，比如，一个囚徒的赎金是一个迈纳，或者要用一头山羊而不是两头绵羊来献祭。
>
> ——亚里士多德《尼各马可伦理学》第5卷第7节，1134b18-22.

要理解实践智慧这种美德，就需要对道德原则的基础进行相当扎实的解释。要理解自然法在道德哲学中的作用和范围，就需要对美德进行有力的解释。美德理论家和自然法理论家双方似乎都需要来自彼此的支持。他们是亚里士多德主义的两个分支，共享一种天然的友谊，似乎通过联合就能获得一切。事实上，我们确实在阿奎那那种以自然法为基础、以美德为纽带的道德哲学中，发现这两个分支交织在一起。进一步讲，因为有阿奎那的例子可以依凭，加之安斯康姆对阿奎那作品的赞赏，而富特在《美德与恶德》中也表达了同样的赞赏，我们还可以在赫斯特豪斯那里找到一些共鸣，①所以，我们期待能在当代美德伦理学家那里发现对于自然法理论的严肃兴趣。我们也期待，能够在阿奎那自然法的热衷者中发现对于当代美德伦理学的严肃兴趣。可令人惊讶的是，事实并非如此。出于各种原因，人们很少发现自然法理论家和当代美德伦理学家之间的

---
① 比如，*On Virtue Ethics*, p.112.

合作。① 这是为什么呢？

为何自然法理论家和当代美德伦理学家未能携手

对自然法理论家来说，这里有一个原因同过去半个世纪以来其文献的关注焦点有关，那就是，围绕人们如何得到自然法的最初戒律展开论辩，因此它至少在自然法的基础理论方面几乎没有给其他问题留下关注空间。②当然，杰曼·格里塞茨（Germain Grisez）、约翰·菲尼斯（John Finnis）和阿方索·戈麦斯-洛博（Alfonso Gomez-Lobo）这些新自然法理论家，以及，拉尔夫·麦金纳尼（Ralph McInerny）、约瑟夫·科特斯基（Joseph Koterski）和托马斯·希布斯（Thomas Hibbs）等较为传统的自然法理论家，确实在其作品中讨论过美德，但他们的讨论方式不同于最近的当代美德伦理学。对这些思想家而言，当代美德伦理学家的美德关切（强调美德在道德哲学中的重要性）之所以没有引起重视，正是因为自然法理论家牢牢地扎根于一种将美德摆在首要位置的传统中。一些自认为是这个团队一员的自然法理论家已经断言，他们从关注当代美德伦理学的布道中受益不多，这就是自然法理论家不太关注这场运动的第二个原因。

自然法理论家可能把当代美德伦理学看得太轻，认为它就像一个魅力不足的小老弟，而当代美德伦理学家则倾向于把自然法理论看作一个专横和压迫的父亲。自然法理论被用来发展一系列有关堕胎、节育、同性恋、离婚以及其他争议性问题的立场，而自然法理论家对于这些重要问题的结论几乎在所有情况中都与当代自由主义者的结论针锋相对，后者的观点构

---

① 麦金太尔的工作似乎是一个例外。他在美德和自然法方面做了大量工作。这些工作也引起自然法理论家和当代美德伦理学家的注意。然而，正如我说过的，他认为自己不是也不应该被认为是主流的当代美德伦理运动的贡献者。

② 我在这里区分基础问题和应用问题。近年来，自然法的应用问题引起了广泛关注。

成了正统意识形态，是当代道德哲学讨论的共同框架，而正如我在本书中力图表明的那样，主流的美德伦理学也属于当代道德哲学的一部分。由于自然法理论必然导致如下结论——在道德上永远不允许杀死胎儿；节育是对夫妻行为的扭曲，使夫妻失去个性；除非出于避孕的医学原因，否则不应采取避孕措施；同性性行为在生理和情感上对于同性恋者都是有害的，因而应被禁止；大多数的离婚都是法律的虚构，但对孩子产生的后果却是真实而有害的——因此，主流的当代美德伦理学家不希望跟自然法理论有什么瓜葛，也就不足为奇了。① 最后，自然法理论家和当代美德伦理学家之间缺乏联系，还同双方的世俗主义分歧有很大关系，而这种分歧就像一个分水岭：表面上，两边的水面看起来很相似，但水却朝着相反的方向流动。这两种方法之间的区分标志也许在它们的实际结论中表现得最明显，然而，这些结论当然又是根据那些深层运行的东西而得出的：当代美德伦理学运动的主导话语信奉的是世俗主义和一种摒斥任何超自然物的自然主义，而所有的自然法理论又全都不支持世俗主义或这种自然主义。

两个阵营几乎没什么对话，这当然令人遗憾，但无力而乏味地呼吁双方放下分歧并找到某种方式融洽共处，却是不起作用的。本书对当代主流美德伦理学提出的批判性评论，并非是为了鼓励自然法理论家着手将美德伦理学的观点全面纳入他们的工作；事实上，如果要说有什么作用的话，这些批评只会让自然法理论家对于未来的合作保持警惕。但我们也认识到，将当代美德伦理学视为某种统一的道德理论乃是错误的，而且，托马斯主义的自然法理论家和一些当代美德伦理学家之间无疑可以寻求到许多的合作点。

无论近年来的自然法传统与美德伦理学运动有何分歧，美德理论与自

---

① 自然法推理的最引人注目的大本营是罗马天主教的权威，在一些世俗主义美德伦理学家的眼中，这无疑是一个负面因素。

然法理论事实上仍然相互需要。在前两章，我们探讨了美德理论的基本结构与目的要求；在本章，我们将在自然法理论的支持下考察规范性问题。什么是自然法理论？当代伦理学手册中充斥着对这一理论的稻草人般的描述，夹杂着霍布斯、洛克、卢梭的观念以及脱离了阿奎那语境的概念，它们常常被糅合在一起，形成了所谓的自然法理论。[①] 然而，这种理论并不像人们有时认为的那样是一种杂乱而草率的思想体系。

什么是自然法理论？

自然法理论是一种关于实践推理的理论。这种理论的目标不仅仅是列出我们借以正确推理的原则（尽管它确实试图这样做），而是解释我们每个人怎样针对要做的事情进行推理。也就是说，这种理论主要是描述性的，而不是规定性的，因为它主张，我们每个人都是通过自然法的训诫而对所有的实践事项进行推理。它告诉我们，最根本地，我们要认识到趋善避恶，这一根本的洞见指导着所有其他论述。但这个最根本的训诫还没有告诉我们什么是善，什么是恶。它需要进一步的洞察和推理，而这种洞察仍然处于一个非常基本的层面上，它是目的性的。在实践上，我们推理什么对我们是善的，这里的"善"的意思类似于"满足我们最基本、最自然的欲求"。这些欲求又是什么呢？它们是对持续生存的欲求，是对促进生

[①] 关于这类事情，近期有一个特别过分的例子，参见鲁斯·谢弗—兰多（Russ Shafer-Landau）的《伦理学原理》（*The Fundamentals of Ethics*）第 6 章。 在那里，霍布斯和卢梭是仅有的两位自然法理论家。Natural law theorists will no doubt be surprised to hear of the company they have been keeping. 自然法理论家听到这些人跟他们一直是一伙的，肯定会大吃一惊。谢弗—兰多的根本错误似乎在于，把思考自然的法则与自然法推理混为一谈了。 在这一章的最后，谢弗—兰多通过一系列论证试图表明，反对自杀、避孕、同性恋行为（第 81 页）、堕胎（第 82 页）和同性恋婚姻（第 84 页）的自然法论证全都似是而非。他确实表明，那些被他称作自然法的混乱理论不支持这些立场，但他既没有描述也没有反对亚里士多德—托马斯主义传统的自然法理论。

存的善物的欲求，以及，对有害于我们生存的东西的拒斥；它们是对促进我们动物本性的善的欲求，比如性交和养育我们的孩子，以及对威胁到这些善的恶的拒斥；由于我们不仅是动物，而且是依赖性的理性动物，所以，我们的欲求对象还包括那些专门对我们有益的东西，比如，友谊、知识、与他人生活在社会中，从而包括这样一种认知：忽视和仇恨他人将会威胁我们的善或总体的福祉。①

因此，自然法属于关乎善恶的推理，而善与恶是依赖性的理性动物所特有的，这些动物不仅具备适合自己的目的，而且在思考这些目的时，还会在跟他人的交谈中为自己的生活制定计划。它和人性一样分布广泛。②换句话说，我们作为人，就要思考对自己以及同我们交往的人而言什么是善、什么是恶。③因此，自然法的推理不是一种我们试图用于产生行动指南的正式机制，而仅仅是思考对我们这样的生物来说什么是好、什么是坏。正如亚里士多德的分析表明的那样，当我们竭尽全力去做某件事情时，可能做得好，也可能做得坏。对我们来说什么是好什么是坏，就此进行很好的推理，需要运用实践智慧的美德，亚里士多德称之为"明智"（phronēsis），阿奎那称之为"审慎"（prudentia）。

而且，围绕对我们来说什么是善、什么是恶进行合理的推理，能够使我们明白，所有的美德对我们都是好的，也就是说，它们完善了我们的本性，它们是由自然法规定的。阿奎那解释说：

---

① Aquinas, *ST*, I-II, q. 94, a. 2, respondeo.
② Ibid., q. 94, a. 4, respondeo.
③ "正如我们常说的，自然不会让任何事物徒然。人类是唯一具有语言天赋的动物。既然声音只是表达快乐或痛苦，其他动物身上也有这种表达（因为，它们的本性是感受快乐和痛苦并向彼此表达，仅此而已），那么，语言的力量就是被用来陈述有利和不利，因而也就相应地陈述正义和不正义。人的特点之一在于，只有人才有善恶意识、正义与非正义的意识，而具有这种意识的生物联合起来，就构成了家庭和城邦。" *Politics* I 2, 1253a9–18）

> 既然每一事物都自然地倾向于一种依其形式而与之相适合的运作：因此，火容易发热。因而，既然理性的灵魂是人的适当形式，那么，每个人就都具有按照理性行事的自然倾向：这就是根据美德而行动。如此看来，一切有美德的行为都是由自然法规定的：因为每个人的理性自然地要求他有美德地行动。①

在这段话中，我们的本性、我们的目的、各种美德与自然法推理之间的联系全都显而易见。在自然法理论的这个层面上，当它的当代反对者谴责它时，我们很难发现有什么惊愕之处。当然，虽然有人在这样的一般层面上反对该理论，尤其是在"什么是自然的欲求""我们是否可以思考自然的目的"以及"什么才是对实现目的的手段的推理"等问题上反对它，但是，最激烈的分歧却必定关乎的是将自然推理运用于具体情况的过程。②

在前引的这段话之后，阿奎那开始提示我们，为什么会出现我们如今的争议。他当然认为自然法规定了每一个美德行为。当我们反思美德行为与发挥我们的自然力量之间的某种联系时，这一点就显而易见了。只不过，在许多情况下，这种联系并非显见，而只有通过有时非常困难的推理过程（推理的成功要靠运用已经获得的美德），我们才能得出这样的结论：某个具体的行为是一种有美德的行为。因此，阿奎那接着说道："但如果我们谈到美德行为，从美德行为自身也就是它们的种类来考虑，那么就会发现，并非所有的美德行为都由自然法规定：这是因为，人们之所以合乎美德地做许多事情，并不是由于人们的本性起初就倾向这些事；而是由于人

---

① *ST*, I-II, q. 94, a. 3, respondeo.
② 麦金太尔既在一般层面，也在更具体层面探讨了人们对于自然法看法不一的原因，参见 "Intractable Moral Disagreements," in *Intractable Disputes about the Natural Law: Alasdair MacIntyre and Critics*, ed. Lawrence S. Cunningham (Notre Dame, Ind.: University of Notre Dame Press, 2009), 1–52. 这项工作特别有助于解释与他人展开成功商谈而需要的东西。

们通过理性的探索,发现它们有助于过好的生活。"① 正如亚里士多德所强调的,我们并非自然地就有美德,也并非自然地倾向于美德行为。对正确行动的成功反思离不开某些品质特征,而道德教育对于磨练这些品质特征则是必需的。因此,当我们从一般层面转向更具体层面的实践推理时,困难就开始出现了;当我们试图通过清晰的推理得出我们所希望的实践结论时,社会环境变化、人格特征、先天责任以及所有其他因素都会产生很大的影响。正是在实践推理的这个层面上出现大量的分歧,而这些分歧不仅存在于拥有美德和缺乏美德的人之间,还存在于具有大致相似品格与智力的男性和女性之间。

要阐明本章的要点,我无需费力讨论关于自然法的各种争论,或关于如何将自然法应用于个别困境的各种争论。本章的要点是,在任何情况下,当我们考虑什么是最有美德的或者说最好的行动方式时,我们力图要做的就是,考虑什么是最理性的行为方式。而考虑什么是最理性的行动方式,就是考虑在任何情况下,对我们自己和那些与我们共享生活的人来说,什么是最完善的。换言之,思考美德和美德行为就是在进行自然法的推理。我试图通过考虑自然法的推理而推进我对这一主张的说明,因为,它涉及对正义美德的讨论。作为柏拉图和亚里士多德美德理论中的核心美德,正义在当代美德伦理学的文献中遭到忽视,但却受到来自其他当代道德和政治哲学领域的广泛关注。因为正义在我们这种依赖性的理性动物的生活中非常重要,所以我们需要考虑一些与"正义究竟是什么""正义在我们生活中应该扮演什么角色""在思考正义时应该运用何种自然法推理"等问题有关的冲突,从而让我们对作为我们这种生物的自然发展结果的自然法推理有更深入的了解。为此,我将对我所说的古典的自然法推理(它

---

① *ST*, I-II, q. 94, a. 3, respondeo.

与托马斯主义的思想最接近）和契约论的自然法推理（霍布斯和罗尔斯是其中最重要的两个代表）进行对比，着力表明古典的自然法推理具有更强的解释力。

自然法：正义与共同善

宽泛地说，自然法的理论化至少可以追溯到前苏格拉底时期的赫拉克利特的逻各斯（logos）概念，即流变过程中的秩序原则，以及他呼吁要按逻各斯来生活的主张。① 柏拉图在自然法的理论化过程中也扮演了重要的角色，他捍卫正义和正义的生活，反对那种"不正义地胜过所有人"的努力、贪欲和暴虐，② 并且，我们是在柏拉图那里首次看到了自然法的两种尖锐对立的理论化传统。然而，正是亚里士多德，尤其是阿奎那，在创建范畴的过程中做了最多的工作，凭借这些范畴，自然法推理的古典传统得以处理正义和共同善的问题。

亚里士多德主义传统的自然法推理

我们简要回顾一下在亚里士多德主义传统中看到的一些正义论述。在

---

① "所有物都要符合逻各斯"（22B1）；"因此，有必要遵循共同的东西。不过，虽然逻各斯是共同的，但大多数人好像都按照自己的理解来活"（22B2）："正确的思想是最好的美德，而智慧则是说真话、认识自然并依照自然而行动"（22B112）；"那些凭借理性而表达的人必须坚定地依靠所有人共同的东西，就像一个城邦必须更加坚定地依靠法律一样。**因为，人类的所有法律都受到同一个法律的滋养，那就是神法**；它有它要的力量，因而对所有人来说不仅都足够，并且还有剩余"（22B114，着重号为笔者所加）。这些片段出自"Heraclitus," in *Readings in Ancient Greek Philosophy: From Thales to Aristotle*, 2nd ed., ed. S. Marc Cohen, Patricia Curd, and C. D. C. Reeve (Indianapolis, Ind.: Hackett Publishing, 2000), 25 and 29.

② 《国家篇》（*Republic*, II, 358b–368b）中提出并接受了一种挑战，针对的就是那种把正义解释为充分实现我们本性的学说。

《尼各马可伦理学》第五卷，亚里士多德认为，正义具有几个相互关联的含义。这些含义的共同点在于，正义始终与他人的善有关。就正义和美德都同他人有关而言，作为完整美德（telia arête）的正义全然就是道德美德："美德与这个意义上的正义之间的区别，我在上面已经谈得很清楚了，它们是同一个东西，但它们的角度不同；作为与他人的某种关系，它是正义，作为某个品质本身，它是美德"①。正是这样的正义最有力地促进了公共善，因为，它把所有其他美德都引向为我们共同体的成员服务。亚里士多德将这种正义称为"守法正义"或"法律正义"，因为"能够产生总体卓越的事物是由法律规定的行为，而规定它们，就是为了教导人们关心共同善"。②当然，亚里士多德知道，并不是所有的实在法都必定正义，正因如此，他把自己所说的法律限定为实际促进共同善的法律。③而总体正义所促进的共同善，就是每个公民的幸福生活，亦即，高尚的、美的和有美德的生活。④顺便说一句，当总体正义或法律正义被亚里士多德之后两千多年的传统吸纳后，这个术语似乎指的就是"社会正义"。

还有另外两种正义，都与总体正义有关。虽然它们仍同他人的善有关，但在促进共同善的范围方面，它们却与总体正义不同，而且，虽然它们同属正义的一部分，但把这两种特殊的正义结合起来却并不构成完全的总体正义。第一种具体的正义涉及将社会利益（金钱、荣誉等）分配给那些做出非凡贡献的人，因此通常被称为"分配正义"。⑤这种正义意味着分配上的某种不平等，因为有些公民会比其他人更有资格获得外在

---

① *NE* V 1, 1130a 11–13.
② *NE* V 2, 1130b 25–27.
③ 参见 *Politics* III 6, 1279a 17–21："关注共同利益的政府是根据严格的正义原则而组成的，因而是真正的形态；但是，那些只考虑统治者利益的政府都是有缺陷和扭曲的形态，因为它们是专制的政府，而城邦则是自由人的共同体。"
④ *Politics* VII 13, 1332a 28–38；另见 *Politics* III 9, 1280b 4–14, 1280b 38–1281a 8；VII 3, 1325b 14–32.
⑤ *NE* V 2, 1130b 30–35；V 3, 1131a 10–1131b 24.

善，其中，最好的外在善是荣誉。我们必须注意，不要混淆亚里士多德的分配正义与契约论中通常使用的"分配"概念，后者是指根据公平的原则进行分配或再分配，而这里的公平分配往往被等同于社会正义。尽管如此，在亚里士多德的分配正义中，仍有一个起作用的平等原则，即基于功绩（merit）的平等："唯一稳定的政府原则就是基于功绩的平等，让每个人都享有自己的那一份"。① 而公民的功绩是指他们在多大程度上促进了共同善。② 这里起作用的基本的自然法则是，人们应该促进自己共同体的善，并且，对那些通过值得效仿的方式而做到这一点的人给予奖赏，将有助于促进共同体的善。

第二种具体的正义涉及对个人之间各种交易的矫正，它被称为"矫正正义"或"纠正正义"。③ 这种正义在所有交易中都具有约束力，无论是自愿的交易（如商业交换与买卖合同），还是非自愿的交易（如盗窃或伤害）。与法院的工作发生最多联系的正是这种正义，其目的在于，根据严格的平等而恢复那些被不正当地扣留或剥夺的东西。在这里，功绩不再发挥作用："因为，无论是好人欺骗坏人还是坏人欺骗好人，无论犯通奸罪的是好人还是坏人，都没有区别；法律只关注行为造成伤害，并且平等地对待当事人。"④ 我们经常发现，有些不认真的读者在阅读亚里士多德的作品时混淆了矫正正义和法律正义，因为，矫正正义一般都是通过运用法律而获得解决的。然而，当亚里士多德和阿奎那在谈论法律正义时，他们考虑的并不是法律解决，而是完全表现为促进共同善的正义美德。⑤

---

① *Politics* V 7, 1307a27–28.
② *Politics* III 9, 1281a3–7.
③ *NE* V 2, 1130b30–1131a9; V 3–5, 1131b-1134a16.
④ *NE* V 4, 1132a2–5.
⑤ *NE* X 9, 1180b22–28; *Politics* III 6, 1278b16–30; 12, 1282b15–23; *ST* I-II, q. 90, a. 3.

阿奎那不仅在评论亚里士多德的《尼各马可伦理学》时，①而且，在自己处理正义问题的时候，也都保留了亚里士多德的这些范畴。但是，除了把亚里士多德的术语拉丁化，阿奎那至少还在三个重要的方面深化、拓展了亚里士多德的正义观。

首先，阿奎那对于自然而普遍的正义提供了一个更彻底的解释。在亚里士多德那里，我们发现若干有关自然正义和一般正义的评论，②但那还不是我们在阿奎那那里看到的系统化解释。③当人们把《神学大全》第二集上部的第90—94问孤立起来对待时（这经常发生），阿奎那用以处理自然法的总体结构就会被忽视。事实上，这些有关自然法的论述构成了讨论道德行为之组成要素的最后阶段，即一种涵盖了对美德、习惯的本质、激情、好坏行为的区分来源进行反思，以及对我们终极善进行反思的分析。而在《神学大全》接下来的部分，即第二集下部，阿奎那从信、望和爱等超自然美德出发，重新思考主要美德，进一步深化了他对自然法的解释。正是在那里，他认为，趋善避恶这一根本训诫乃是总体正义（general justice）的要求，④就如同总体正义包括所有美德一样，自然法的根本训诫也将我们引向每一种美德。⑤总体正义是合乎神圣的人类法律的那种善的特殊方面，而这种法律，就像在亚里士多德那里一样，能够让我们把总体正义或完全正义当作法律正义来讨论。⑥正义的指令最终奠基于永恒法

---

① *In decem libros Ethicorum Aristoteles ad Nicomachum*, (Taurini: Marietti, 1934). 尽管阿奎那的评论是在《全集》（*Opera Omnia*, Tomus XLVII, [Rome, 1968]）中最容易找到，但是，利辛格尔（C. I. Litzinger）的英译本（*Commentary on Aristotle's Nicomachean Ethics* [Notre Dame, Ind.: Dumb Ox Books, 1993]）却是根据玛丽埃迪版（Marietti edition）译出。
② *NE* V 7, 1134b 18–35
③ 尤其参见 *ST*, II-II, q. 79, a. 1; 亦参见 ibid., q. 57, aa. 1–2, 以及 *ST*, I-II, qq. 90–94.
④ *ST* II-II, q. 79, a. 1.
⑤ Ibid., q. 58, aa. 5–6.
⑥ Ibid., q. 79, a. 1

(eternal law),因为,当我们拉开距离,通过考量我们本性的特殊性质而看待自然法时,它就是我们投身这种永恒法的产物。① 不仅如此,正是这些考虑支撑着阿奎那的主张,即正义的所有要素不仅是正确理性的要求,也是十诫的要求。②

第二,阿奎那对于正义在政治社会中所应具备的体现方式给予了更彻底的处理。③ 通过细致地考察他那个时代的政治环境对于运用和维护法律的统治者和法官的正义要求,阿奎那积极地设法吸纳亚里士多德的正义概念,而这个概念诞生于城邦时代,与13世纪的政治环境截然不同。④ 在这项工作中,他指出,我们何以能够同样使得关于正义的古典解释适用于我们自己的那种非常不同的当前政治环境。⑤

第三,阿奎那从根本上扩大了正义的范围,使得每一位社会成员都成为完全而天然平等的伙伴,可以在努力追求共同善的过程中获得联合。例如,他认为,尽管基督教信徒强迫犹太教徒和异教徒要戒除亵渎神的邪恶信念和迫害,但却不能强迫他们接受信仰,因为信仰是意志的行为,⑥ 而强迫则是意志所厌恶的。⑦ 犹太教徒或异教徒的孩子也不能在未经父母同意的情况下接受洗礼,因为,这将消解正义,而正义必定要求尊重父母的权

---

① "永恒法参与到理性的受造物中,就被称为自然法"(*ST* I-II, q. 91, a. 2)。

② *ST* II-II, q. 122, a. 1.

③ Ibid., qq. 63–78.

④ 麦金太尔关于这一点的思考,参见 MacIntyre, "The Natural Law as Subversive: The Case of Aquinas," in *Ethics and Politics: Selected Essays* Volume 2 (Cambridge: Cambridge University Press, 2006): 41–63。约翰·菲尼斯对这些问题也有过讨论,参见 Finnis, *Aquinas: Moral, Political, and Legal Theory* (Oxford: Oxford University Press, 1998),尤其是第 1—19 页,第 219–274 页。

⑤ 有一种处理阿奎那政治哲学的方式同样表明,可以把它运用于当代背景,参见 Finnis, *Aquinas: Moral, Political, and Legal Theory*。另见 Paul E. Sigmund, "Law and Politics," in *The Cambridge Companion to Aquinas*, ed. Norman Kretzman and Eleonore Stump (Cambridge: Cambridge University Press, 1993), 217–231.

⑥ *ST* II-II, q. 10, a. 8.

⑦ *ST* I, q. 82, a. 1; I-II, q. 6, a. 5.

威。① 只要异教徒和无神论者不做破坏信仰的事情，他们就可以被接纳，甚至可以在共同体中继续行使针对信仰者的政治权力，共同体的存在优先于共同体中的教会生活，因为神法，也就是恩典的法，不会损坏人法（它实际上根源于永恒法）。② 这与亚里士多德形成了鲜明对比，亚里士多德承认相对较少的社会成员即"公民"（本地出生的自由的成年男性）的完全地位和平等地位，而仅仅给予其他人次要的考虑。这种改变主要是因为阿奎那是基督徒，正如麦金太尔所言，这使得阿奎那的任务是要把亚里士多德纳入圣保罗和奥古斯丁的体系中，而不是相反。③

尽管社会上存在许多地位差异，而且，根据阿奎那的观点，这种差异理应存在，但每个社会成员的共同人性却没有差异。正是阿奎那的这一激进拓展使得自然法传统能够整合亚里士多德的框架而思考正义，因为，如果没有这种拓展或者没有发生非常相似的事情，那么，我们就很难理解一个人如何可能宣称自己既是一个政治理论上的亚里士多德主义者，又是一个基督徒。

现代契约论传统的自然法推理

尽管直到现代，契约论的立场都没有获得显著的哲学支持，但是，为了理解这种自然法推理传统——它跟柏拉图是其奠基者、阿奎那是其最重要的代表人物的另一种传统相冲突——转向柏拉图将是有帮助的。契约论的正义观认为，人们之所以促进正义，是因为那些弱者不能过上最好的僭主生活，而苏格拉底在《国家篇》通篇发起论战，反对的就是这一点。在

---

① *ST* II-II, q. 10, a. 12.
② Ibid., q. 10, a. 10.
③ MacIntyre, *Whose Justice? Which Rationality?*, 182.

该著中，柏拉图的主要关切是为如下立场作辩护：正义的生活是最好的生活，正义本身就是一种至高无上的美德。这就是竭力表明，真正的正义是以自然为基础，而不是依据约定。

柏拉图的兄弟格劳孔①是《国家篇》的对话者之一，正是他借用并且深化了智者色拉叙马库斯的观点：根据自然本性，追求无约束的获取才是最好的。②格劳孔扮演了魔鬼的代言人，他认为，最好的事情是不正义，因为通过做不正义的事你可以得到你想要的任何东西——这里的预设是，无论幸福的内涵是什么，它都必须至少包括欲望的实现。而最坏的事情，格劳孔接着说，则是遭受不正义，因为遭受不正义的对待将会剥夺你所拥有的东西。大多数人都太弱小，没有能力去做他们真正想做的事情，只能设法避免遭受不正义。他们"决定，比较好的做法是相互达成协议，既不行不正义之事，也不遭受不正义之事。于是，他们开始制定法律和契约，把法律所命令的称为合法的、正义的……[正义]是最好和最差之间的居中状态。"③因此，正义不是最好的事态，它不能使我们快乐，因为它既不是自然的，也不合乎我们的人性，从而不能促进我们最好的目的。

在格劳孔看来，正义的人并不幸福；但至少，他没有遭受来自最幸福之人（僭主）的损害。虽然契约式的正义观本身并非自然，但它却与自然

---

① 格劳孔声称，他出于论证的需要而沿着这条线索展开讨论，以求他可以更加全身心地把正义的生活当作最好的生活来促进："我满耳朵听到的却是色拉叙马库斯以及形形色色其他人的议论。但我从来没有听到有人用我想要的方式为正义作辩护，证明它比不正义更好。我真想听到这一点。"(Republic I, 358d) 引文出自格鲁布（G. M. A. Grube）的柏拉图译文（*Plato: Complete Works*, ed. John M. Cooper, Indianapolis, Ind.: Hackett Publishing, 1997）.
② 色拉叙马库斯在《国家篇》第1卷中指出，"正义真的是别人的好事，是强者和统治者的好处，而对那些受人使唤、吃苦服侍的人来说却是遭罪。而不正义却相反，它管的就是那些真正老实正义的人……他们让他们服侍的对象快活，可自己却一点也不快乐"（Republic I, 343c），他还说："掌握大权的人夺取别人的东西……这就是暴政……所以，苏格拉底，不正义的事情，只要它干得足够大，就比正义更有力、更随心、更气派。"（Republic I, 344a–c）.
③ *Republic* II, 358e–359a.

存在某种联系，因为，对于代表大多数的弱者的相对和平的生活而言，它是必需的。这种关于正义的契约理论，使得正义成为我们既想要做不正义的事情、又想要避免遭受不正义的事情的这些相互冲突的欲望之间的妥协方案。苏格拉底似乎立刻就发现了这种正义观的症结：它表现了一种妥协而非美德，而且，作为一个社会的基础性原则，它破坏了获得真实的共同善的可能性，而代之以一种紧张的和平状态。对于这种正义，或许尼采的表达最有说服力，它带来的是平庸，而非高尚的生活。①

可是，如果能够在一个堕落的世界里获得紧张的和平，平庸也许并不算糟。霍布斯主义者的回答正是如此。柏拉图最早描述了关于正义的契约论解释，而霍布斯则是这种解释的第一个拥护者。面对祖国英格兰混乱的政治剧变，霍布斯试图为政府寻找更可靠的基础。② 在制定社会契约基础的细节时，他颠覆了古典的自然法传统对于人性、美德、正义和共同善的理解。

对霍布斯来说，任何人都能杀死另一个人，在这个意义上，我们自然是彼此平等的："自然已经使得人类在身心能力上如此平等……因为就身体的力量而言，最弱者也具有足以杀死最强者的力量。"③ 在我们的自然状态下，我们每个人都享有自然权利，即做任何我们想做的事情来保存我们的生命："**自然权利**……就是每个人都有按照自己的意愿去使用自己的力量保全自己天性，亦即，保全自己的生命的自由，进而，就是用自己的判断和理智所认为的实现这一目的的最合适手段去做任何事情的自由。"④ 在霍

---

① 参见，比如 Nietzsche, *Beyond Good and Evil*, sections 199–203.
② 他的本来目的是发展出一套理论，证明主权和中央集权（比如，英格兰君主制）的合法性，尽管他的理论如今（很大程度上，经过其更加精致的哲学继承者的努力）为现代民主国家奠定了基础。
③ Thomas Hobbes, *Leviathan*, ed. Edwin Curley (Indianapolis, Ind.: Hackett Publishing, 1994), XIII 1, 74.
④ *Leviathan* XIV, 1, 79.

布斯描述的自然状态中，每个人都是他（她）自己的君王和法律。这是一种完全不关心正义的自然法（jus naturale），它完全不同于阿奎那对自然法的理解。在面向所有人行使我们的自然权利时，我们的自然状态就等于是一种所有人反对所有人的战争状态，在这场战争中，对错问题毫不相干："随着这场每个人反对每个人的战争而来的是，没有什么堪称不正义。对与错、正义与不正义的概念已经没有立足之地。哪里没有共同权力，哪里就没有法律；哪里没有法律，哪里就没有不公正。"① 这就是我们的自然状态，在其中，生活不再拥有社会交往的任何成果，它充满了他人向我们行使其自然权利而带来的恐惧。② 我们需要一条走出自然状态的道路，而指引我们迈向它的正是理性。理性发现了自然法，"这种法则禁止人们去做损害自己的生命或是剥夺保全自己生命的手段的事情，并禁止人们不去做自己认为最有利于生命保全的事情。"③ 和平，而非战争，才是我们的生命得以最好保存的条件，这意味着，为了实现自我保存，我们应当同他人达成契约："这是第二条法则：在别人也愿意这样做的条件下，当一个人为了和平和自卫而认为必要时，他会愿意放弃这种针对一切事物的权利，并且满足于自己在别人身上所享有的自由跟他允许别人在他身上所享有的自由一样多。"④ 因此，这样的社会契约是社会的起源，也是正义与不正义、对与错的起源。它标志着自然权利的终结和一切道德的起源。它是理性的产物，紧密关系到我们的那种自我保存的激情。因此，与它的起源相一致的是，社会除了维持和平的生活，没有什么明确的目的。⑤

---

① *Leviathan* XIII, 13, 78.
② "在这种状态中，没有艺术、没有文学、没有社会，最糟糕的是持久的恐惧和横死的危险，人的生命是孤独的、贫乏的、污秽的、野蛮的和短暂的。"（*Leviathan* XIII, 9, 76）.
③ *Leviathan* XIV, 3, 79.
④ *Leviathan* XIV, 5, 80.
⑤ 霍布斯认为，将所有权力授予一个主权者即利维坦，是达到这个目的的最佳方式（*Leviathan* XVII, 13, 109）.

我们的本性并没有像古典自然法传统所认为的那样，在促进社会共同善的过程中得到满足，而契约论传统则把社会设想为一种约束我们本性的东西，防止我们去做我们想做的事情，认为我们不应该像那个发现古各斯（Gyges）戒指的牧羊人①那样去谋求"拥有一切"的手段。在这个传统中，社会在本性上就是最好与最坏之间的妥协。而正义则是运用我们的理性，狭义地看，即理性的自利，去发现一种既能帮助我们自己又可以避免彼此伤害的办法。

虽然霍布斯的故事讲得残酷，但正是其推理的直白有助于揭示当代政治自由主义的核心原则。如果像施特劳斯说的那样，洛克是披着羊皮的霍布斯，②那么，罗尔斯对霍布斯故事的诠释则拥有更具亲和力的外衣，也更能迎合当代人的情感。契约论传统的制度载体是现代国家，而罗尔斯主义则可以被视为它的理论指挥部。③

同亚里士多德一样，罗尔斯谈论的也是一般意义上的正义，他称之为"社会正义"④："然而，我们的题目是**社会正义**问题。对我们来说，正义的首要主题是社会的基本结构，或更准确地说，是社会主要制度**分配**基本权利和义务、决定由社会合作产生的利益划分的方式"。⑤引文中的"分配"一词表明：在这个传统中，一般正义或社会正义变成了国家制度分配善物

---

① *Republic* II, 359c–360a.

② Strauss, *Natural Right and History*, 202–251.

③ 在迈克尔·斯洛特撰写的词条中，他对罗尔斯重要性的突出便可以证明这一点，参见 Michael Slote, "Justice as a Virtue," in *Stanford Encyclopedia of Philosophy*, ed. Edward N. Zalta, Fall 2010 ed., http://plato.stanford.edu/entries/justice-virtue/. 在这则词条中，罗尔斯被说成是当代的正义之声。

④ 这有助于解释，为什么"社会正义"对不同的使用者来说意味着截然不同的东西：一些人认为它是在古典传统中发展起来的，而另一些人则认为它是在契约论传统中发展起来的。

⑤ John Rawls, *A Theory of Justice* (Cambridge, Mass.: Harvard University Press, 1971), 7. 黑体字为笔者所加。

的问题。[1] 根据罗尔斯主义的描述，确立正义的是制度，而不是自然，不是上帝，也不是社会成员，制度通过合理地分配我们的权利和义务，或者说，合理地形塑我们（因为我们需要获得社会自我）而做到这一点。[2]

当然，按照契约论传统，我们不仅仅是国家的产物；事实上，我们是它的创造者，但这只是在我们天生不具有社会性的前提下而言。推动罗尔斯理论的是一个思想实验，它把我们置于原初的非社会状态中加以考察，在该状态中，我们身处"无知之幕"，也就是在不知道我们的社会位置和处境的情况下，通过运用理性的选择（理性的自利）而构建我们想要的社会："原初状态的观念是要建立一个公平的程序，使得任何商定的原则都是正义的……我们必须设法消除某些特定偶然事件的影响，它们使人产生争执，诱惑人们利用社会和自然条件为自己谋利。于是，为了做到这一点，我假设各方都处于无知之幕后。"[3] 这样的建构能够使我们建立起作为公平的正义[4]："一般的作为公平的正义概念要求平等分配一切社会基本善，除

---

[1] 关于社会正义与分配／再分配之间的关系，参见 Bernard Williams, "Social Justice," *Journal of Social Philosophy* 20 (1989): 68–73, 尤其是第 72 页；David Johnston, "Is the Idea of Social Justice Meaningful?" *Critical Review* 11(1997): 607–614; Martha C. Nussbaum, "Human Functioning and Social Justice: In Defense of Aristotelian Essentialism," *Political Theory* 20 (1992): 202–246, 特别是第 205 页和第 232 页（纳斯鲍姆这里的论点兼有这两种传统的特点，但她始终假定，社会正义是一个合理分配的问题）；Thomas W. Pogge, "Human Flourishing and Universal Justice," *Social Philosophy and Policy* 16 (1999): 333–61, 特别是第 337 和 343 页；以及 David Miller, *Principles of Social Justice* (Cambridge, Mass.: Harvard University Press, 1999), 特别是第 3、33 和 233 页。通过这些参考文献，我想说，不是所有这些都在同样的意义上是罗尔斯主义的，而是说，就它们认为一般的社会正义乃是国家制度针对权利、义务和财富的基本与合理的分配而言，它们是罗尔斯主义的。

[2] 在这一点上，人们能够再次看到罗尔斯的正义论作为权威的正义理论在当代道德和政治理论中的地位。参见 Julian Lamont, Christi Favor, "Distributive Justice," in the *Stanford Encyclopedia of Philosophy*, ed. Edward N. Zalta, Spring 2013 ed., http://plato.stanford.edu/entries/justice-distributive/. 亚里士多德的分配正义学说在他们的讨论中只是起到很小的作用，而且，仅仅是在把功绩用作分配基础的章节中。

[3] Rawls, *A Theory of Justice*, 136.

[4] 参见罗尔斯对于这种正义观念之优先性的描述。Ibid., 11–17.

非不平等的分配对每个人都有利。"① 在对我们的具体情况缺乏了解的条件下运用我们的理性自利，就会建立起公平：

> 我始终假定处在原初状态中的人们是理性的，在选择原则时他们每个人都试图尽可能好地推进他的利益。但是，我也假定各方不知道他们的善的观念。这意味着，当他们知道他们有某种合理的生活计划时，却不知道这个计划的细节，不知道它打算推进的特殊目标和利益。②

对罗尔斯来说，理性的人要促进的是个人的自我利益，而不是像亚里士多德说的那样，与那些共同生活的人一起沉思什么是最好的、最适宜的。

罗尔斯在其著作中反复提醒我们，尽管是理性的自利在推动社会契约的马车，但他的理论并非利己主义的。③ 他坚持认为，这是因为人们不清楚自己的具体情况，所以，为自己的利益服务也就是在为所有人的利益服务。换句话说，在尊重他人的权利和义务的同时，你也尊重了潜在的自我。在罗尔斯的许多支持者看来，这似乎是罗尔斯学说最有力的观点，它接近于康德的"目的王国"。因此，正义是通过促进社会制度和个体实践而实现的，在这种实践中，个体像自己希望被他人对待的那样去对待所有的其他人（因为，向往和平的生活会促进自己的利益）。在这一传统中，正义需要强调的是对社会产品的制度性分配，而不是个人履行责任。

---

① Ibid., 150.
② Ibid., 142.
③ 特别要参见 ibid., 147–50, 488–489, 567–569.

两种正义：亚里士多德—托马斯主义与契约论的自然法推理

对于这两种传统的目的，二者在许多方面存在共识。比如，二者都可以声称，社会正义要求罗尔斯所说的"公平竞争"，也要求亚里士多德所说的雇主与雇工关系的矫正正义，以便在所有者的利润和劳动者的最低工资之间实现恰当的平衡。二者也都同意，正义意味着正当的程序、普遍的选举权和私有财产权。然而，这两种传统在许多领域，特别是在生死问题上，又存在分歧。例如，恩格尔哈特（H. Tristam Englehardt）就认为，两种传统在这些问题上如此对立，而契约论的主导地位又是如此明显，以至于那些出于自然法传统的背景而呼吁正义的人不可能不遭到误解："在后基督教的社会背景下，对社会正义的呼唤将被理解为对后基督教的社会正义的呼唤；在这样的背景下，基督徒对正义的理解在许多方面都将显得不正义。"① 尽管我还不能确信我们的主导性的社会背景是后基督教的，但我确实认为，恩格尔哈特断言这两种不同传统对正义的呼吁存在明显的对立说得没错。② 之所以会出现这种对立，是因为关于"什么是人""什么是人的

---

① H. Tristam Engelhardt Jr., "Roman Catholic Social Teaching and Religious Hospital Identity in a Post-Christian Age," *Christian Bioethics* 6 (2000): 295–300. 我们还可以作如下考虑："如果一个人在世俗社会的公共论坛中占据一席之地，进而呼吁人们关注社会正义，那么，他就会支持某种后基督教形式的社会正义。如果一个人忠实于自己的宗教承诺，进而呼吁社会正义，那么，他的呼吁就会被边缘化，被视为宗派式的。而第二种选择在道德上似乎不可避免。对基督徒来说，要求他们用世俗的话语来呼吁社会正义，这是不公正的，因为在既定的社会特征下，社会正义会呈现出一种与基督教的承诺相对立的特征。"（Ibid., 297）。

② 当然，是契约论者自己首先声称，他们的方法与古典自然法理论家的方法不相容：现代政治哲学是在同古典理论的对立之中诞生的。比如，我们可以看一下，霍布斯在《利维坦》第11章第1节对古典至善论的反对；或者，罗尔斯对阿奎那最好生活概念的反对："虽然严格地说，让我们的全部目标都服从于一个目的并不违反理性选择原则（绝不是计数原则），但它仍然让我们觉得是不理性的，或者更像是荒唐的。"（《正义论》，第554页，黑体字为笔者所加）。

善""什么是共同善""什么是政府的目的""对一个人来说,什么是为共同善而工作"等关键问题,不同的传统给出了不同的回答。①

这两种传统在人类学方面的差异是显而易见的。一方认为,人无可救药地就是个体主义的,因为他或她自然地倾向于将自己的利益摆在最高位置;②另一方则认为,人原本地、自然地就是社会关系的一部分。而在考虑正义是否是一种美德时,两种传统的回答完全不同;也就是说,在古典意义上,美德被理解为人的一种习惯性的卓越,凭借它,一个人在自己的自然目的上实现了集中的完善。在这样的自然法传统中,正义是一种美德,而且恰恰是那种为他人的善服务的美德。而对于契约论传统来说,这却是不可能的,因为不存在可以得到如此完善的自然目的。实际上,对于这种传统来说,不存在基于自然的好和坏。正义是我们通过契约创造的,它力图促进一个最终无法满足的目标(即保存我们的生命),以及,其他任何会以罗尔斯所说的我们"生活计划"一部分的面目出现的目标。在契约论传统中,正义是妥协,而不是美德。这种传统主张社会起源于对互竞欲望的调解,同样,该传统的支持者随后也是这样来呼吁正义,他们针对不同个体的互竞欲望如何实现妥协提出了许多劝诫。

古典意义上的共同善是一种共同的美德生活,它促进高尚和公正。亚里士多德和阿奎那都没有认为,这便意味着法律上禁止了一切恶;③你不能强迫人们成为有美德的人,但你能鼓励他们成为这样的人。而且,关于共

---

① 罗尔斯主义与教会的社会教义在理论上不相容,关于这一点的论证,参见 Franz-Josef Bormann, "Was von der Fairness übrig blieb: Zur Bedeutung von John Rawls'Theorie der Gerechtigkeit für die katholische Soziallehre'," *Theologie und Philosophie* 78 (2003): 384–405,尤其是第 401-405 页。

② 我们不妨看看麦金太尔对于这一点的看法:"我的观点不是说自由个体主义的公共领域的程序是原因,自由个人主义的心理是结果,反之亦然。我想说的是,每一种都需要另一种,当它们结合在一起时,它们定义了一种新的社会和文化产物,'个体'。……在自由主义现代性的实践推理中,个体本身就是进行推理的个体。"(*Whose Justice? Which Rationality?* 339)

③ 参见 *ST* I-II, q. 96, aa. 2–3.

同善的这种设想也并没有忽视像和平与保存生命之类的善，阿奎那就展现了这一点，他认为，一般正义需要促进自然法的训诫。然而，让罗尔斯及其追随者特别反感的是，自然法传统明确地承诺了一种最佳生活概念。而在另一端，契约论理论家所设想的共同善是最小化的（minimalistic）：它通过防止伤害而实现和平，其进一步的目标是为人们凭借自认为最好的方式去追求幸福创造空间，只要这种方式同时不妨碍他人追求幸福。这种共同善在"何为最好生活"这个问题上并不给出明确回答。事实上，它不可能做出一个人应该如何生活的评价性判断，因为，这种判断超出了建立社会的理由——安全。有关共同善的不同设想，导致了人们对政府在社会中的作用产生了不同看法：古典的自然法传统认为，政府的任务是促进最好的生活，而契约论者则认为，其任务是防止最坏的生活。古典的自然法传统认为，政府就像一位亲生父亲，他在道德教育上激励我们，希望看到我们变成我们出于自然而能够成为的人。而契约论传统则将政府视为政治的神，它创造了社会权利和责任，使得我们不要去做我们出于自然而想做的事情。① 在这两种传统的理论框架中，关于什么是他人的善以及为何我们应该促进他人的善的不同设想，常常造成巨大的实践差异，而这再次表明，为什么古典的自然法理论在当代道德哲学中会被滥用。例如，亚里士多德—托马斯主义的自然法理论规定，在任何情况下（包括杀死一个无辜的人可能会带来其他善的情况），都不得杀害无辜之人（甚至是未出生的人），都禁止某些类型的性行为（如通奸和兽交）。尽管有人认为这些规定武断，但它们实际上是建立在深切关心每一个可能涉及这些非法活动的人

---

① "这是伟大的利维坦时代，或者（更虔敬地说）是可朽之神的时代。"（*Leviathan* XVII, 109）这个可朽之神，即君主，通过恐怖来实现和平，而他这样做的权利是不可让渡的。参见雅克？马里坦（Jacques Maritain）在《人与国家》（*Man and the State*, Chicago: University of Chicago Press, 1951, 28–53）第二章对主权概念的批评。

的善的基础上。换言之，这些规定的根据在于政治的友爱——在于对共同体其他成员的持久的爱，也就是说，在于希望促进他人的善并与他们和谐相处的意愿。而另一边，契约论传统中的正义是形式的、抽象的，是世俗主义的程序工具。当然，它留下了诸多空间，允许人们在基于个体主义的私人领域内使用个人偏好，但它并非源于政治的友爱。恰恰相反，具有讽刺意味的是，一方面，契约论承认某些社会原因，而另一方面它的基础预设却是由根深蒂固的个体主义的理性自利驱动的，因为这正是发生在无知之幕背后的推理的本质。

最后，一个人拥护何种意义上的正义，同他针对为何应该提倡正义的解释有很大关系，并且，最终要归结到他对于人是什么的理解，以及他对于人是如何思索好坏行为的设想。契约论者主张，我们应该促进制度正义，因为这符合我们自身的最大利益。正如罗尔斯认为的那样，我们应该促进正义，因为当我们通过原始状态的假设机制来思考他人时，他人其实就是我们自己。我们之所以为了他人而抗议，因为促进我们自己的利益是合乎理性的。而亚里士多德—托马斯主义传统的自然法理论家则认为，我们应该促进他人的善，因为他们是我们的同胞，是我们的兄弟姐妹。我们要为正义效劳，就像我们为自己的家庭效劳一样。契约论传统寻求的是将他人的善当作自己的善来促进，而亚里士多德—托马斯主义传统则寻求的是将他人的善就当作他人的善来促进。契约论者被激励去为他人服务时，他人是被抽象地构想出来的，而亚里士多德—托马斯主义者这么做的时候，则是将他人视为具体的。契约论者利用了一个从我们的恐惧出发而外推的虚构假设来产生其原则；而亚里士多德—托马斯主义者则不假设自然状态，不假设原初状态，而是把人类视为共同体中的人，思考如何最好地促进共同体的繁荣兴旺。

亚里士多德—托马斯主义的自然法推理优于现代契约论的自然法理

论，归根到底，这是因为前者把人视为真实的人：依赖性的理性动物，他们的目的总是包裹在他人的善之中。只有这样的道德推理传统，才能将正义作为美德来理解；也只有它提供了一条路径，让我们能够把那些被我们视为美德的其他品格特征转化成可以理解的东西。

自然法：美德、德行与理由

自然法推理是关于我们的行为好坏的推理。它不是一种仅限于分析"道德"这一特殊领域的特殊理由的方法。简单地说，它是关于我们应当做什么的思考，并由此为我们提供了用于判断朝着我们的目的前进的行为标准。我们之所以可以很好地思考我们应该做什么，只是因为我们是理性的生物，我们的实践反思可以得到原则的指导，而这些原则本身就体现在我们多面的本性结构中。我们是一种具有良好的实践推理能力的依赖性的理性动物，但这并不能确保我们就会这样做，因为这样做意味着我们所说的"美德"那种成就，在这种成就中，实践智慧的理智美德需要得到那些被称作道德美德的其他品格特征的支持，而这些道德美德反过来也需要得到实践智慧的支持。理解美德需要自然法理论，这种理论具有不可消除的目的论特征，有美德的行为需要自然法推理来加以完善。

本章对自然法推理的考虑，主要通过考察它所包含的矛盾解释而得出了几个重要的结论。首先，在考虑行动原则时，对于人是什么，人们的看法有很大差别。其次，对美德的连贯解释还应充分考虑我们有关美德以及它对我们生活有何意义的直觉，而这又要求某种包含着生动的目的论框架——它需要涵盖体现我们的群体本质和理性本质的那些事实，以及对善的健全描述——的亚里士多德主义人类学。第三，对自然法推理的思考表明了，在亚里士多德—托马斯主义传统中居于核心地位的正义美德为何在

253 当代美德伦理学运动中很少或根本没有得到重视的原因。这是因为，就像当代道德哲学处理正义的做法那样，正义是一种与契约论框架的道德推理绑在一起的形式主义美德，而当代主流美德伦理学家则往往试图避开坚实的、富有目的论色彩的人类学，在当代形式主义的卫道士面前放弃捍卫传统的正义理解方式。正义的传统理解方式所遭遇的命运尽管是这方面最明显的例子，但是，由于对伦理学基本问题缺乏亚里士多德主义的回答，因
254 而如今不仅正义变得脆弱，其他美德亦是如此。

第 9 章
美德伦理学，之后与之前

> 如今我做不了这里所谈到的哲学——而且我认为，在英国哲学的现状中，没有人做得了这种哲学——但是，事情很明显，一个好人就是一个正义的人；而一个正义的人则是一个出于习惯就不会因为害怕什么结果或是为了给自己或他人谋求好处而从事或参与不正义行为的人。
>
> ——G.E.M. 安斯康姆：《现代道德哲学》

本书旨在评价当代美德伦理学运动，并最终将它同丰富的亚里士多德主义伦理学传统进行比较。我们发现，这场运动具有多面性和复杂性，而且要比对它的许多描述所显示的都复杂得多。通过采取历史的方法解读当代美德伦理学，我对其文献给予了极大关注。关注的重点不仅仅是评述这些文献，而是把它们作为能够确定该运动准确地位的最佳证据而考察其内容。这些证据显示：当代美德伦理学虽是一场具有一定历史整体性的运动，但它并未提供一种聚合的、全面的和连贯的实质性的道德理论。而针对亚里士多德主义伦理学基本要素的考察，以及它同当代美德伦理学运动之间的比较还表明，当代美德伦理学就总体而言不是对亚里士多德主义伦理学的实质复兴，它甚至持有相反的主张。我的全部分析的基础是对道德哲学基本问题的考虑，从这种考虑来看，至少在亚里士多德主义伦理学取得成功的那些方面，当代主流美德伦理学是失败的。本书得出的这个结论以及其他结论，同当代主流美德伦理学和道德哲学的一些核心论点、假设、前提及现行的方法论标准背道而驰。尽管如此，我也不是要故意提出相反的立场，而是循着论据的指引得出了这些结论。

在有的方面，我在本书中的论证相对温和：当代道德哲学深陷混乱，这是许多非常规哲学家都已经证明的一个结论；而主流当代美德伦理学的支持者和批评者常常断言美德伦理学并非一场统一的运动，这是对其多样化文献进行有代表性的考察——譬如本书已经做的相关工作——而得出的一个结论；同亚里士多德伦理学本身的基本要素相比，当代美德伦理学家的新亚里士多德主义，往往只能算作是浅薄的亚里士多德主义；在回答伦理学的基本问题时，亚里士多德主义伦理学给出最可行的方法，这个判断具有悠久的历史，甚至还包括当代美德伦理学运动的起源时期。本书的结论不是来自新颖的方法，而是源于历史的考察，其中，亚里士多德—托马斯的哲学传统被置于优先之处。

虽然我非常仰赖麦金太尔的研究，其丰富程度也值得几代人欣赏，但我在本书寻求的支持最终仍是安斯康姆在《现代道德哲学》中的洞见。正是安斯康姆的这篇文章见证了当代美德伦理学运动的起源，而这篇文章留下的教训是，这场运动在很多方面都没有得到足够重视。在她的作品中，安斯康姆告诉我们，如果要让道德哲学重回正轨，我们需要复兴亚里士多德主义伦理学。这一复兴不仅需要借鉴亚里士多德的答案来考察现代道德哲学的核心问题，而且需要重新审视道德哲学的核心问题。安斯康姆引导我们重新发展美德话语，但她告诫我们，如果不创造性地恢复她所说的充分的哲学心理学，那么，想做到这一点则是不可能的。一个连贯而全面的美德理论需要一种体系以成功地处理伦理学的基本问题——这些问题涉及我们的本性、我们的目的以及我们对自身本性和目的展开有益反思的方法。

仍然是遵循安斯康姆的指引，我还试图论证，亚里士多德主义的伦理传统最为成功地提供了回答上述基本问题的一个框架。这不是说，我们必须用哲学来传授美德，因为，美德是在母亲的膝上就能学得最好的东西。但是，如果我们追求以哲学的方式来对待美德，那么，我们就确实需要依赖于一种足够丰富的人类学解释，它理应包括明确的目的论和可靠的实践推理理论。因此，我希望我已经给出一些理由，解释了亚里士多德主义的道德哲学传统为何不仅提供了最为连贯的美德论述，当代道德哲学家应该把注意力转向它，而且它之所以连贯，恰恰是因为它拥有足够丰富的人类学。

257

参考文献

Ackrill, J. L. "Aristotle on Eudaimonia." In *Essays on Aristotle's Ethics*, edited by A. Rorty, 15–33. Berkeley: University of California Press, 1980.

Adams, Robert M. "Saints." In *The Virtues: Contemporary Essays*, edited by Robert B. Kruschwitz and Robert C. Roberts, 153–60. Belmont, Calif.: Wadsworth Publishing, 1987. Originally published in *Journal of Philosophy* 81 (1984): 392–401.

——. *Finite and Infinite Goods*. Oxford: Oxford University Press, 1999.

——. *A Theory of Virtue: Excellence in Being for the Good*. Oxford: Oxford University Press, 2006.

Alderman, Harold. "By Virtue of a Virtue." In *Virtue Ethics: A Critical Reader*, edited by Daniel Statman, 145–64. Washington, D.C.: Georgetown University Press, 1997. Originally published in *Review of Metaphysics* 36 (1982): 127–53.

Allard-Nelson, Susan K. *An Aristotelian Approach to Ethical Theory: The Norms of Virtue*. Studies in the History of Philosophy 77. Lewiston, N.Y.: Edwin Mellen Press, 2004.

Annas, Julia. "Plato and Aristotle on Friendship and Altruism." *Mind* 86 (1977): 532–54.

――. "Self-Love in Aristotle." *Southern Journal of Philosophy*, supplement 27 (1988): 1–18.

――. *The Morality of Happiness*. Oxford: Oxford University Press, 1993.

――. "Virtue and Eudaimonism." *Social Philosophy and Policy* 15 (1998):37–55.

――. *Platonic Ethics, Old and New*. Ithaca, N.Y.: Cornell University Press, 1999.

――. "Moral Knowledge as Practical Knowledge." In *Moral Knowledge*, edited by E. E. Paul, F. D. Miller, and J. Paul, 236–56. Cambridge: Cambridge University Press, 2001.

――. "My Station and Its Duties: Ideal and the Social Embeddedness of Virtue." *Proceedings of the Aristotelian Society*, new series 102 (2002):109–23.

――. "Being Virtuous and Doing the Right Thing." In *Ethical Theory: An Anthology*, edited by Russ Shager-Landau, 735–45. Oxford: Blackwell Publishing Ltd, 2006. Originally published in *Proceedings and Addresses of the American Philosophical Association* 78 (2004): 61–74.

――. "Virtue Ethics: What Kind of Naturalism?" In *Virtue Ethics, Old and New*, edited by Stephen M. Gardiner, 11–29. Ithaca, N.Y.: Cornell University Press, 2005.

――. "Virtue Ethics." In *The Oxford Handbook of Ethical Theory*, edited by David Copp, 515–40. New York: Oxford University Press, 2006.

――. *Intelligent Virtue*. Oxford: Oxford University Press, 2011.

Anscombe, G. E. M. *Intention*. Oxford: Basil Blackwell, 1957; 2nd ed., 1963.

――. "Modern Moral Philosophy." In *Virtue Ethics*, edited by Roger Crisp and Michael Slote, 26–44. Oxford: Oxford University Press, 1997.Originally published in *Philosophy* 33 (1958): 1–19.

——. *Ethics, Religion, and Politics.* Vol. 3 of *The Collected Papers of G. E.M. Anscombe.* Minneapolis: University of Minnesota Press, 1981.

——. "Morality." In *Faith in a Hard Ground: Essays on Religion, Philosophy, and Ethics*, edited by Mary Geach and Luke Gormally, 113–16. Charlottesville, Va.: Imprint Academic, 2008. Originally published in *Pro Ecclesia et Pontifice* (1982): 16–18.

——. *Human Life, Action, and Ethics.* Edited by Mary Geach and Luke Gormally. Charlottesville, Va.: Imprint Academics, 2005.

Appiah, Kwame Anthony. *Experiments in Ethics.* Cambridge, Mass.: Harvard University Press, 2008.

Aquinas, Thomas. *In decem libros Ethicorum Aristoteles ad Nicomachum.* Taurini: Marietti, 1934.

——. *Commentary on Aristotle's Nicomachean Ethics.* Translated by C. I. Litzinger. Notre Dame, Ind.: Dumb Ox Books, 1993.

Aristotle. *The Complete Works of Aristotle.* 2 vols. Edited by Jonathan Barnes. Princeton, N.J.: Princeton University Press, 1984.

——. *Aristotelis Ethica Nicomachea.* Edited by I. Bywater. Oxford Classical Text. Oxford: Clarendon Press, 1894.

Athanassoulis, Nafsika. "Virtue Ethics." In *Internet Encyclopedia of Philosophy.* http://www.iep.utm.edu/virtue/.

Baier, Annette. *Postures of the Mind: Essays on Mind and Morals.* Minneapolis: University of Minnesota Press, 1985.

Baron, Marcia. *Kantian Ethics Almost without Apology.* Ithaca, N.Y.: Cornell University Press, 1995.

Baron, Marcia W., Philip Pettit, and Michael Slote. *Three Methods of Ethics.*

Oxford: Blackwell, 1997.

Bartlett, Robert C., and Susan D. Collins, eds. *Action and Contemplation: Studies in the Moral and Political Thought of Aristotle*. Albany, N.Y.: SUNY Press, 1999.

Bejczy, István, ed. *Virtue Ethics in the Middle Ages: Commentaries on Aristotle's Nicomachean Ethics, 1200–1500*. Leiden, Netherlands: Brill Publishers, 2007.

Bennett, William. *The Book of Virtues: A Treasury of Great Moral Stories*. New York: Simon and Schuster, 1996.

Blum, Lawrence A. "Compassion." In *The Virtues: Contemporary Essays*, edited by Robert B. Kruschwitz and Robert C. Roberts, 225–36. Belmont, Calif.: Wadsworth Publishing, 1987. Originally published in *Explaining Emotions*, edited by Amélie O. Rorty, 507–18. Berkeley: University of California Press, 1980.

———. "Moral Exemplars: Reflections on Schindler, the Trocmes, and Others." *Midwest Studies in Philosophy* 13 (1988): 196–221.

———. "Community and Virtue." In *How Should One Live?* edited by Roger Crisp, 231–50. Oxford: Oxford University Press, 1996.

Bormann, Franz-Josef. "Was von der Fairness übrig blieb: Zur Bedeutung von John Rawls 'Theorie der Gerechtigkeit für die katholische Soziallehre,' " *Theologie und Philosophie* 78 (2003): 384–405.

Brewer, Talbot. "Virtues We Can Share: Friendship in Aristotle's Ethical Theory." *Ethics* 115 (2005): 721–58.

———. *The Retrieval of Ethics*. Oxford: Oxford University Press, 2009.

Broadie, Sarah. *Ethics with Aristotle*. Oxford: Oxford University Press, 1991.

Casey, John. *Pagan Virtue: An Essay in Ethics*. Oxford: Clarendon Press,

1990.

Chappell, Timothy, ed. *Values and Virtues: Aristotelianism in Contemporary Ethics*. Oxford: Clarendon Press, 2006.

——. "Virtue Ethics in the Twentieth Century." In *The Cambridge Companion to Virtue Ethics*, edited by Daniel C. Russell, 149–71. Cambridge: Cambridge University Press, 2013.

Clark, Stephen L. *Aristotle's Man*. Oxford: Oxford University Press, 1984.

Coleman, Janet. "MacIntyre and Aquinas." In *After MacIntyre: Critical Perspectives on the Work of Alasdair MacIntyre*, edited by John Horton and Susan Mendus, 65–90. Notre Dame, Ind.: University of Notre Dame Press, 1994.

Conly, Sarah. "Flourishing and the Failure of the Ethics of Virtue." *Midwest Studies in Philosophy* 13 (1988): 83–96.

Coope, Christopher Miles. "Modern Virtue Ethics." In *Values and Virtues: Aristotelianism in Contemporary Ethics*, edited by Timothy Chappell, 20–52. Oxford: Clarendon Press, 2006.

Cooper, John. *Reason and Human Good in Aristotle*. Cambridge, Mass.: Harvard University Press, 1975.

——. "Contemplation and Happiness: A Reconsideration." *Synthese* 72(1987): 187–216.

——. "Reason, Moral Virtue and Moral Value." In *Reason and Emotion: Essays on Ancient Moral Psychology and Ethical Theory*, ch. 11, 255–80. Princeton, N.J.: Princeton University Press, 1999.

Copp, David, and David Sobel. "Morality and Virtue: An Assessment of Some Recent Work in Virtue Ethics." *Ethics* 114 (2004): 514–54.

Cottingham, John. "Partiality and the Virtues." In *How Should One Live?*

Essays on the Virtues, edited by Roger Crisp, 57–76. Oxford: Oxford University Press, 1996.

Crisp, Roger, ed. *How Should One Live? Essays on the Virtues*. Oxford: Clarendon Press, 1996.

———. "Modern Moral Philosophy and the Virtues." In *How Should One Live? Essays on the Virtues*, edited by Roger Crisp, 1–18. Oxford: Clarendon Press, 1996.

Crisp, Roger, and Michael Slote, eds. *Virtue Ethics*. New York: Oxford University Press, 1997.

Cunningham, Lawrence S., ed. *Intractable Disputes About the Natural Law: Alasdair MacIntyre and Critics*. Notre Dame, Ind.: University of Notre Dame Press, 2009.

Darwall, Stephen, Alan Gibbard, and Peter Railton. "Toward Fin de siècle Ethics: Some Trends." *Philosophical Review* 101 (1992): 115–89.

Darwall, Stephen, ed. *Virtue Ethics*. Oxford: Oxford University Press, 2003.

Davis, Michael. "Civic Virtue, Corruption, and the Structure of Moral Theories." *Midwest Studies in Philosophy* 13 (1988): 352–66.

DePaul, Michael, and Linda Zagzebski, eds. *Intellectual Virtue: Perspectives from Ethics and Epistemology*. Oxford: Clarendon Press, 2003.

Deshpande, Sharad. "Kant and the Revival of Virtue Ethics." In *Reason, Morality, and Beauty: Essays on the Philosophy of Immanuel Kant*, edited by Bindu Puri, 11–25. Oxford: Oxford University Press, 2007.

Diamond, Cora, "The Dog That Gave Himself the Moral Law." *Midwest Studies in Philosophy* 13 (1988): 161–79.

Doris, John M. "Persons, Situations and Virtue Ethics." *Nous* 32 (1998): 504–

30.

———. *Lack of Character: Personality and Moral Behavior*. Cambridge: Cambridge University Press, 2002.

Driver, Julia. "The Virtues and Human Nature." In *How Should One Live? Essays on the Virtues*, edited by Roger Crisp, 111–29. Oxford: Clarendon Press, 1996.

———. *Uneasy Virtue*. New York: Cambridge University Press, 2001.

———. "Virtue Theory." In *Contemporary Debates in Moral Theory*, edited by James Dreier, 113–23. Oxford: Blackwell Publishing, 2006.

———. "Gertrude Elizabeth Anscombe." In *Stanford Encyclopedia of Philosophy*, edited by Edward N. Zalta. Winter 2011 ed. http://plato.stanford.edu/archives/winter2011/entries/ anscombe.

Engelhardt, H. Tristam, Jr. "Roman Catholic Social Teaching and Religious Hospital Identity in a Post-Christian Age." *Christian Bioethics* 6 (2000): 295–300.

Everitt, Nicholas. "Some Problems with Virtue Theory." *Philosophy* 82(2007): 275–99.

Finnis, John. *Aquinas: Moral, Political, and Legal Theory*. Oxford: Oxford University Press, 1998.

Flannery, Kevin L., SJ. *Acts amid Precepts: The Aristotelian Logical Structure of Aquinas's Moral Theory*. Washington, D.C.: The Catholic University of America Press, 2001.

Foot, Philippa. "Euthanasia." *Philosophy and Public Affairs* 6 (1977): 85–112.

———. *Virtues and Vices, and Other Essays and Other Essays in Moral Philosophy*. Oxford: Clarendon Press, 1978.

———. *Natural Goodness*. Oxford: Oxford University Press, 2001.

Frankena, William. "Prichard and the Ethics of Virtue: Notes on a Footnote." *Monist* 54 (1970): 1–17.

Frede, Dorothea. "The Historic Decline of Virtue Ethics." In *The Cambridge Companion to Virtue Ethics*, edited by Daniel C. Russell, 124–48. Cambridge: Cambridge University Press, 2013.

Fritz-Cates, Diana. *Aquinas on the Emotions: A Religious-Ethical Inquiry*. Washington, D.C.: Georgetown University Press, 2009.

Gardner, Stephen M, ed. *Virtue Ethics, Old and New*. Ithaca, N.Y.: Cornell University Press, 2005.

Geach, Peter. *The Virtues*. Cambridge: Cambridge University Press, 1977.

George, Robert. "Moral Particularism, Thomism, and Traditions." *Review of Metaphysics* 42 (1989): 593–605.

Gilson, Étienne. *From Aristotle to Darwin and Back Again: A Journey in Final Causality, Species, and Evolution*. Translated by John Lyon. San Francisco, Calif.: Ignatius Press, 2009 (1984).

Girard, René. *Violence and the Sacred*. Translated by Patrick Gregory. Baltimore, Md.: Johns Hopkins University Press, 1977.

———. *The Scapegoat*. Translated by Yvonne Freccero. Baltimore, Md.: Johns Hopkins University Press, 1986.

———. *I See Satan Fall Like Lightning*. Translated by James G. Williams. Maryknoll, N.Y.: Orbis Books, 2001.

Hadot, Pierre. *Philosophy as a Way of Life: Spiritual Exercises from Socrates to Foucault*. Edited by Arnold I. Davidson. Translated by Michael Chase. Oxford: Blackwell Publishing, 1995.

———. *What Is Ancient Philosophy?* Translated by Michael Chase. Cambridge, Mass.: Harvard University Press, 2002.

Haldane, John. "MacIntyre's Thomist Revival: What Next?" In *After MacIntyre: Critical Perspectives on the Work of Alasdair MacIntyre*, edited by John Horton and Susan Mendus, 91–107. Notre Dame, Ind.: University of Notre Dame Press, 1994.

———, ed. *Mind, Metaphysics, and Value in the Thomistic and Analytic Traditions*. Notre Dame, Ind.: University of Notre Dame Press, 2002.

Hardie, W. F. R. "The Final Good in Aristotle's Ethics." *Philosophy* 40 (1965): 277–95.

Harman, Gilbert. "Moral Philosophy Meets Social Psychology: Virtue Ethics and the Fundamental Attribution Error." *Proceedings of the Aristotelian Society* 99 (1999): 316–31.

Hartman, Edwin. "The Virtue Approach to Business Ethics." In *The Cambridge Companion to Virtue Ethics*, edited by Daniel C. Russell, 240–64. Cambridge: Cambridge University Press, 2013.

Hauerwas, Stanley. *Character and the Christian Life*. San Antonio, Tex.: Trinity University Press, 1975.

Hauerwas, Stanley, and Charles Pinches. *Christians among the Virtues: Theological Conversations with Ancient and Modern Ethics*. Notre Dame, Ind.: University of Notre Dame Press, 1997.

Heraclitus. "Heraclitus." In *Readings in Ancient Greek Philosophy: From Thales to Aristotle*, 2nd ed., edited by S. Marc Cohen, Patricia Curd, and C. D. C. Reeve, 24–34. Indianapolis, Ind.: Hackett Publishing, 2000.

Herdt, Jennifer A. Putting on Virtue: The Legacy of the Splendid Vices.

Chicago: University of Chicago Press, 2008.

Hobbes, Thomas. *Leviathan.* Edited by Edwin Curley. Indianapolis, Ind.: Hackett Publishing, 1994.

Hooker, Brad. Ideal Code, Real World. Oxford: Oxford University Press, 2000.

——. "The Collapse of Virtue Ethics." *Utilitas* 14 (2002): 22–40.

Hurka, Thomas. *Virtue, Vice, and Value.* Oxford: Oxford University Press, 2001.

Hursthouse, Rosalind. "Virtue Theory and Abortion." *Philosophy and Public Affairs* 20 (1991): 223–46.

——. "Normative Virtue Ethics." In *How Should One Live? Essays on the Virtues,* edited by Roger Crisp, 19–36. Oxford: Oxford University Press, 1996.

——. "Virtue Ethics and the Emotions." In *Virtue Ethics: A Critical Reader, edited by Daniel Statman*, 99–117. Washington, D.C.: Georgetown University Press, 1997.

——. *On Virtue Ethics.* Oxford: Oxford University Press, 1999.

——. "Virtue Ethics vs. Rule-Consequentialism: A Reply to Brad Hooker." *Utilitas* 14 (2002): 41–53.

——. "Are Virtues the Proper Starting Point for Morality?" In *Contemporary Debates in Moral Theory,* edited by James Dreier, 99–112. Hoboken, N.J.: Blackwell Publishing, 2006.

——. "Discussing Dilemmas." *Christian Bioethics* 14 (2008): 141–50.

——. "Virtue Ethics." In *Stanford Encyclopedia of Philosophy,* edited by Edward N. Zalta. Fall 2007 ed. http://plato.stanford.edu/archives/fall2007/entries/ethics-virtue/.

Irwin, T. H. "Aristotle's Conception of Morality." In *Proceedings of the Boston*

Area Colloquium in Ancient Philosophy, vol. 1, edited by John J. Cleary, 115–43. Lanham, Md.: University Press of America, 1986.

———. "The Virtues: Theory and Common Sense in Greek Philosophy." In *How Should One Live? Essays on the Virtues*, edited by Roger Crisp, 37–55. Oxford: Oxford University Press, 1996.

Ivanhoe, Philip J. "Virtue Ethics and the Chinese Confucian Tradition." In *The Cambridge Companion to Virtue Ethics*, edited by Daniel C. Russell, 49–69. Cambridge: Cambridge University Press, 2013.

Jefferson, Mark. "What Is Wrong with Sentimentality?" In *The Virtues: Contemporary Essays*, edited by Robert B. Kruschwitz and Robert C. Roberts, 186–93. Belmont, Calif.: Wadsworth Publishing, 1987. Originally published in *Mind* 92 (1983): 519–29.

Johnston, David. "Is the Idea of Social Justice Meaningful?" *Critical Review* 11 (1997): 607–14.

Justin, Martyr. Dialogue with Trypho. In *Justin, Philosopher and Martyr: Apologies*, edited by Denis Minns and Paul Parvis. Oxford: Oxford University Press, 2009.

Kamtekar, Rachana. "Ancient Virtue Ethics: An Overview with an Emphasis on Practical Wisdom." In *The Cambridge Companion to Virtue Ethics*, edited by Daniel C. Russell, 29–48. Cambridge: Cambridge University Press, 2013.

Kenny, Anthony. *The Aristotelian Ethics*. Oxford: Clarendon Press, 1978.

———. *Aristotle on the Perfect Life*. Oxford: Oxford University Press, 1992.

Kotva, Joseph J., Jr. *The Christian Case for Virtue Ethics*. Washington, D.C.: Georgetown University Press, 1996.

Kraut, Richard. *Aristotle on the Human Good*. Princeton, N.J.: Princeton

University Press, 1989.

Kultgen, John. "The Vicissitudes of Common-Sense Virtue Ethics, Part I: From Aristotle to Slote." *Journal of Value Inquiry* 32 (1998): 325–41.

Lamont, Julian, and Christi Favor. "Distributive Justice." In *Stanford Encyclopedia of Philosophy*, edited by Edward N. Zalta. Spring 2013, http://plato.stanford.edu/entries/justice-distributive/.

Langston, Douglas C. *Conscience and Other Virtues: From Bonaventure to MacIntyre*. University Park: Pennsylvania State University Press, 2001.

Lockwood, Thornton C. "A Topical Bibliography of Scholarship on Aristotle's Nicomachean Ethics: 1880–2004." *Journal of Philosophical Research* 30 (2005): 1–116.

Lombardo, Nicholas E. *The Logic of Desire: Aquinas on Emotion*. Washington, D.C.: The Catholic University of America Press, 2010.

Louden, Robert B. "On Some Vices of Virtue Ethics." In *Virtue Ethics*, edited by Roger Crisp and Michael Slote, 201–16. Oxford: Oxford University Press, 1997. Originally published in *American Philosophical Quarterly* 21 (1984): 227–36.

——. "Kant's Virtue Ethics." *Philosophy: The Journal of the Royal Institute of Philosophy* 61 (1986): 473–89.

Lutz, Christopher Stephen. *Tradition in the Ethics of Alasdair MacIntyre: Relativism, Thomism, and Philosophy*. Lanham, Md.: Lexington Books, 2004.

MacIntyre, Alasdair. *After Virtue*. 2nd ed. Notre Dame, Ind.: University of Notre Dame Press, 1984.

——. "Sōphrosunē: How a Virtue Can Become Socially Disruptive." *Midwest Studies in Philosophy* 13 (1988): 1–11.

——. *Whose Justice? Which Rationality?* Notre Dame, Ind.: University of Notre Dame Press, 1988.

——. *Three Rival Versions of Moral Enquiry: Encyclopaedia, Genealogy, and Tradition*. Notre Dame, Ind.: University of Notre Dame Press, 1990.

——. "Plain Persons and Moral Philosophy: Rules, Virtues, and Goods." In *The MacIntyre Reader*, edited by Kevin Knight, 136–52. Notre Dame, Ind.: University of Notre Dame Press, 1998. Originally published in *American Catholic Philosophical Quarterly* 66 (1992): 3–19.

——. "The Return to Virtue Ethics." In *The Twenty-Fifth Anniversary of Vatican II: A Look Back and a Look Ahead*, edited by Russell E. Smith, 239–49. Braintree, Md.: Pope John Centre, 1992.

——. "Virtue Ethics." In *Encyclopedia of Ethics*, edited by Lawrence C. Becker and Charlotte B. Becker, 1276–82. New York: Garland Publishers, 1992.

——. "A Partial Response to My Critics." In *After MacIntyre: Critical Perspectives on the Work of Alasdair MacIntyre*, edited by John Horton and Susan Mendus, 283–304. Notre Dame, Ind.: University of Notre Dame Press, 1994.

——. "Moral Relativism, Truth, and Justification." In *Moral Truth and Moral Tradition: Essays in Honor of Peter Geach and Elizabeth Anscombe*, edited by Luke Gormally, 6–24. Dublin: Four Courts Press, 1994. Reprinted as the third chapter of the first volume of *Selected Essays: The Tasks of Philosophy*. Cambridge: Cambridge University Press, 2006.

——. "First Principles, Final Ends and Contemporary Philosophical Issues." In *The MacIntyre Reader*, edited by Kevin Knight, 171–201. Notre Dame, Ind.: University of Notre Dame Press, 1998. Originally published as an Aquinas

Lecture. Milwaukee, Wis.: Marquette University Press, 1990.

——. *Dependent Rational Animals: Why Human Beings Need the Virtues*. Paul Carus Lecture Series 20. Chicago, Ill.: Open Court, 1999.

——. "The Ends of Life, the Ends of Philosophical Writing." In *The Tasks of Philosophy, Selected Essays*, vol. 1, 125–42. Cambridge: Cambridge University Press, 2006.

——. "The Natural Law as Subversive." In *Ethics and Politics: Selected Essays*, vol. 2, 41–63. Cambridge: Cambridge University Press, 2006.

——. *God, Philosophy, Universities: A Selective History of the Catholic Philosophical Tradition*. Lanham, Md.: Rowman and Littlefield, 2009.

——. "Intractable Moral Diagreements." In *Intractable Disputes about the Natural Law: Alasdair MacIntyre and Critics*, edited by Lawrence S. Cunningham, 1–52. Notre Dame, Ind.: University of Notre Dame Press, 2009.

Maritain, Jacques. *Man and the State*. Chicago, Ill.: University of Chicago Press, 1951.

McAleer, Sean. "An Aristotelian Account of Virtue Ethics: An Essay in Moral Taxonomy." *Pacific Philosophical Quarterly* 88 (2007): 208–25.

McDougall, Rosalind. "Acting Parentally: An Argument against Sex Selection." *Journal of Medical Ethics* 31 (2005): 601–5.

——. "Parental Virtue: A New Way of Thinking about the Morality of Reproductive Actions." *Bioethics* 21 (2007): 181–90.

——. "Impairment, Flourishing and the Moral Nature of Parenthood." In *Disability and Disadvantage*, edited by K. Brownless and A. Curenton. Oxford: Oxford University Press, 2009.

McDowell, John. "The Role of Eudaimonia in Aristotle's Ethics." In *Essays on *Aristotle's Ethics*, edited by Amélie Oksenberg Rorty, 359–76. Berke- ley: University of California Press, 1980.

——. "Eudaimonism and Realism in Aristotle's Ethics." In *Aristotle and Moral Realism*, edited by Robert Heinaman, 201–18. London: University College London Press, 1995.

——."Virtue and Reason." In *Virtue Ethics*, edited by Roger Crisp and Michael Slote, 141–62. Oxford: Oxford University Press, 1997. Originally published in *Monist* 62 (1978): 331–50.

McInerny, Daniel. "Deliberation about Final Ends: Thomistic Considerations." In *Recovering Nature: Essays in Natural Philosophy, Ethics, and Metaphysics in Honor of Ralph McInerney*, edited by Thomas Hibbs and John O'Callaghan, 105–25. Notre Dame, Ind.: University of Notre Dame Press, 1999.

McKinnon, Christine. *Character, Virtue Theories, and the Vices*. Peterborough, Canada: Broadview Press, 1999.

Meilander, Gilbert. *Theory and Practice of Virtue*. Notre Dame, Ind.: University of Notre Dame Press, 1984.

Milliken, John. "Aristotle's Aesthetic Ethics." *Southern Journal of Philosophy* 44 (2006): 319–39.

Miller, David. *Principles of Social Justice*. Cambridge, Mass.: Harvard University Press, 1999.

Miner, Robert. *Thomas Aquinas on the Passions: A Study of Summa Theologiae*, 1a2ae 22-48. Cambridge: Cambridge University Press, 2009.

Montague, Phillip. "Virtue Ethics: A Qualified Success Story." In *Virtue Ethics: A Critical Reader*, edited by Daniel Statman, 194–204. Washington, D.C.: Georgetown University Press, 1997. Originally published in *American*

Philosophical Quarterly 29 (1992): 53–61.

Nietzsche, Friedrich. *Beyond Good and Evil*. In Basic Writings of Nietzsche, translated by Walter Kaufmann. New York: Modern Library, 1968.

——. Ecce Homo. In Basic Writings of Nietzsche, translated by Walter Kaufmann. New York: Modern Library, 1968.

Nussbaum, Martha C. *The Fragility of Goodness: Luck and Ethics in Greek Tragedy and Philosophy*. Cambridge: Cambridge University Press, 1986.

——. "Non-Relative Virtues: An Aristotelian Approach." *Midwest Studies in Philosophy* 13 (1988): 32–53.

——. "Human Functioning and Social Justice: In Defense of Aristotelian Essentialism." *Political Theory* 20 (1992): 202–46.

——. "Virtue Ethics: A Misleading Category?" *Journal of Ethics* 3 (1999): 163–201.

Oakley, Justin. "Virtue Ethics and Abortion." In *The Cambridge Companion to Virtue Ethics*, edited by Daniel C. Russell, 197–220. Cambridge: Cambridge University Press, 2013.

Oakley, Justin, and Dean Cocking. *Virtue Ethics and Professional Roles*. Cambridge: Cambridge University Press, 2001.

O'Neill, Onora. "Kant's Virtues." In *How Should One Live? Essays on the Virtues*, edited by Roger Crisp, 77–97. Oxford: Oxford University Press, 1996.

——. *Towards Justice and Virtue: A Constructive Account of Practical Reasoning*. Cambridge: Cambridge University Press, 1996.

Owens, Joseph. "The ΚΑΛΟΝ in the Aristotelian Ethics." In *Studies in Aristotle*, edited by D. J. O'Meara, 261–77. Washington, D.C.: The Catholic University of America Press, 1981.

Pelligrino, Edmund D. *For the Patient's Good: The Restoration of Beneficence in Health Care*. Oxford: Oxford University Press, 1988.

———. "Toward a Virtue-Based Normative Ethics." *Kennedy Institute of Ethics Journal* 5 (1995): 253–77.

Pellegrino, Edmund D., and David C. Thomasma. *A Philosophical Basis of Medical Practice*. Oxford: Oxford University Press, 1981.

Pence, Gregory E. "Recent Work on Virtue." *American Philosophical Quarterly* 21 (1984): 281–98.

Peterson, Christopher,; and Martin E. P. Seligman. *Character Strengths and Virtues*. Oxford: Oxford University Press, 2004.

Plato. *Plato: Complete Works*. Edited by John M. Cooper. Indianapolis, Ind.: Hackett Publishing, 1997.

Pogge, Thomas W. "Human Flourishing and Universal Justice." *Social Philosophy and Policy* 16 (1999): 333–61.

Pojman, Louis P. *Ethics: Discovering Right and Wrong*. Belmont, Calif.: Wadsworth Publishing, 1990.

Porter, Jean. *The Recovery of Virtue: The Relevance of Aquinas for Christian Ethics*. Louisville, Ky.: Westminster/John Knox Press, 1990.

———. *Moral Action and Christian Ethics*. Cambridge: Cambridge University Press, 1999.

———. "Virtue Ethics in the Medieval Period." In *The Cambridge Companion to Virtue Ethics*, edited by Daniel C. Russell, 70–91. Cambridge: Cambridge University Press, 2013.

Purinton, Jeffrey S. "Aristotle's Definition of Happiness (NE I, 7, 1098a16-18)." *Oxford Studies in Ancient Philosophy* 16 (1998): 259–97.

Putnam, Ruth Anna. "Reciprocity and the Virtues." *Ethics* 98 (1988):379–89.

Rawls, John. *A Theory of Justice*. Rev. ed. Cambridge, Mass.: Harvard University Press, 1999 [1971].

Rieff, Philip. *Triumph of the Therapeutic*. New York: Harper & Row, 1966.

———. *Sacred Order/Social Order: My Life among the Deathworks*. Charlottesville: University of Virginia Press, 2006.

Rist, John M. Real *Ethics: Rethinking the Foundations of Morality*. Cambridge: Cambridge University Press, 2002.

———. *On Inoculating Moral Philosophy against God*. Aquinas Lecture. Milwaukee: University of Wisconsin Press, 2000.

Rogers, Kelly. "Aristole's Conception of Τὸ Καλόν." *Ancient Philosophy* 13(1993): 355–71.

———. "Aristotle on the Motive of Courage." *Southern Journal of Philosophy* 32 (1994): 303–13.

Rorty, Amélie. *Essays on Aristotle's Ethics*. Berkeley: University of California Press, 1980.

———. "Virtues and Their Vicissitudes." *Midwest Studies in Philosophy* 13(1988): 136–48.

Russell, Daniel C. *Practical Intelligence and the Virtues*. Oxford: Oxford University Press, 2009.

———. *Happiness for Humans*. Oxford: Oxford University Press, 2012.

———, ed. The Cambridge Companion to Virtue Ethics. Cambridge: Cambridge University Press, 2013.

———. "Virtue Ethics, Happiness, and the Good Life." In *The Cambridge Companion to Virtue Ethics*, edited by Daniel C. Russell, 7–28. Cambridge:

Cambridge University Press, 2013.

Russell, Paul. "Hume's Anatomy of Virtue." In *The Cambridge Companion to Virtue Ethics*, edited by Daniel C. Russell, 92–115. Cambridge: Cambridge University Press, 2013.

Santas, Gerasimos X. "Does Aristotle Have a Virtue Ethics?" In *Virtue Ethics: A Critical Reader*, edited by Daniel Statman, 260–85. Washington, D.C.: Georgetown University Press, 1997. Originally published in *Philosophical Inquiry* 15 (1993): 1–32.

Scheler, Max. *Ressentiment*. Translated by Lewis B. Coser and William W. Holdheim. Milwaukee, Wis.: Marquette University Press, 1998.

Schneewind, Jerome B. "The Misfortunes of Virtue." In *Virtue Ethics*, edited by Roger Crisp and Michael Slote, 178–200. Oxford: Oxford University Press, 1997. Originally published in *Ethics* 101 (1990).

Shafer-Landau, Russ. *The Ethical Life: Fundamental Readings in Ethics and Moral Problems*. Oxford: Oxford University Press, 2009.

———. *The Fundamentals of Ethics*. Oxford: Oxford University Press, 2009.

Sherman, Nancy. "Common Sense and Uncommon Virtue." *Midwest Studies in Philosophy* 13 (1988): 97–114.

Sigmund, Paul E. "Law and Politics." In *The Cambridge Companion to Aquinas*, edited by Norman Kretzman and Eleonore Stump, 217–231. Cambridge: Cambridge University Press, 1993.

Sim, May. *Remastering Morals with Aristotle and Confucius*. Cambridge: Cambridge University Press, 2007.

Simon, Yves. *The Definition of Moral Virtue*, ed. Vukan Kuic. New York: Fordham University Press, 1986.

Simpson, Peter. *Goodness and Nature: A Defense of Ethical Naturalism*. Dordrecht, Netherlands: Martinus Nijhoff Publishers, 1987.

———. "Contemporary Virtue Ethics and Aristotle." *Review of Metaphysics* 45 (1992): 503–24.

———. *A Philosophical Commentary on the Politics of Aristotle*. Chapel Hill: University of North Carolina Press, 1998.

———. *Vices, Virtues, and Consequences*. Studies in Philosophy and the History of Philosophy 35. Washington, D.C.: The Catholic University of America Press, 2001.

Slote, Michael. From Morality to Virtue. Oxford: Oxford University Press, 1992.

———. "Virtue Ethics, Utilitarianism, and Symmetry." In *How Should Live? Essays on the Virtues*, edited by Roger Crisp, 99–110. Oxford: Oxford University Press, 1996.

———. "Agent-Based Virtue Ethics." In *Virtue Ethics*, edited by Roger Crisp and Michael Slote, 239–262. Oxford: Oxford University Press, 1997. Originally published in *Midwest Studies in Philosophy* 20 (1995): 83–101.

———. *Morals from Motives*. Oxford: Oxford University Press, 2001.

———. *Review of Natural Goodness*, by Philippa Foot. Mind 112 (2003): 130–39.

———. "Justice as a Virtue." In *Stanford Encyclopedia of Philosophy*, edited by Edward N. Zalta. Fall 2010 ed. http://plato.stanford.edu/entries/justice-virtue/

Solomon, David. "Internal Objections to Virtue Ethics." *Midwest Studies in Philosophy* 13 (1988): 428–41.

———. "Keeping Virtue in Its Place: A Critique of Subordinating Strategies." In *Recovering Nature: Essays in Natural Philosophy, Ethics, and Metaphysics in Honor of Ralph McInerney*, edited by Thomas Hibbs and John O'Callaghan, 83–104. Notre Dame, Ind.: University of Notre Dame Press, 1999.

———. "Virtue Ethics: Radical or Routine?" In *Intellectual Virtue: Perspectives from Ethics and Epistemology*, edited by Michael DePaul and Linda Zagzebski, 57–80. Oxford: Clarendon Press, 2003.

Solomon, Robert C. "The Virtue of Love." *Midwest Studies in Philosophy* 13(1988): 12–31.

Sreenivasan, Gopal. "Errors about Errors: Virtue Theory and Trait Attribution." *Mind* 111 (2002): 47–68.

———. "Character and Consistency: Still More Errors." *Mind* 117 (2008):603–12.

———. "The Situationist Critique of Virtue Ethics." In *The Cambridge Companion to Virtue Ethics*, edited by Daniel C. Russell, 290–314. Cambridge: Cambridge University Press, 2013.

Statman, Daniel, ed. Virtue Ethics: A Critical Reader. Washington, D.C.: Georgetown University Press, 1997.

Stocker, Michael, "Emotional Identification, Closeness and Size: Some Contributions to Virtue." In *Virtue Ethics: A Critical Reader*, edited by Daniel Statman, 118–27. Washington, D.C.: Georgetown University Press, 1997.

———. "The Schizophrenia of Modern Ethical Theories." In *Virtue Ethics*, edited by Roger Crisp and Michael Slote, 66–78. Oxford: Oxford University Press, 1997. Originally published in *Journal of Philosophy* 73(1976): 453–66.

Stohr, Karen. "Contemporary Virtue Ethics." *Philosophy Compass* 1 (2006): 22–27.

Strauss, Leo. *Natural Right and History*. Chicago: University of Chicago

Press, 1953.

Swanton, Christine. "Virtue Ethics and Satisficing Rationality." In *Virtue Ethics: A Critical Reader*, edited by Daniel Statman, 82–98. Washington, D.C.: Georgetown University Press, 1997. Revision of "Satisficing and Virtue." *Journal of Philosophy* 90 (1993): 33–48.

——. *Virtue Ethics: A Pluralistic View*. Oxford: Oxford University Press, 2003.

——. "The Definition of Virtue Ethics." In *The Cambridge Companion to Virtue Ethics*, edited by Daniel C. Russell, 315–38. Cambridge: Cambridge University Press, 2013.

Taylor, Gabriele. *Deadly Vices*. Oxford: Clarendon Press, 2006.

Taylor, Jacqueline. "Virtue and the Evaluation of Character." In *The Blackwell Guide to Hume's Treatise*, edited by Saul Traiger, 276–95. Malden, Mass.: Blackwell Publishers, 2006.

Taylor, Richard. *Virtue Ethics: An Introduction*. Amherst, N.Y.: Prometheus Books, 2002.

Teichmann, Roger. *Nature, Reason, and the Good Life: Ethics for Human Beings*. Oxford: Oxford University Press, 2011.

Trianosky, Gregory. "What Is Virtue Ethics All About?" In *Virtue Ethics: A Critical Reader*, edited by Daniel Statman, 42–55. Washington, D.C.: Georgetown University Press, 1997. Originally published in *American Philosophical Quarterly* 27 (1990): 335–44.

Tuozzo, Thomas. "Contemplation, the Noble, and the Mean: The Standard for Moral Virtue in Aristotle's Ethics." In *Aristotle, Virtue and the Mean*, edited by John Bosley, 129–54. Edmonton, Canada: Academic Printing and Publishing,

1996.

Van Hooft, Stan. *Understanding Virtue Ethics*. Chesham, UK: Acumen Publishing, 2006.

Van Zyl, Liezl. *Death and Compassion: A Virtue-Based Approach to Euthanasia*. London: Ashgate Publishers, 2000.

———. "Virtue Ethics and Right Action." In *The Cambridge Companion to Virtue Ethics*, edited by Daniel C. Russell, 172–96. Cambridge: Cambridge University Press, 2013.

Walker, Rebecca L., and Philip J. Ivanhoe. *Working Virtue: Virtue Ethics and Contemporary Moral Problems*. Oxford: Oxford University Press, 2007.

Wallace, James D. *Virtues and Vices*. Ithaca, N.Y.: Cornell University Press, 1978.

Watson, Gary. "On the Primacy of Character." In *Virtue Ethics: A Critical Reader*, edited by Daniel Statman, 56–81. Washington, D.C.: Georgetown University Press, 1997. Originally published in *Identity, Character, and Morality: Essays in Moral Psychology*, edited by Owen Flanagan and Amélie O. Rorty, 449–70. Cambridge, Mass.: MIT Press, 1990.

Welchman, Jennifer, ed. *The Practice of Virtue: Classic and Contemporary Readings in Virtue Ethics*. Indianapolis, Ind.: Hackett Publishing, 2006.

White, Richard. *Radical Virtues: Moral Wisdom and Ethics in Contemporary Life*. Lanham, Md.: Rowman and Littlefield, 2008.

Wiggins, David. "Natural and Artificial Virtues: A Vindication of Hume's Scheme." In *How Should One Live? Essays on the Virtues*, edited by Roger Crisp, 131–40. Oxford: Oxford University Press, 1996.

Wilkes, Kathleen. "The Good Man and the Good for Man in Aristotle's

Ethics." In *Essays on Aristotle's Ethics*, edited by Amélie Oksenberg Rorty, 341–58. Berkeley: University of California Press, 1980.

Williams, Bernard. *Ethics and the Limits of Philosophy.* Cambridge, Mass.: Harvard University Press, 1985.

———. "Social Justice." *Journal of Social Philosophy* 20 (1989): 68–73.

Wolf, Susan. "Moral Saints." In *Virtue Ethics*, edited by Roger Crisp and Michael Slote, 79–98. Oxford: Oxford University Press, 1997. Originally published in *Journal of Philosophy* 79 (1982): 419–39.

Woodcock, Scott. "Philippa Foot's Virtue Ethics Has an Achilles' Heel." *Dialogue* 45 (2006): 445–68.

Wright, G. H. von. *The Varieties of Goodness*. London: Routledge & K. Paul, 1963.

Yu, Jiyuan. *The Ethics of Confucius and Aristotle: Mirrors of Virtue*. London: Routledge, 2007.

Zwolinski, Matthew, and David Schmidtz. "Environmental Virtue Ethics: What It Is and What It Needs to Be." In *The Cambridge Companion to Virtue Ethics*, edited by Daniel C. Russell, 221–39. Cambridge: Cambridge University Press, 2013.

索引

（索引中的页码为英文版页码，即本书边码）

Ackrill, J. L., 阿克瑞尔 217n18

act and potency, 行为与潜能 195—196

Adams, Robert Merrihew, 罗伯特·梅里休·亚当斯 29, 41

altruism, 利他主义 16n23, 108, 121, 124, 169

Annas, Julia, 茱莉亚·安娜斯 6n12, 16n24, 51—52, 57, 83n4, 88, 90, 94—99, 105, 111, 117, 119, 124—125, 131, 144, 157n23, 160n28, 170

Anscombe, G. E. M., 安斯康姆 1, 5—11, 13, 25, 27, 45—46, 54n6, 58—74, 77n52, 78, 80—81, 85, 87, 93, 106, 109, 111—114, 136, 141—143, 151, 153, 167—168, 175, 183—186, 208—210, 212, 228, 257

Aquinas, St. Thomas, 圣托马斯·阿奎那 18—19, 29, 34—35, 44, 54—56, 59, 67n38, 97, 117, 140, 144, 152, 168—170, 176, 189, 191—193, 195—197, 199, 200, 203—204, 211, 222n26, 225, 227—228, 230, 232—233, 236, 238—241, 244, 249n65, 250

Appiah, Kwame Anthony, 奎迈·安东尼·阿皮亚 8n15, 17n25, 29, 88n11, 91n17, 124n22 applied ethics and contemporary virtue ethics, 应用伦理学与当代美德伦理学: abortion, 堕胎 77n52, 79, 138, 229, 231n5; euthanasia, 安乐死 78—79, 138; homosexuality, 同性恋 133, 135, 138, 229

Aristotelian ethics, 亚里士多德主义伦理学 6—7, 14—18, 20, 56—57, 73, 112—113, 142 : and anthropology, 与人类学 183—204; and natural law, 与自然法 227—254; and teleology, 与目的论 205—226; and virtue ethics, 与美德伦理学 142—150; not a virtue ethics, 不是美德伦理学 151—181

Aristotle, 亚里士多德 3—6, 16—20, 28—31, 34—35, 42, 52, 54—56, 59, 65, 68, 71—72, 92, 98, 103, 117, 127, 129, 131, 135,140—150 : biology, 生物学 19; kalon, 高贵 154, 219—220, 237; naturalism, 自然主义 95n24; neo-, 新亚里士多德主义 6, 15, 116—117, 130—131, 141;

philosophical psychology, 哲学心理学 11, 142; physics, 物理学 39, 59; Thomism, 托马斯主义 10n18, 54—57; tradition, 传统 14, 44—45, 48, 50, 93—94; virtue theory, 美德理论 50, 65, 98, 141. 亦参见 Aristotelian ethics

Athanassoulis, Nafiska, 纳弗斯卡·阿萨内索尼斯 118n6, 144

Augustine of Hippo, St., 希波的圣奥古斯丁 5, 29, 97, 117, 152

Baier, Annette, 安妮特·贝尔 57n13, 103, 118n6

Baron, Marcia, 马西亚·巴伦 91n16

Bennett, William, 威廉·贝内特 88n11

Blum, Lawrence, 劳伦斯·布卢姆 179

Bormann, Franz-Josef, 弗朗茨-约瑟夫·博尔曼 249n66

Brewer, Talbot, 塔尔博特·布鲁尔 9, 33n11, 171n54, 192n10, 207—208, 216n13

Chappell, Timothy, 蒂莫西·查普尔 8n14, 9n17, 57n14, 131—132

character, 品格／品质 3, 8, 12, 17, 20, 37, 72n44, 73—75, 84—85, 86n10, 88, 101, 119—120, 123, 125n24, 126, 128, 130, 135, 140, 147, 157—164,

166—167, 172, 181, 194, 198, 205—206, 212—2114, 216, 221, 234, 252. 亦参见 habit; situationism; virtue theory

　　charity 仁慈: as a theological virtue, 作为神学美德的仁慈, 56, 203—204, 225, 239; as benevolence, 作为慈善的仁慈 66, 68, 78, 87, 117n3, 167, 175—76; Christian versus secular, 基督教的与世俗的仁慈 67—69, 79, 167—168, 170, 176

　　Clark, Stephen L., 斯蒂芬·克拉克 217n18

　　Coleman, Janet, 珍妮特·科尔曼 199n23

　　compassion, 怜悯 79, 136—138, 203—204

　　Conly, Sarah, 萨拉·康利 22, 82n2, 83—84, 86n10, 139

　　consequentialism, 后果主义 2, 15, 24, 32, 48—49, 53, 67—80, 90, 92, 107, 112, 115, 118n5, 122, 126n27, 133—134, 151, 175, 206

　　contemplative wisdom, 沉思的智慧 16n23, 154—156, 161, 171—172, 177, 195, 221, 225. 亦参见 Aristotelian ethics; Happiness

　　Coope, Christopher Miles, 克里斯托弗·迈尔斯·库普 9n17, 49, 60—62, 66, 69, 75—76, 83n4, 167—168, 174

　　Cooper, John, 约翰·库珀 217n18, 220n22, 242n40

　　Copp, David, 戴维·科普 82n2, 126n27, 174

　　courage, 勇敢 136, 140, 154, 155n17, 165, 190, 193

　　Crisp, Roger, 罗杰·克里斯普 24n2, 82n3, 120n12

　　Darwall, Stephen, 斯蒂芬·达沃尔 34n12

　　deontology, 义务论 2, 15, 23, 48–49, 53, 63, 92, 96, 107, 112, 115, 119, 121—122, 126, 130, 137, 151, 164

　　Deshpande, Sharad, 萨哈德·德什潘德 91n16

　　disposition. 倾向，参见 habit

　　Doris, John, 约翰·多里斯 124n22

Driver, Julia, 茱莉亚·德雷弗 4, 53n3, 60, 82n2, 86n10, 91n17, 139

emotion. 情绪，参见 passion

end, 目的: as good, 作为善的目的 19, 32, 48, 105, 134, 140—141, 158—160, 181, 186, 189—190, 194, 196, 204—206, 211—213, 215—216, 219, 221, 223, 232—233, 242, 245, 248—249, 253, 257. 亦参见 Aristotelian ethics: teleology; good; happiness

Engelhardt, Jr., H. Tristam, 小特里斯塔姆·恩格尔哈特 248

eudaimonia. 幸福，参见 happiness

Everitt, Nicholas, 尼古拉斯·埃弗里特 117n5

exceptionless moral norms. 无例外的道德规范，参见 moral absolutes

Favor, Christi, 克里斯蒂·费弗尔 246n58

Finnis, John, 约翰·菲尼斯 54, 228, 240n33

Flannery, S.J., Kevin L., 凯文·弗兰纳里 222n26

Foot, Philippa, 菲利帕·富特 1, 7, 8n14, 10, 15, 47, 54, 58—59, 78—80, 82n2, 100n37, 102n41, 103—105, 109—110, 117, 126n27, 174n61, 210, 228

Frankena, William, 威廉·弗兰克纳 82n2

Frede, Dorethea, 多萝西·弗雷德 57n14

friendship, 友爱 16n23, 67, 145—146, 168—73, 176—77, 225, 227, 232, 251

Fritz-Cates, Diana, 戴安娜·弗里茨-凯茨 193n13

Gardner, Stephen M., 斯蒂芬·加德纳 82n3

Garver, Eugene, 尤金·加弗 221n25

Geach, Mary, 玛丽·吉奇 46n29, 60—61

Geach, Peter, 彼得·吉奇 47, 54n6, 58–59, 66, 109, 117, 136, 168, 170, 175, 208

George, Robert P., 罗伯特·乔治 199n23

Gibbard, Alan, 阿兰·吉伯德 34n12

Gilson, Ettiene, 埃迪内·吉尔森 38

Girard, René, 勒内·吉拉德 41

Good, 善: action, 行为 34, 71, 116, 158, 164, 196, 206, 221, 231; and virtue, 善与美德 49, 61, 136—138, 147, 190, 194, 217; as end, 作为目的善 205—206; attributive adjective, 定语形容词 136—138; common, 共同善 75, 173, 225, 235—252; for a person, 属人的善 49, 70, 75, 79, 88, 147, 158, 164, 173, 201, 216, 219, 222, 231—232; life as a whole, 作为整体的生活 204—205, 207—209, 211—215, 217, 219, 226; modern sense of, 现代意义的善 46n30, 63, 66—67, 69, 80, 136—138. 亦参见 Aristotelian ethics: natural law theory, teleology; end; happiness

habit, 习惯 133—135, 140, 162, 188, 190—191, 194—195, 213—215, 239, 249. 亦参见 character

Hadot, Pierre, 皮埃尔·哈多 41, 188n4, 210

Haldane, John, 约翰·霍尔丹 55n8, 199n23

happiness, 幸福 16n23, 17, 47, 52n2, 57n13, 66, 92, 97, 147, 149, 156—161, 171, 178, 181, 193n14, 212—213, 216—218, 222—226, 242, 250. 亦参见 Aristotelian ethics; virtue ethical varieties: Eudaimonistic

Hardie, W. F. R., 哈迪 217n18

Harman, Gilbert, 吉尔伯特·哈曼 124n22

Hartman, Edwin, 爱德文·哈特曼 2n2

Hauerwas, Stanley, 斯坦利·哈弗罗斯 56

Heraclitus, 赫拉克利特 235

Hobbes, Thomas, 托马斯·霍布斯 92, 178, 230, 231n5, 235, 243–45, 249n65

Hooker, Brad, 91n17, 布兰德·胡克 132—135, 138—139

human nature, 人性 16n23, 31, 35, 37, 48, 56, 96, 128, 141, 158—159, 177—179, 185, 200—202, 204—206, 211—213, 231—235, 239, 243—246, 253, 257. 亦参见 Aristotelian ethics; anthropology

Hume, David, 大卫·休谟 3, 8, 16, 52, 57, 63—64, 69, 91—92, 103—104, 110, 112, 117, 124, 127, 131, 140, 144, 176, 202

Hursthouse, Rosalind, 罗萨琳德·赫斯特豪斯 12n21, 15, 48, 54, 66, 69, 75—79, 80n63, 82n3, 90—100, 105, 109, 115—121, 124—125, 126n27, 129, 130n34, 131—140, 144—146, 151, 157, 163n34, 165—68, 170, 174—176, 181, 199n21, 210, 228

Irwin, Terrence, 特伦斯·欧文 220n22

Ivanhoe, Philip J., 艾文贺 3n5, 55n9, 83n4, 86n10, 127n28

Johnston, David, 戴维·约翰斯顿 246n57

justice, 正义 16n23, 28, 37, 40, 65, 67n37, 100, 120n12, 140, 170, 173—179, 190, 195, 234—254

Kamtekar, Rachana, 拉查纳·坎特卡尔 3n4

Kant, Immanuel, 伊曼努尔·康德 8, 16, 31, 47, 52, 58, 64, 91, 101—103, 112, 117, 130, 140, 202, 247

Kenny, Anthony, 安东尼·肯尼 217n18

Kraut, Richard, 理查德·克劳特 217n18

Lamont, Julian, 朱利安·拉蒙特 246n58

Lockwood, Thornton, 索顿·洛克伍德 54n4, 149n11

Lombardo, OP, Nicholas, 尼古拉斯·隆巴多 193n13

Louden, Robert B., 罗伯特·劳登 82n2, 91n16

Lutz, Christopher Stephen, 克里斯托弗·斯蒂芬·卢茨 199n23

MacIntyre, Alasdair, 阿拉斯戴尔·麦金太尔 1, 5—10, 18—19, 24n2,

27—28, 33n10, 34n13, 41, 47, 54, 64n28, 65, 82n1, 93—94, 100n37, 103—106, 109—110, 117, 135n45, 142, 159n25, 175, 179, 186, 199—204, 208—215, 222, 226, 228n2, 233n10, 240n33, 241, 249n67, 257

　　Maritain, Jacques, 雅克·马里坦 54, 251n69

　　Martyr, St. Justin, 马特 41—42

　　McAleer, Sean, 肖恩·麦卡利尔 83n4, 99n35

　　McDougall, Rosalind, 罗萨琳德·麦克杜格尔 79n62

　　McDowell, John, 约翰·麦克道尔 103, 160n28

　　McInerny, Ralph, 拉尔夫·麦金纳尼 54, 228

　　McKinnon, Christine, 克里斯蒂娜·麦金农 82n3

　　Meilander, Gilbert, 吉尔伯特·梅兰德 56

　　Metaphysics 形而上学: in relation to moral philosophy, 与道德哲学相关的形而上学 22, 30, 37—45, 95, 201

　　Mill, John S., 约翰·密尔 8, 16, 47, 52, 92, 101, 112, 117, 127, 130, 140, 157, 202, 206

　　Miller, David, 戴维·米勒 246n57

　　Milliken, John, 约翰·米利肯 220n22

　　Miner, Robert, 罗伯特·迈纳 192n12, 193n13

　　misericordia. 悲悯, 参见 compassion

　　Montague, Phillip, 菲利普·蒙塔古 82n2

　　Moral, 道德的: modern and contested sense of the term, 这个术语的现代与竞争意义 63—65, 85, 137—139. 亦参见 Anscombe; obligation: in modern moral philosophy

　　　　moral absolutes, 道德绝对物 42—43, 70—80, 100, 112, 153, 167, 175, 222n26

　　　　moral dilemma, 道德困境 12, 35, 75—77, 124, 165—167

moral theory，道德理论：basic questions for any, 一切道德理论的基本问题 17—19, 31—37, 39, 41, 44—45, 50, 185—186, 257; standards for judging any, 评判一切道德理论的标准 115, 126—142

natural law. 自然法，参见 Aristotelian ethics

naturalism, 自然主义 39, 95, 156, 230

nature, 自然 34, 40, 177, 226, 230, 241—244, 246, 249, 252

Nietzsche, Friedrich, 弗里德里希·尼采 19, 27, 69, 91—94, 117, 127, 129, 131, 140, 168, 243

normativity. 规范性，参见 rule(s)

Nussbaum, Martha, 玛莎·纳斯鲍姆 1, 7, 10, 15, 36n14, 49, 82n2, 98—106, 111, 117, 119, 127, 131, 199n21, 246n57

Oakley, Justin, 贾斯汀·奥克利 2n2, 78—79, 80n63

obligation, 责任 79, 179, 234, 251：in modern moral philosophy, 现代道德哲学中的责任 18, 60, 62—65, 67, 69, 107

Owens, Joseph, 约瑟夫·欧文斯 220n22

Passion，激情：of the soul, 灵魂的激情 103, 140, 149, 187, 191—195, 198, 205, 239, 244

Pellegrino, Edmund D., 埃德蒙德·佩莱格里诺 80n63

Pence, Gregory, 格里高利·彭斯 82n1, 86n10

Peterson, Christopher, 克里斯托弗·彼德森 88n11

phronesis. 实践智慧/明智，参见 practical wisdom

Plato, 柏拉图 3—4, 29, 31, 35—36, 42, 52, 71—72, 92, 95, 97—98, 111, 117, 140, 144, 153, 155—56, 164n38, 167, 187, 190, 234—35, 241—43

Pogge, Thomas W., 托马斯·博格 246n57

Pojman, Louis P., 路易斯·博伊曼 148

Porter, Jean, 简·波特 3n6, 56

practical wisdom, 实践智慧 3, 16n23, 19, 61, 77n53, 92, 94, 95n29, 96—97, 119, 140, 141n51, 144, 149, 155, 161—165, 181, 195, 216, 227, 232, 253

prudence. 审慎，参见 practical wisdom

Purinton, Jeffrey S., 杰弗里·普林顿 217n18

Railton, Peter, 彼得·雷尔顿 34n12

Rawls, John, 约翰·罗尔斯 27—29, 92, 106, 235, 245—50, 252

Rieff, Philip, 菲利普·里夫 34n13, 41

Rist, John, 约翰·里斯特 29, 34n12

Rogers, Kelly, 凯利·罗杰斯 220n22

Rorty, Amélie O., 艾米里·罗蒂 83n4

rule(s) 规则：-based ethics, 基于规则的伦理学 8, 15, 47, 74, 115, 121, 183 ; consequentialism, 规则后果主义 117n5, 133—35; the role of in moral philosophy, 规则在道德哲学中的作用 23, 34, 37, 102, 107, 122, 151, 162—63, 181; Virtue/V, 美德规则/V 规则 109n59, 116, 118, 124, 163n34, 175

Russell, Daniel, 丹尼尔·拉塞尔 2n1, 3—5, 6n12, 16n24, 47, 83n5, 84n8, 95n29, 99n35, 118n6, 119, 122n17, 125n23, 129, 131—132, 141n51, 160n28, 163n34

Russell, Paul, 保罗·拉塞尔 3n7

Santas, Gerasimos X., 格拉西莫斯·桑塔斯 82n2, 148, 152, 161—62, 174

Scheler, Max, 马克斯·舍勒 168n47

Schmidtz, David, 戴维·施密特 2n2

Schneewind, Jerome B., 杰罗姆·施内温德 82n2

Seligman, Martin E. P., 马丁·塞利格曼 88n11

sentimentalism, 情感主义 23, 48—49, 68, 124. 亦参见 Slote

Shafer-Landau, Russ, 鲁斯·谢弗—兰多 118—119, 231n5

Sigmund, Paul E., 保罗·西格蒙德 240n34

Sim, May, 梅·西姆 55n9

Simon, Yves, 伊芙斯·西蒙 54

Simpson, Peter, 彼得·辛普森 16n22, 49, 82n2, 148, 152, 157—158, 159n25, 174, 213n6, 224n28

situationism, 情境主义 12, 119, 123—125

Sobel, David, 戴维·索贝尔 82n2, 126n27, 174

Solomon, David, 戴维·所罗门 8—9, 13, 83n4, 84, 106—111, 121—123, 125, 148, 184

sophia. 智慧，参见 contemplative wisdom

speculative wisdom. 思辨的智慧，参见 contemplative wisdom

Slote, Michael, 迈克尔·斯洛特 8n15, 10n19, 17n25, 24n2, 48, 62n26, 63n27, 66—69, 74—75, 83n4, 91n18, 98, 109, 116—117, 118n6, 120—121, 124—125, 126n27, 131, 140, 163n35, 168, 174n61, 245n54

Sreenivasan, Gopal, 戈帕尔·斯瑞尼瓦桑 125n23

Statman, Daniel, 丹尼尔·斯塔特曼 82n1, 159n27, 161—162

Stohr, Karen, 凯伦·斯托尔 82n1, 127—128

Strauss, Leo, 列奥·施特劳斯 24n2, 34n13, 245

Swanton, Christine, 克里斯蒂娜·斯沃顿 3, 4n10, 6n12, 8n13, 57n14, 83n5, 91n19, 99n35, 128—129, 131

Taylor, Charles, 查尔斯·泰勒 8n14, 34n13

Taylor, Gabrielle, 加布里埃尔·泰勒 15, 166n43, 170

Taylor, Jacqueline, 杰奎琳·泰勒 91n18

Taylor, Richard, 理查德·泰勒 57n13

teleology. 目的论，参见 Aristotelian ethics

telos. 目的，参见 end

temperance, 节制 140, 162, 188, 195

Thomism. 托马斯主义，参见 See Aristotle

Trianosky, Gregory, 格里高利·特里亚诺斯基 82n1, 148

Tuozzo, Thomas, 托马斯·图佐 220n22

utilitarianism, 功利主义 23, 74, 97, 101—103, 105—106, 110—112, 119, 121—122, 125—127, 130, 157, 159, 170, 172, 176, 206

Van Hooft, Stan, 斯坦·范·霍夫特 82n3

virtue ethics 美德伦理学: defining a contemporary virtue ethicist, 定义当代美德伦理学家的美德伦理学 85—89, 131; difficulties defining, 定义美德伦理学的困难 3—5, 57n14, 82—83, 128—32, 147—148. 亦参见 Aristotelian ethics; virtue ethical Varieties

virtue ethical varieties, 美德伦理学的种类 81—113：agent-based, 以行动者为基础的美德伦理学 6, 68, 83n4, 109n59; agent-centered, 以行动者为中心的美德伦理学 6, 101, 109n59, 167; Aristotelian, 亚里士多德主义美德伦理学 15—16, 50, 92, 94, 97—98, 112—113, 118n6, 129, 142; classical versus contemporary/reduced versus unreduced, 古典美德伦理学与当代的美德伦理学 / 还原论的美德伦理学与非还原论的美德伦理学 52—53, 90, 94—98, 102, 105, 111, 119, 125; Confucian, 儒家美德伦理学 3, 56n9; eudaimonistic, 幸福主义美德伦理学 6, 16n24, 92, 97, 118n6, 120, 124, 147, 157; Hard Virtue Ethics, 严格的美德伦理学 3–4, 47, 95n29, 129, 141n51; Humean, 休谟主义美德伦理学 102—104, 111—112, 131, 141—142, 199n22; Kantian, 康德主义美德伦理学 57, 91—92, 101—105, 110—112, 141; mainstream/conventional, 主流的 / 常规的美德伦理学 6, 9—14, 16, 18, 20, 47—49, 61, 66—67, 74, 78, 80, 106, 108—113, 117, 119, 121—143, 149, 151—152, 171n54, 175—

176, 180, 184, 229—230, 254, 256; marginal/unconventional, 边缘的 / 非常规的美德伦理学 9—10, 14, 18, 48, 65, 67, 106, 109, 111, 121—122, 142, 208; Nietzschean, 尼采主义美德伦理学 57, 129, 131, 140–41; pure, 纯粹的美德伦理学 17, 109n59, 120, radical, 激进的美德伦理学 8—9, 13, 84, 106, 110, 148n9; routine, 惯常的美德伦理学 8—9, 84, 106, 148n9, 171n54, 184; sentimentalistic, 情感主义美德伦理学 68, 124; Soft Virtue Ethics, 温和的美德伦理学 3n8, 95n29; Stoical, 斯多亚主义美德伦理学 3, 57, 97, 99, 111, 127, 131, 140, 144, 192; utilitarian, 功利主义美德伦理学 91, 96—97, 124n22

virtue theory 美德理论：and the natural law, 美德理论与自然法 230; Aristotelian, 亚里士多德主义的美德理论 161, 163, 180, as opposed to virtue ethics, 与美德伦理学相对立的美德理论 4, 7, 53n3, 86n10; classical, 古典美德理论 53, 90, 95, 106, 234; coherent, 融贯的美德理论 139—142, 257; definition of virtue, 美德的定义 187—198; ethical versus intellectual virtue, 伦理美德与理智美德 194—195; unity of the virtues, 美德的统一性 16n23, 47n35, 67, 119, 129, 164. 亦参见 Aristotelian ethics; MacIntyre; virtue ethical varieties

Walker, Rebecca L., 丽贝卡·沃克 83n4, 86n10, 127n28

Wallace, James D., 詹姆士·华莱士 46n28

Watson, Gary, 加里·沃森 82n3, 99n35, 119, 148

Wiggins, David, 戴维·威金斯 91n18, 102n41

Wilkes, Kathleen, 凯瑟琳·威尔克斯 63n27

Williams, Bernard, 伯纳德·威廉姆斯 8n14, 28, 34n13, 47, 63n27, 100n37, 103, 108, 246n57

Wright, G. H. von, 冯·赖特 46, 58n16

Yu, Jiyuan, 余纪元 55n9

Zwolinski, Matt, 马特·茨沃林斯基 2n2

Zyl, Liezl van, 莉兹·范·齐尔 2n2, 79

译后记

感谢李义天教授对我的信任，将这本书的翻译工作交给我来做。

美德伦理学是我一直关注的研究领域，最近几年也时常思考美德伦理学的一些理论问题，包括美德伦理学的界定、特点、优势以及未来的发展方向等。这些思考并未全都形成系统的论述，许多都只是在一些文章中点到为止。而当我浏览桑福德教授的这本著作的部分内容时，则倍感欣喜，发现作者的许多观点与我的一些想法不谋而合。正因如此，一方面，我在翻译的过程中对作者的大多数论述能够比较顺畅地理解，另一方面，作者的许多观点也激发了我更多的思考。

20世纪50年代末以来，美德伦理学蓬勃发展，尤其是近30年，出现了各种不同版本的美德伦理学体系，美德伦理学事实上成为一种主流的规范伦理学理论类型。然而，如果我们冷静地梳理纷繁复杂的美德伦理学文献，就会发现，美德伦理学存在一个基本问题——这一理论自身的定义是模糊不清的。而本书正是在这个问题上，对美德伦理学运动进行了检视。作者的看法是，美德伦理学并未形成一个统一的阵营，而这与纳斯鲍姆的观点是一致的。后者在更早的一篇文章中就指出了美德伦理学的这个问题，但并未引起足够的重视。

译后记

回想起来，大约十年前，在井冈山大学举办的中国青年伦理学会的一次会议的间歇，义天教授同我聊天时就曾提到，应该办一次美德伦理学的会议，讨论美德伦理学的定义问题。那时我们还是30来岁的"青椒"，筹办会议并非易事，也就不了了之了。希望在不远的将来，我们能够实现当初的愿望。

正如本书作者所言，一本书的写作需要许多外部条件的满足，尤其是充足的、完整的时间，其实翻译著作同样如此。由于只能利用睡前的两小时来进行翻译，有时晚上饮酒、劳累以及处理一些急迫的事务，翻译工作还时常中断，这种碎片化的工作造成一些问题，比如，有些术语的翻译没能统一，有些"疑难杂症"没有解决。有些英文词汇意义相近，如何在中文表述中予以区分，也是一件比较费劲的事情。此外，还有一些因疏忽而漏译的地方。这些问题最后都留给了义天教授，他在审校的过程中一并处理了。除了解决以上问题，义天教授还对部分语句进行了调整或重译，对书中一些引文参照已有中译本文献（如《理想国》《尼各马可伦理学》《正义论》《美德伦理学》等）逐一核对，并吸收了这些译本中好的译法，根据校对稿订正了索引和目录。感谢他的辛苦付出和宽容。赵为女士和刘一先生就一些疑难问题提供了很好的建议，这里一并致谢。

译事艰难，且吃力不讨好，对获得科研奖励、评职称都不起作用，如果译文有纰漏还可能成为同行批评、商榷和议论的对象，为自己招惹是非。但学界仍然有不少同仁甘愿安静地坐下来，从事这项"毫不利己，专门利人"的工作。我想这背后的动力有二。一是为学术共同体做出自己的贡献，尤其是为青年学子提供有价值的学习资源。这也是义天教授承揽这一工作时的初衷。学术论文获取现在是比较容易的，但外文著作并不太容易获得，外文原版书价格不菲，虽然可以到国家图书馆复印，但也颇费周章。对入门不久的青年学子而言，由于对理论体系不够熟悉，在阅读外文原版书时，总会遇到诸多困难。二是我们在翻译的过程中，能够安静下来，专注地做一件有兴趣的事情，脱离繁琐的日常事务，摆脱报课题、写论文的那种焦虑和浮躁，体味当初的学术热情与乐趣。这也算是不忘初心吧！

赵永刚

2023 年 4 月